Franjo Terhart
Das Geheimnis der Eingeweihten

FRANJO TERHART

DAS GEHEIMNIS DER EINGEWEIHTEN

Was spirituelle Persönlichkeiten uns erschließen

Ariston Verlag

Die Deutsche Bibliothek – CIP-Einheitsaufnahme

TERHART, FRANJO
Das Geheimnis der Eingeweihten: Was
spirituelle Persönlichkeiten uns erschließen /
Franjo Terhart. – Erstaufl., Kreuzlingen; München:
Ariston Verlag 1996
ISBN 3-7205-1913-9

Für Jane

Gestaltung des Einbandes:
Studio Höpfner-Thoma, GraphicDesign BDG, München

Gesamtherstellung: Ebner Ulm

Erstauflage: Februar 1996
Printed in Germany 1996

ISBN 3-7205-1913-9

Inhalt

»Und die Gegenwart, unser Leben, alles, was mit uns geschieht, ist nichts anderes als Gelegenheit, Einweihungs-
prüfungen zu bestehen: die inneren Spannungen, die wir
mit unseren Gedanken, Worten und Taten seit Äonen in
uns aufgespeichert haben und die die Ursachen unseres
Schicksals, unserer Zukunft sind, zu lösen und von ihnen
frei zu werden. In dem Maße, als wir diese Spannungen
bewußtmachen und ausleben, befreien wir unser von diesen Energien gebundenes und durch diese Gebundenheit
beschränktes menschliches Bewußtsein und identifizieren es mit dem wahren, hinter jedem persönlichen ›Ich-
Gefühl‹ wartenden göttlichen Selbst – mit Gott –, und das
ist EINWEIHUNG.« (1)

ELISABETH HAICH

Dieses Leben währt nicht lang.
Auch danach nur eine Galgenfrist.
Die alten Weisen hatten recht, wenn sie sagten:
Gott ist groß und dir so nah wie deine
Halsschlagader.
Warum nur willst du an dir festhalten?

F. T.

Einleitung

Wir kommen von weit her. Unsere Geschichte begann vor etwas mehr als zwei Millionen Jahren in den Savannen Ost- und Südafrikas. Erste Steinwerkzeuge tauchten vor gut 2,5 Millionen Jahren auf, die Nutzung des Feuers kennt der Mensch seit etwa 1,4 Millionen Jahren, die ältesten Gräber datieren Forscher auf gut hunderttausend Jahre, die ältesten Kunstwerke – Statuetten, Gravierungen und Malereien – auf knapp fünfunddreißigtausend Jahre.

Die frühen Menschen durchzogen als Sammler und Jäger die Steppen. Sie besaßen schon eine Sprache, aber noch keine Schrift. Und es mag das Staunen über die Natur und die Unendlichkeit des Himmels gewesen sein, das sie dazu brachte, die Erde als etwas Göttliches zu empfinden. Später suchten die Menschen Schutz und Unterschlupf in Höhlen und Grotten. Von Anfang an erschienen ihnen die unterirdischen Räume als etwas Heiliges, zur Mutter Erde Gehörendes, weil ja auch der Mensch aus einer »Höhle« heraus ins Licht geboren wird. So verzierten sie die Wände dieser heiligen Orte mit den Tieren ihres jeweiligen Lebensraumes: Mammut, Bär, Löwe, Pferd, Auerochs, Uhu, Hirsch . . . und benutzten die heiligen Höhlen, um Jugendliche in die religiösen und sozialen Traditionen der Gruppe einzuführen und in die Gemeinschaft der Erwachsenen aufzunehmen.

Einweihung

Als *Einweihung* oder – besser – als *Initiation* wird ein
Vorgang bezeichnet, ohne den die Menschheit in ihrer
Geschichte nicht ausgekommen wäre – vermutlich nicht
einmal überlebt hätte. Und man kann feststellen, daß es
sich bei dem Einweihungsritus, je weiter man in die Geschichte der Menschheit zurückgeht, nicht um bloße
theoretische »Vorlesungen« handelte, sondern um my-
thisch-dramatische Riten, die den Einzuweihenden in
den Prozeß von Leben, Tod und Auferstehung stellten.
    »Die Einzuweihenden sollen nicht etwas lernen, son-
dern an sich erfahren (erleiden!) und in eine solche Stimmung gebracht werden, nachdem sie dafür empfänglich
geworden sind« (2), schreibt der Philosoph ARISTOTELES
viele Jahrtausende später über den Einweihungsritus innerhalb der ägyptisch-griechischen *Mysterienkulte*.
    Im Zentrum der ältesten wie der jüngeren Initiations-
zeremonie steht die Erkenntnis der eigenen *Endlichkeit*.
Man ist vermutlich erst dann erwachsen, wenn man weiß,
daß das Leben nur noch nach Jahren zählt. Und der Tod
scheint nur dann ein Problem zu sein, wenn man irgend
etwas auf der Welt wirklich liebt, so daß das Leben dadurch unendlich kostbar wird. In diesem Fall wird der
Tod zu einem Skandal, weil er etwas auseinanderreißt,
das von dem Empfinden her auf ewig beieinanderbleiben
will. Der Tod zerstört dieses Band.
    In der Initiation erfährt der Mensch, daß diese Loslö-
sung durch den Tod nur scheinbar erfolgt. Die Menschheit
der Frühzeit und der Antike ist offenbar davon überzeugt
– in unterschiedlichen Ausprägungen, wie wir noch sehen
werden –, daß der Tod nicht das letzte Wort hat. Dies belegen aufwendige Grabbeigaben, wie sie zum Beispiel die
Ägypter ihren Verstorbenen »mit auf die Reise schickten«
– Beigaben, die sich aber auch schon in prähistorischen
Gräbern, so bei den Neandertalern, finden lassen.

Sterben und Werden

Während wir mit dem Beginn von schriftlichen Aufzeichnungen feststellen können, daß die Einweihung oder Initiation im Laufe der Zeit mancherorts mehr und mehr zu einer theoretischen »Einweisung« verkümmerte, legten ältere Kulturen der Menschheit viel Wert darauf, den Einzuweihenden auf psychischer Ebene »einzustimmen« und ihn selbst in das große Drama des *Sterbens und Werdens*, in das Erlebnis des *rituellen Todes* hineinzustellen. Grotten der Altsteinzeit, wie wir sie aus Südfrankreich oder Nordspanien kennen, haben dabei vielleicht als Tempel eines Kultgeheimnisses gedient, wie es der Kultursoziologe LEWIS MUMFORD herausstellt: »Hat vielleicht eine Elite vorsätzlich fast unzugängliche Höhlen gewählt, um die Kunst, Bilder zu malen, für ihren eigenen Gebrauch zu hüten – ein frühes Äquivalent der esoterischen Sprache und des unverletzlichen Tempelheiligtums späterer Priesterschaften? Steckt gar eine Erinnerung an die Form der Höhle in dem geheimen Zugang zum Inneren einer ägyptischen Pyramide?« (3)

Manche Forscher erkennen in den Höhlen und ihren Symbolzeichen Hinweise auf einen Kultus, der sich mit Peinigung, Sterben, Tod, Begrabensein und dem Hinauskriechen in die Welt als Neugeborener beschäftigte. Dies würde dem weltweit verbreiteten Schema dieser Initiationsritualistik entsprechen. In ähnlicher Weise müssen wir wohl auch die altägyptischen Heiligtümer, die vielfach zu rein kultischen Zwecken errichtet worden sind, beurteilen. Eine vergleichbare Funktion dürften die megalithischen Bauten gehabt haben, von denen wir heute wissen, daß in vielen Dolmen und Tumuli niemals Tote beigesetzt worden sind. Pyramiden und Dolmen haben vermutlich die Höhlen als Initiationsorte der Urzeit ersetzt.

»Du schläfst, damit du aufwachst, du stirbst, damit du lebst«, heißt es in einer alten Pyramideninschrift.

Erkenne dich selbst

Die Vorstellungen der Menschen darüber, was die Seele nach dem Tod erwartet, gingen in den verschiedenen Kulturkreisen weit auseinander. Von einem Schattendasein im Jenseits, an das die alten Babylonier und die Griechen zur Zeit HOMERS glaubten, hat der Ägypter nie etwas gewußt. Für ihn ist die Seele nur lebendig, wenn sie auch eine sichtbare Form in Gestalt des irdischen Leibes besitzt. Deshalb die Mumifizierung, die magischen Formeln und Riten und die Gestaltung des Sarges möglichst nach den Umrissen des toten Körpers mit besonderer Hervorhebung des Kopfes.

Zweifellos können die religiösen Anschauungen der Ägypter in folgendem Satz zusammengefaßt werden: Der Tote lebt. Im Moment des Todes, so lassen uns die Hieroglyphen wissen, begibt sich die Gottheit selbst, die Sonne, in die Unterwelt und durchmißt die zwölf Stunden der Nacht, um dort die Seelen der Verstorbenen vor sich zu rufen. Wer jemand gewesen ist, wird gemäß der altägyptischen Glaubensvorstellung in der Halle der zwei Wahrheiten geprüft, der des Tages und der der Nacht.

Als Vorbereitung auf dieses Ereignis stand die rituelle Einweihung. Das »Erkenne dich selbst!« des delphischen Apollotempels dürfte die allgemeine Losung für jede Initiationszeremonie gewesen sein. In ihr erfuhren (erlitten) die Einzuweihenden auch, welches Leben der Seele nach dem Tode bevorstand, sie machten eine Erfahrung, die sich nicht an den Intellekt richtete, sondern an das schauende Bewußtsein, das die »Wirklichkeit der Bilder« als an sich heilsam erfährt.

Die Unterscheidung von Ich und Selbst

Eine wesentliche Rolle bei der Einweihung spielt die Erkenntnis, daß das gegenwärtige, bewußt empfundene *Ich* als vergängliche Persönlichkeit betrachtet wird. Im Gegensatz dazu stellt das *höhere Selbst* unsere ureigentliche Individualität von Ewigkeit her dar. Dessen wieder teilhaftig zu werden, indem man »das Ich ablegt«, ist das Ziel der Initiation.

Das *Selbst* spricht sowohl durch den eigenen Mund wie auch aus allen anderen Lebewesen. Und wer dieses Selbst vollkommen kennt, kann über alle möglichen Eigenschaften, die auf der Welt existieren, verfügen, weil ja alle diese Eigenschaften die verschiedenen Aspekte des einen, einzigen Selbst sind. »Denn das Weise ist das Eine; den einsichtsvollen Willen zu verstehen, der alles durch alles hindurchsteuert«, sagt HERAKLIT.

Und in unserer Zeit scheint uns auch die moderne Quantenphysik zu bestätigen, daß alles Zusammengesetzte im Grunde veränderlich ist und offenbar keine eigene Identität besitzt. Somit könnte das *Ego* tatsächlich nur eine flüchtige Emanation innerhalb des sich ständig verändernden Feldes der Energie sein, ein Substrat von all dem, was sich in Phänomenen offenbart, so daß ein Festhalten am Ego wirklich eine Illusion darstellt.

Für den Initiierten entsteht daher in den Mysterienkulten das Leben neu im Durchgang durch die Urfinsternis, den Tod. Erst nach dieser Erfahrung erhält der Mensch sein wahres Bewußtsein, wird er sehend und wach und ein Eingeweihter.

Die Auswahl
der spirituellen Persönlichkeiten

Vor fast fünfzig Jahren schrieb EDUARD SCHURÉ sein
wohl berühmtestes Buch, »*Die Großen Eingeweihten*«.
Schuré ging es vor allem darum, die Großen Eingeweihten Indiens – RAMA und KRISHNA – in eine Reihe mit
MOSES, PLATO und JESUS zu stellen. Aber neben diesen
wichtigen Religionsstiftern, wenn wir einmal Plato davon
ausnehmen, hat es noch andere bedeutende Eingeweihte
gegeben, die vor allem die Geschichte des Geheimwissens
und der Esoterik in Westeuropa entscheidend geprägt haben. Um diese Frauen und Männer der letzten drei Jahrtausende geht es in meinem Buch. Es sind dies vor allem
Menschen, die ihr Geheimwissen und ihre Weisheit in
den Dienst der Menschheit gestellt haben, denn esoterisches Wissen ist Macht und zugleich Befreiung des Geistes aus den Ketten der Gewohnheit oder, besser gesagt,
der Konditionierung.
  Die von mir ausgewählten spirituellen Persönlichkeiten, deren Wirken sich von der Antike bis zur Gegenwart
erstreckt, haben hauptsächlich eines gemeinsam: Wegen
ihrer Erfahrungen mit Leben, Tod und dem Heiligen –
die größtenteils auch durch eigene paranormale Fähigkeiten unterstützt wurden – haben sie ihr besonderes Wissen
allen, die es begehren, geschenkt und nicht für sich behal-
ten.
  Wir erfahren also durch deren Zeugnis, daß Einweihung ein Prozeß ist, der sich nicht immer nur als Zeremonie in den geheimnisvollen Höhlen von Eleusis, in ägyptischen Heiligtümern oder Inkatempeln, romanischen
Krypten oder in den Gewölben des Montségur vollziehen muß. Wer sich für die Offenheit des Geistes entschei-
det, der erlebt das Wunder der stufenweisen Einweihung.
  Die wahrhaft magischen Persönlichkeiten in meinem
Buch sind vom Grad ihrer Initiation her ganz unter-

schiedlich zu beurteilen: Ein JOHN DEE ist kein MERLIN,
und APOLLONIUS VON TYANA kann nicht mit EDGAR
CAYCE verglichen werden – ebensowenig wie HILDE-
GARD VON BINGEN mit Madame BLAVATSKY. Aber gerade
dadurch werden immer wieder andere Aspekte der Esoterik deutlich und für uns begreifbar; verschiedene spirituelle und transzendentale Bereiche wie Mystik, Magie,
Gnosis und Mysterienkult werden ebenfalls berührt.

Einweihung erfahren die meisten der von mir beschrie-
benen Menschen plötzlich, unmittelbar, in einer Vision –
sie wird ihnen geradezu geschenkt oder auferlegt, wie es
etwa bei EMANUEL SWEDENBORG, FRIEDERIKE HAUFFE
und FILIPPO NERI der Fall ist. Sie gehen unterschiedlich
damit um, erleiden häufig ihre besondere Art der Be-
wußtseinsveränderung. Und dennoch verbindet diese
recht unterschiedlichen Persönlichkeiten und Weisen
eine weitere gemeinsame Vorstellung, nämlich, daß das
Oben wie das Unten ist und daß nur eines in allem wirkt:
der uralte hermetische Lehrsatz. Der Bogen spannt sich
in meinem Buch von der Antike bis zur Neuzeit. Es wird
beim Lesen deutlich werden, daß das esoterische Wissen
zu Beginn des christlichen Abendlandes eine andere Fär-
bung erhält. Magie, Mystik, Alchemie und hermetische
Wissenschaften werden dann in der Neuzeit in den Bereich des Irrationalen abgedrängt. Mit dem Ergebnis, daß
Verstand, Wissenschaft und Rationalität auf der einen –
der besseren – Seite, Initiation und Esoterik auf der anderen – der schlechteren, weil irrationalen – Seite stehen.

Dabei wird im Grunde jedem Menschen Einweihung
zuteil: von der Geburt bis zum Tod – und sei es nur, daß
er dadurch geschickter, erfahrener, klüger, selbstsicherer
und liebevoller wird. Die wirkliche spirituelle Einweihung spielt sich in der Tiefe der menschlichen Persönlichkeit ab, wo die Begegnung stattfindet mit den Weisen,
den Heiligen, den Engeln und Gott. Die Großen Eingeweihten der letzten drei Jahrtausende können uns bei dieser Erfahrung Vorbild und Partner zugleich sein.

I

Eingeweihte, Magier und Erleuchtete der Antike

»Ich habe mich Gott nicht versagt in seinen Offenbarungen«, schreibt ein altägyptischer Dichter.

Es ist nicht verwunderlich, daß wir schriftliche Zeugnisse über Einweihungsrituale und den Glauben an ein Weiterleben nach dem Tod zuerst im alten Ägypten vorfinden, wird doch der Gott THOT als Erfinder der Schrift wie der Zeit angesehen: »So wahr Osiris nicht gestorben ist, werde auch ich nicht sterben.« (4)

Das erinnert an christliche Glaubenssätze, und es steht für mich außer Frage, daß das Christentum mehr von der Religion des antiken Ägyptens in sich aufgenommen hat als aus weiten Teilen des *Alten Testaments*.

Der Glaube, daß die Seele unsterblich sei, hat sich bei den Hebräern erst relativ spät durchgesetzt. Und auch für die Griechen zur Zeit HOMERS war das Jenseits ein trauriger, finsterer Ort, an dem die Toten ein Schattendasein führten. Deshalb will ACHILLES, ein Held des Trojanischen Krieges, lieber Knecht auf Erden sein als in der Unterwelt Herrscher über wesenlose Schatten. Selbst zur Zeit Jesu glaubten nur die Essener und die Pharisäer an die Unsterblichkeit der Seele – die Ägypter hatten diese niemals bezweifelt.

Aber auch im christlichen Bekenntnis, angefangen beim Glauben an den allmächtigen Schöpfer, über die Dreieinigkeit, das Gottmenschentum Christi, die sogenannte Jungfrauengeburt, das symbolische Paar von Gottesmutter und Gotteskind und über das Wirken des Gottesgeistes selbst bis hin zur Auferstehung, gibt es eine Bildsprache, deren Inhalte tief in die Menschheitsgeschichte hineinreichen und vor allem in der religiösen Denkweise der alten Ägypter ihre wahren Wurzeln haben.

Aber auch in der Religion des antiken Ägyptens hat es ein entscheidendes Ereignis gegeben, welches das Leben jedes einzelnen verändern sollte. Etwa um das Jahr 1360

v. Chr. erneuerte der Pharao AMENOPHIS IV., der sich
später AKHENATEN (ECHNATON) nannte, eine verkrustete
und durch ein machtbesessenes Priestertum innerlich
ausgehöhlte Religion. Echnaton, der in die Tempelge-
heimnisse eingeweiht war, brachte das uralte Weisheits-
prinzip des lebenspendenden, Liebe ausstrahlenden Gottes, dessen äußere Manifestation die Sonnenscheibe *Aton*
war, an die Öffentlichkeit. Das, was vorher vermutlich als
Tempelschatz gehütet worden war, wurde nun dem ganzen Volk geschenkt, und damit wurde deutlich gemacht,
daß Selbstfindung und Gottfindung nicht auf wenige beschränkt sein sollten.

Echnatons Lehre bedeutete nichts anderes – doch darin
stellte sie die größte geistige Wende der gesamten vor-
christlichen Zeit dar –, als daß das höchste lebenserhal-
tende Prinzip – materialisiert in der Sonnenscheibe – den
Menschen suchte, ja, sich nach ihm in Liebe ausstreckte.
Aton wurde äußerlich angebetet, war aber zugleich ein
unsichtbares, in der Seele des Menschen angelegtes Prinzip, das sich darbot, um gefunden zu werden.

Das war neu, und eine solche Verkündigung hat es erst
wieder unter Jesus Christus gegeben. In Echnatons Sarg
fand man ein Gebet, darin heißt es unter anderem: »Reich
mir deine Hände, in denen mein Geist liegt, damit ich
dich empfange und durch dich lebe. Rufe meinen Namen
die ganze Ewigkeit hindurch, nie wird dein Anruf unge-
hört verhallen.« (5)

In den Jahrhunderten nach der Regierungszeit Echnatons entwickelte sich die gesamte altägyptische Kosmo-
gonie und Einweihungslehre bis hin zu den Mysterien
von OSIRIS, ISIS und dem HORUSKNABEN. Gelehrt wurde,
daß die Erde ein Spiegelbild des Kosmos sei und der
Mensch ein Ebenbild Gottes. Mit dem aufblühenden See-
handel bekamen die Eingeweihten der Völker Kenntnis
voneinander, gelangte religiöses und esoterisches Wissen
von Ost nach West und umgekehrt.

Und es scheint, daß sich spätestens im 6. Jahrhundert v.

Chr. so etwas wie eine der ganzen Menschheit gemeinsame Uroffenbarung abzeichnete, verkörpert durch
RAMA und KRISHNA bei den Indern, LAOTSE bei den Chi-
nesen, THOT-HERMES in Ägypten, MOSES bei den Juden,
PYTHAGORAS und ORPHEUS in Griechenland und durch
namenlos gebliebene Weise bei den Kelten.

1
Hermes Trismegistos
Das vollständige Wissen über Gott und das All

»Was oben ist, ist wie das, was unten ist.« (6)

Seit der Antike galt der – wie ihn die Griechen nannten – *dreimal große Hermes* als der wichtigste Eingeweihte in die Geheimnisse der Natur. Mindestens zwei mediterrane Gottheiten fließen in ihm zusammen: nämlich der ägyptische Gott der Zauberei, Thot, und der Begründer der Alchemie, der griechische Götterbote und Mittler zwischen Himmel und Erde: Hermes.

Hermes Trismegistos war das vollständige Wissen über Gott und den Kosmos offenbart worden – eine Gnosis, die er unter den Menschen verbreitete und die bis heute noch nachwirkt.

Bereits Homer sah in ihm jenen Einzigartigen, der allein »den Werken aller Menschen Anmut und Glanz verleiht«. Der griechische Dichter der »*Ilias*« weiß auch zu berichten, daß Hermes bereits lange vor den Pharaonen und vor Moses gelebt haben soll. Nicht weniger als 20 000 Abhandlungen werden ihm zugeschrieben. Darunter erlangten vor allem die »*Tabula Smaragdina*«, »*Asklepius*« und »*Poimandres*« im Abendland große Bekanntheit.

Mit großer Wahrscheinlichkeit dürfte Hildegard von Bingen »*Asklepius*« im 12. Jahrhundert gelesen haben, ihre Briefe und Abhandlungen über die Ursachen und die Heilung von Krankheiten stellen visionäre Zeugnisse des

Ineinanderfließens von Natur und Mystik dar und verraten den großen Einfluß des Hermes Trismegistos (siehe Seite 86 ff.).

Die Alchemisten vor allem verehrten die »*Smaragdtafel*« als die wichtigste Urkunde der Alchemie schlechthin. Der größte Teil der Schriften des Hermes Trismegistos ist im 15. Jahrhundert als Auftragsarbeit eines Medicifürsten in Italien übersetzt und fortan als »*Corpus Hermeticum*« bezeichnet worden, obwohl die Texte kein zusammenhängendes Ganzes bilden.

Der Legende nach war Hermes von einem Lehrmeister namens POIMANDRES unterwiesen worden. Dieser hatte ihn, während Hermes im tiefen Schlaf versunken war – wie in der Antike bei Adepten üblich –, in die wesentlichen Dinge und verborgenen Geheimnisse des Alls eingeweiht: »Zuerst mußt du das Kleid, das du trägst, zerreißen, das Kleid der Unwissenheit, den Ursprung des Bösen, die Verbindung mit dem Vergänglichen, die dunkle Umhüllung des lebendigen Toten, den verderblichen Köder des Grabes, das wir mit uns tragen, den Hausdieb, der in der Liebe seinen Haß und im Haß seinen Neid verbirgt.« (»*Corpus Hermeticum*« III, 5–6)

Gemeint sind damit die stoffliche Welt und der eigene Leib. Sie bilden den Gegensatz zum alles überstrahlenden Lichte Gottes, das gleichermaßen mit seiner Schöpfung und mit jedem Menschen verbunden und in ihnen gebunden ist.

Später werden die Alchemisten des Mittelalters nach dem *Stein der Weisen* suchen, als Aufhebung dieser Gegensätze von Gut und Böse, Licht und Schatten, Materie und Geist. »Weil in der Kröte, dem Niedrigsten, sich das Höchste verbirgt.«

Durch diesen entscheidenden Schritt der Transmutation wollte man zum Ursprung zurückgelangen, denn »alles kommt aus dem Einen, das das All ist«.

Die berühmte »Tabula Smaragdina«

Es ist vor allem dieser kurze prägnante Text, der HERMES TRISMEGISTOS für alle Zeiten berühmt gemacht hat. Die »*Smaragdtafel*«, eine Mischung von kosmologischen und alchemistischen Motiven, beschreibt auf wunderbare Weise die Zusammenhänge zwischen Mikro- und Makrokosmos – eine Sichtweise der Welt, nach der heutige Astro- und Atomphysiker wieder verstärkt fahnden. Alle Kommentare zu diesem Text des Großen Eingeweihten stimmen im großen und ganzen darin überein, daß es sich hierbei um die Vereinigung des Geistes mit der »gereinigten« Materie handelt – eine der vielen Umschreibungen für den *Stein der Weisen*.

Nach der Legende soll ABRAHAMS Frau SARA nach der Sintflut das Grab des Hermes gefunden haben. In den Händen des noch vollkommen makellosen Toten entdeckte sie die »*Smaragdtafel*«.

Moderne Forschungen (HOLMYARD, KRAUS) zeigen jedoch ein anderes Bild: Danach wird der früheste Text der »*Tabula Smaragdina*« in arabischer Sprache dem Werk des DSCHABIR IBN HAJJAN zugeschrieben. Jener wiederum beruft sich auf APOLLONIUS VON TYANA (siehe Seite 50 ff.), einem berühmten Wunderheiler und Neupythagoreer aus dem ersten nachchristlichen Jahrhundert. Fest steht nur, daß die Tafel aus der Zeit vor dem 4. Jahrhundert stammt und wohl auf eine griechische Urfassung zurückgeht.

Der Text der »*Tabula Smaragdina*« lautet:

»Die Wahrheit, Gewißheit, das Wahrste, ohne Falsch.

Das Untere ist gleich dem Oberen und das Oberste gleich dem Unteren, um das Wunder zu vollbringen.

So wie alles hervorgegangen ist aus dem Einen, so ist alles getragen durch dieses einmalige Eine, durch Ausgleichung.

Die Sonne ist sein Vater, der Mond seine Mutter, und der Wind hat es mit sich getragen.

Von der Erde steigt es auf zum Himmel und sinkt von dort wieder nieder zur Erde; es gewinnt dabei die Kraft dessen, was oben ist und was unten ist.
So werdet ihr die Erleuchtung der ganzen Welt haben, und alle Dunkelheit wird weichen durch sie.
Dies ist die Macht der Stärke; das Ungreifbare fügt sich ihr.
So wurde die Welt geschaffen.
Die Zukunft wird herrliche Entwicklungen bringen, und dies ist der Weg.
So bin ich Hermes Trismegistos, der die drei Teile der Philosophie der Welt besitzt.
Was ich über das Wirken der geistigen Sonne sagte, ist vollzogen und vollendet.« (7)

Die wichtigste Erkenntnis, die wir der »*Smaragdtafel*« entnehmen können, ist sicherlich diejenige, daß wir alle magisch mit dem Universum verbunden sind, ohne uns dessen unmittelbar bewußt zu sein. In einer alten chinesischen Weisheit heißt es: »Die Sterne kämpfen auf ihrer Bahn für den gerechten Menschen«, und DENIS SAURAT behauptet, daß in den frühen Kulturen Amerikas die Großen Eingeweihten mit Schlägern und Bällen ein Spiel als heilige Zeremonie veranstalteten: »Die Bälle beschrieben in der Luft die gleichen Bahnen wie die Sterne am Himmel. Wenn ein ungeschickter Spieler den Ball fallen ließ oder in die falsche Richtung schlug, so verursachte er damit astronomische Katastrophen.«

Heute versuchen uns Quantenforscher zu erklären, daß der Flügelschlag eines Schmetterlings in Tibet – überspitzt formuliert – bei uns Wetteränderungen hervorrufen kann. Die hochentwickelten Religionen früherer Zeiten kannten offensichtlich diese Zusammenhänge zwischen »Himmel und Erde«, zwischen »oben und unten«, und hatten die Notwendigkeit erkannt, das zu erhalten, was GURDJIEFF »die kosmische Bewegung der allgemeinen Harmonie« nennt (siehe Seite 179 ff.).

Aber noch einmal zu Hermes. Worauf sein Weg der
Einweihung sich letztlich gründet und wohin er führt, ver-
rät er uns ganz eindeutig in einer wichtigen Textstelle, in
der es um die Philosophie – die Liebe zur Weisheit – geht:
»Wenn die Seele ihren Ursprung erkannt hat, entbrennt sie
in Liebesfeuer, vergißt das Böse und kann sich nicht mehr
abkehren vom Guten.« (*»Corpus Hermeticum«* V, 8)
Daß dies nicht leichtfällt, teilt uns der Dreigestaltige
schon wenig später mit: »Du siehst, mein Sohn, durch wie
viele Körper, durch wie viele Dämonenscharen, durch wie
viele Ketten und Umdrehungen von Sternen wir gehen
müssen, um zu dem einen, ungeteilten Gott zu gelangen.«
(*»Corpus Hermeticum«* VII, 26)
Hermes Trismegistos steht mit am Anfang aller schriftlichen magischen Offenbarungen. Seine Weisheit wird
uns noch einige Male in diesem Buch beschäftigen, denn er
hat auf alle Eingeweihten zu allen Zeiten größten Einfluß
ausgeübt.

Exkurs:
Die Weisheit durch den »Schlaf« erlangen

Wir kennen den todähnlichen *Schlaf der Fakire*, der ursprünglich nicht dazu gedacht war, Touristen zu erschrekken oder als Attraktion auf Jahrmärkten Staunen hervor-
zurufen. Vielmehr öffnete der »Schlaf« das Tor für
magische Reisen zu den tiefsten Geheimnissen des Weltalls. Daß dabei auch Rauschmittel verwendet wurden, be-
legt ein Zitat über die kosmischen »Trips« indischer Magier: »Schon die Brahmanen bedienten sich des unter
großer Feierlichkeiten bereiteten Somatrankes zur Erzeu-
gung des Hellsehens und Vollendung des Yoga. Dieser
Trank erhebt sie über die Welten in einen Zustand, in welchem sie mit Brahma vereint das Innere aller Dinge erkennen.« (8)

Den Versuch, Weisheit in einem scheintoten Zustand
zu erlangen, wird es geben, solange Menschen sich der
Erforschung ihrer eigenen Seele widmen. Schamanistische Praktiken haben sich immer schon dieser speziellen
Form der Erkenntnisgewinnung zugewandt. SERGIUS
GOLOWIN vermutet deshalb auch folgerichtig: »Lernte
also der vorgeschichtliche Mensch aus diesem durch seine
Drogen erzeugten Tiefschlaf, währenddessen die Seele
scheinbar durch bunte Wunder wanderte, auch das Leben als etwas vom Leib Unabhängiges zu betrachten?
Haben wir hier den Ursprung der Vorstellung, daß die
Toten in ihren von Ehrfurcht umgebenen Friedhöfen nur
›ruhen‹, in einem ›ewigen Schlaf‹ daliegen und in Wirklichkeit ›durch die Geheimnisse des Jenseits‹ reisen?« (9)

Bis zum Ausgang der Antike jedenfalls wurde der
»Schlaf« im Abendland als Brücke zum »Jenseits« von
den Eingeweihten genutzt. Im Mittelalter haben die Hexen diese uralte Methode offenbar wiederentdeckt, wie
aus Geschichten, die sich um den »Hexenschlaf« ranken,
ersichtlich wird.

2
Salomo und die Königin von Saba

»Das Schönste, was wir erleben können,
ist das Geheimnisvolle.«
ALBERT EINSTEIN

Seine Weisheit ist sprichwörtlich und sein magisches
Wissen berühmt. König SALOMO, Sohn König DAVIDS,
soll von 993 bis 953 v. Chr. gelebt haben. Die Bibel
schreibt Salomo den Umgang mit siebenhundert Frauen
und dreihundert Konkubinen zu. Durch eine geschickte
politische Strategie sicherte er die Grenzen seines Reiches, indem er nämlich fremde Fürstentöchter heiratete.
Salomo nahm schließlich auch die Tochter des Pharaos
zur Frau und vermied dadurch einen Krieg mit Ägypten.
Der Bau des großen Tempels auf dem Berg Moria mehrte
seinen Ruhm. Friedliebend soll er gewesen sein – was von
seinen späteren Biographen nicht immer honoriert
wurde. Im *»Meyerschen Konversationslexikon«* von 1890
wird Salomo zum Beispiel als »verweichlicht«, »kriegs-
scheu« und »dem Luxus verfallen« charakterisiert.
    Salomos Weisheitsfindung scheint in vielem dem »kur-
zen Pfad der Erleuchtung« der Inder ähnlich zu sein.
Seine Weisheit ist nicht angelesen, sondern dürfte durch
die Teilhabe am erotischen Spiel der Geschlechter erwor-
ben sein. Die Schlüsselfigur hierzu ist wahrscheinlich die
KÖNIGIN VON SABA gewesen, mit der wir uns später noch
eingehend befassen werden.
    Zudem beschäftigte sich Salomo mit den geheimen
Überlieferungen vieler Völker, und er wird als König der

Magier und Beherrscher der Geister verehrt. Kennzeichen seiner Macht war ein magischer Ring, den ein Hexagramm zierte: Das sogenannte *Großsiegel Salomos* taucht auch heute noch als Fensterrose gotischer Kirchen auf – zum Beispiel in Rouen – oder als Staatswappen auf der Fahne Israels.

Das Hexagramm versinnbildlicht das Durchdringen einander entgegengesetzter Kräfte wie Himmel und Erde, Geist und Materie, Zeit und Raum. Überall im Orient galt es als ein Symbol geheimnisvoller Vollkommenheit, als Zeichen des Weltalls, in dem sich die Eigenschaften der Göttin des Lebens spiegeln. Salomo wird die Kraft dieses Zauberzeichens besonders geschätzt haben: »Denn«, so spricht der neuzeitliche Magier ELIPHAS LEVI (siehe Seite 168 ff.), »man stützt sich stets auf das, was widersteht.« (10)

Von welcher Art ist Salomos Weisheit?

»Saba und Salomo scheinen eins zu sein; an Geist und Schönheit ist sie ein göttliches Zeichen und er ein menschliches Wunder . . .«, heißt es in einem alten Text.

Die Bibel berichtet, daß die Königin von Saba an Salomos Hof kam, um den König mit Rätseln auf die Probe zu stellen. Offensichtlich wurde dieses Ereignis zum Ruhme Salomos festgehalten, welcher Besuch von einer aus exotischer Ferne herbeigeeilten Königin erhält, die schließlich ihn und Gott Jahwe preist. Seltsam bleibt allerdings, daß die Königin selbst am Ende nicht zum Jahweglauben konvertiert. Vielmehr schließt die Erzählung damit, daß der Gast aus der Fremde seine Hochachtung vor dem Gott Israels bezeugt und dann in seine Heimat zurückkehrt.

Neben der biblischen Überlieferung gibt es noch weitere Texte, die sich mit der Königin befassen. In ihnen wird sie als »schwarze Jungfrau«, als »Schwarzbraune, mit

aller Süße dieser Welt, mit den schönen Augen, den lachenden Lippen und dem frohen Herzen« geschildert,
die aus dem südwestlichen Teil der Arabischen Halbin-
sel, dem heutigen Nordjemen, nach Israel gekommen sei.
Sie ist aber auch die »Frau, die das Gold liebt«, jenes geheimnisvolle Weibliche, das uns in vielen Mythen und
Märchen begegnet. Die Kelten umschrieben es gelegentlich als »die Spur des Mondes aus dem Wasser«, womit es
eine Form der *Yin*-Energie darstellt.
   Die Königin von Saba stellt Salomo Rätsel, und daß sie
mehr ist als eine gewöhnliche Sterbliche, dies erfahren
wir aus einem anderen Text: »Der Herr hat mich geschaffen im Anfang seiner Wege; ehe er etwas schuf, war ich
da. Ich bin eingesetzt seit Ewigkeit, von Anfang an, vor
der Erde. Als die Tiefen noch nicht waren, da war ich
schon geboren . . .«
   Dieses Selbstzeugnis aus dem biblischen *»Buch der
Sprüche«* – übrigens von niemand anderem verfaßt als
von Salomo selbst – setzt im weiteren die Königin mit der
Weisheit, griechisch *Sophia* oder hebräisch *Chockma*,
gleich. An anderer Stelle bezeichnet die Königin diese
Weisheit als *umfangende Mutter*.
   Die Weisheit, die »leuchtender als die Sonne ist«, ist
also weiblich. Folgerichtig haben die Rätsel, welche die
Königin Salomo stellt, mit den Mysterien der Ge-
schlechtlichkeit zu tun: In jeder Hand hält die Königin
eine Rose, eine künstliche und eine echte, deren Natur Salomo herausfinden soll, obwohl sie gleich aussehen. Zwischen beiden Blumen spielen zwei Kinder mit Äpfeln. Sie
sind vom Äußeren her gleich, und der König von Israel
soll ihr Geschlecht erraten. Salomo handelt schnell: Zum
einen läßt er Bienen kommen, die sich allein auf der echten Rose niederlassen, zum anderen erkennt er das jeweilige Geschlecht der Kinder an der Art, wie sie die Äpfel
aufsammeln. Das Mädchen kniet nieder und legt die Äpfel in die Falten ihres Gewandes, der Junge greift stehend
einen einzigen Apfel.

Aber noch weitere Rätsel sind überliefert. In ihnen geht es unter anderem auch um die weibliche Kosmetik.

Welchen Sinn haben diese Rätsel?

Sie alle stellen Initiationsrätsel dar. Zugleich sind sie ein Beleg dafür, daß sich Frauen einst in machtvolleren Positionen befanden als heute. Es ist eine Frau, die Salomo diese Rätsel stellt. Sie kennt bereits die Lösungen, die der König erst noch erraten muß. Also weiht die Frau den Mann mit ihren Fragen in die Geheimnisse der Sexualität ein. Es besteht auch kein Zweifel, daß Äpfeln und Rosen hier eine symbolische Bedeutung zukommt. Denn später erfahren wir, daß die Äpfel, welche Salomo die Kinder auflesen sah, »Früchte vom Baum der Erkenntnis« waren. Und die Rose, als »heilige« Blume der griechischen Aphrodite verehrt, wurde im Mittelalter zum Inbegriff weltlicher und geistlicher Schönheit und Liebe. Äpfel galten zudem als die Früchte der Verführung. Salomo und die Königin von Saba umgarnen und verführen folglich einander.

In einem alchemistischen Text wird dies auf eine andere Weise hervorgehoben: »Die Urmaterie der Philosophen ist das Blei, das man auch Blei der Luft nennt, in welchem die strahlende, weiße Taube enthalten ist, welche das Salz der Metalle genannt wird, worin die Meisterschaft des Werkes besteht. Dieses Salz ist jene keusche, weise und reiche Königin von Saba, mit dem weißen Schleier bekleidet, welche sich nur dem König Salomo hingeben wollte. Keines Menschen Herz kann dies alles genügend erforschen.« (11)

Die Taube als Sinnbild des Geistes wird mit der Königin von Saba personifiziert. Die Hingabe der Königin an Salomo ist jedoch weit mehr als nur ein Akt der Liebe: Die Vereinigung von Mann und Frau wird in kos-

mische Dimensionen eingebunden – das Mysterium von
Himmel und Erde abbildend. Hermes und Aphrodite begegnen einander, erkennen, daß sie gut miteinander aus-
kommen, wie es uns der Begriff *Hermaphrodit* verdeutlicht. Es ist eine Seelenverbindung – des Hermes im Mann
mit der Aphrodite in der Frau oder umgekehrt.

Und der Mann, also Salomo, tut gut daran, sich durch
die Königin von Saba in die Mysterien der »empfangen-
den Mutter« einweihen zu lassen. Denn »als Königin
werde ich herrschen, und meines Reiches ist kein Ende
für alle, die mich finden und erforschen mit Scharfsinn,
Erfindungsgeist und Beharrlichkeit«, spricht die göttliche und mütterliche Weisheit. (12)

3
Die Zauberin Circe und der Held Odysseus

Wir kennen CIRCE ausschließlich durch HOMERS »*Odyssee*«, jene schöne Zauberin, welche die Männer »becirct«, um sie anschließend in Schweine, Wölfe oder Löwen zu verwandeln. Allein ODYSSEUS kann dank eines Gegenmittels, das ihm der Gott HERMES gegeben hatte, ihren magischen Künsten widerstehen. Sie wirft sich zu Boden, umfaßt seine Knie und klagt: »Weh mir! Wer bist du, Gewaltiger, den mein Trank nicht zu verwandeln vermag? Bist du vielleicht der erfindungsreiche Odysseus, dessen Ankunft mir schon lange geweissagt ist?«

Am Ende verbringen Odysseus und die Seinen ein ganzes Jahr lang auf Circes Insel – es wird eine Zeit der Lust und der Liebe ... (13)

Wer ist diese Zauberin, deren Name »Falke« bedeutet und die auf der Insel Aia, der Toteninsel, ihren Opfern auflauert? Zahlreiche Interpreten haben versucht, ihr Geheimnis zu lüften. Andere wollten dabei vor allem in Erfahrung bringen, mit welchem Mittel Odysseus Circes Künsten widerstehen konnte. Bei Homer ist dieses wirkungsvolle Zauberkraut als *Moly* überliefert. Worum aber handelt es sich dabei?

Das *Moly*, welches Odysseus von Hermes erhalten hatte, wird mit allen möglichen Pflanzen identifiziert: mit der Mandragora, der Knoblauchdolde, dem Mohn oder mit Atriplex halimus, einer Pflanze mit weißlichen Blättern und dunkler Wurzel, die heute noch in Italien als Abwehrmittel gegen Schlangen verwendet wird. Wie dem auch sei, fest steht nur, daß bereits die Griechen der klassischen Zeit nicht mehr wußten, was unter *Moly* zu verstehen war.

Odysseus, der Held

Die Irrfahrten des »Helden« von Ithaka, der vor Troja kämpfte, sind weitgehend bekannt. Sie wirken abenteuerlich, gefährlich und dienen manchen nur als eine spannende Unterhaltung. Sie sind aber weitaus mehr als nur das. Die *»Odyssee«* ist ein Navigationsmythos ähnlich seiner orientalischen Entsprechung: Sindbads Abenteuern. »In ihm werden die beiden grundsätzlichen Gefahren der Seefahrt besiegt: der Ozean, der das Unbewußte symbolisiert, und die Windstille, die für seelische Stagnation und Resignation steht.« (14)

Odysseus' Ziel ist es, heimzukehren. Um es zu verwirklichen, bringt sich der »Held« in Todesgefahr. Was die *»Odyssee«* für uns immer noch so aufregend macht, liegt wohl vor allem mit darin begründet, daß ihr Mysterium keinen rein geistigen Prozeß darstellt, sondern einen sehr handfesten, sinnlichen und lustvollen. Denn Odysseus lernt neben zahlreichen erschreckenden und quälenden Abenteuern auf seiner Irrfahrt durch die Fremde auch deren schöne Seiten kennen. Wie anders ließe sich sonst erklären, daß der Herrscher von Ithaka lange Jahre mit Circe und KALYPSO verbringt und mit ihnen mehrere Kinder zeugt?

KARL KERENYI schreibt dazu: »Reisen ist die gegebene Situation zum Lieben. Die Schlünde, über welche der Verflüchtigte wie ein Geist dahinschwebt, können die Abgründe von unglaublichen Liebschaften, Circe- und Kalypso-Inseln und -Höhlen, sein: Abgründe auch in dem Sinne, daß es da kein Stehen gibt auf festem Boden, sondern nur Weiterschweben zwischen Leben und Tod.« (15)

Odysseus' beste Waffen in diesem Abenteuer auf Leben und Tod sind sein Witz und seine Schläue. NIETZSCHE meint dazu: »Wer es versteht, die Götter zum Lächeln zu bringen, kann kaum als Antiheld gedeutet werden.«

Und so scheint fast die Schlauheit neben der Liebe die einzige wirkliche »Waffe« gegen die Allmacht der Götter zu sein. Kalypso bietet Odysseus Unsterblichkeit an, er lehnt sie ab. Lieber will er zurück zu PENELOPE, seiner Gemahlin. Somit ist die *»Odyssee«* laut Kerenyi das »Gedicht vom Leben, das vom fortwährend, überall gegenwärtigen Tod durchdrungen ist«. (16) Und Odysseus ist ein Liebhaber dieses besonderen Lebens, denn nur der Liebhaber ist von Gott erfüllt, sagt PLATO.

Circe und Kalypso

Wie ihr Vater ATLAS, »der die Tiefen des Meeres überall kennt« und der über die großen Säulen wacht, die das Himmelsgewölbe stützen, lebt auch KALYPSO an einem kosmischen Angelpunkt: auf der Insel Ogygia.

Hier wachsen Erlen, Zypressen, Schwarzpappeln, Weiden, die Bäume der Toten, und alles ist von urweltlicher Schönheit.

Kalypso bedeutet »Verhüllerin«. Ihre Leidenschaft besteht darin, Dinge mit einer Art Schleier zu umgeben. Und doch ist ihre Insel Ogygia, auch wenn dies paradox klingen mag, ein Ort, um Erkenntnis zu gewinnen, und Odysseus weiß, mit wem er es zu tun hat: Sie ist jene Frau, die im Vorraum des Totenreichs empfängt. Er vereinigt sich mit ihr auf dem Bett in der Tiefe der Grotte. Kalypso will ihn unsterblich machen, um ihn für immer an sich zu binden, zuletzt läßt aber auch sie ihn ziehen.

CIRCE ist Kalpyso ähnlich. Auch sie entläßt Odysseus nur ungern. Am Ende schickt sie ihn gar in die Unterwelt,

um dort ein Orakel einzuholen. Circe gleicht der Mondgöttin, die ihren Sohn ewig gebiert, liebt und dann wieder
verschlingt. Viele Forscher lokalisieren ihr Reich in der
Kolchis, im heutigen Kaukasus. Dort soll sie einen Fried-
hof besessen haben, der, mit Weiden bepflanzt, der
Mondgöttin HEKATE geweiht war. Andere verweisen auf
die Tatsache, daß Circes Lieblingstier das Schwein gewesen sei. Odysseus' Männer hatte die Zauberin in
Schweine verwandelt und diese mit den wilden Kirschen
des CHRONOS gefüttert – der roten Nahrung der Toten.

Im keltischen Mythenkreis gilt das Schwein beziehungsweise der Eber als heiliges Tier. Deshalb halten einige Autoren Circe, die »flechtenschöne, aber furchtbare
Göttin, begabt mit Sprache«, wie Homer sie beschreibt,
für eine megalithische Gottheit und verlegen ihr Reich
nach Schottland: so HANS STEUERWALD in seinem Buch
»Weit war sein Weg nach Ithaka«, der die britische Insel
Fair Isle als Circes Aiaia identifiziert haben will. (17)

Derselbe Autor entwickelt zudem eine hochinteres-
sante Theorie, was Circes Kunst der Giftzubereitung betrifft: »Durch Beimischung in die Speisen gelang es dieser
Zauberin in den Köpfen von Odysseus' Gefährten hallu-
zinatorische Vorgänge zu erzeugen«, schreibt Steuerwald. Dies erinnert in der Tat an mittelalterliche »Hexen-
salben«, die so stark auf Gehirn und Nerven einwirkten,
daß die Hexen glaubten, das aus ihrem Körper heraus-
wachsende Haar- oder Federkleid zu spüren.

Die Verwandlung von Menschen in Schweine findet
sich fast ausschließlich im keltischen Kulturkreis. Auch
der von Homer erwähnte »pramneiische Wein«, ein Gemisch aus Käse, Gerstenmehl, Honig und Alkohol,
könnte ein prähistorischer »Whisky« gewesen sein.

Wer immer nun also Circe oder Kalypso in Wirklichkeit gewesen sind, kann von uns nicht eindeutig entschlüsselt werden. Wichtig bleibt jedoch festzuhalten,
daß beide als weibliche Gottheiten Odysseus Schlüsseler-
fahrungen vermittelt haben: Durch sie findet er zu sich

selbst. Durch sie erlangt er die Fähigkeit, Gutes und
Schlechtes zu ertragen. Denn sowohl das Gute wie auch
das Schlechte dienen dem griechischen Helden nur zur
Prüfung: Die Herrschaft des Geistes gründet sich einzig
darauf, sie zu erkennen; ihnen als das zu begegnen, was
sie sind; sie anzunehmen mit der insgeheim gleichgülti-
gen Neugier des Reisenden, der jene schwebende Lebens-
welt, die sich an jeder Stelle mit dem Tod berührt, durchmißt.

4
Empedokles
Seher und Überwinder des Todes

Im Jahre 483 oder 482 v. Chr. soll dieser bemerkenswerte Mann in Akragas auf Sizilien, dem heutigen Agrigento, geboren worden sein. Seine Zeit erlebte ihn als Ereignis, wie ein Gott ging EMPEDOKLES durch die Welt. Auch politisch hatte er sich engagiert und sich nach dem Tode des Tyrannen THERON für eine demokratische Verfassung eingesetzt. Die ihm angebotene Königswürde schlug er allerdings aus.

Er war Seher, Reinigungspriester, Wanderprediger und Wundermann, Politiker, Arzt, Dichter und nüchterner Wissenschaftler in einem, der als erster auf seine Art das vorformulierte, was über zweitausend Jahre später von der Physik als *Energieerhaltungsgesetz* definiert werden sollte. Alle Veränderungsprozesse seien in Wahrheit Energieumwandlungsformen, lehrte er und erklärte, daß in der Welt nichts entsteht und nichts vergeht, wie es die Menschen dem Augenschein nach empfinden. »Geburt gibt es von keinem einzigen unter allen sterblichen Dingen, auch nicht ein Ende im verwünschten Tod, sondern nur Mischung und Austausch der vermischten Stoffe.« (18)

Es wird auch berichtet, er sei im Purpurgewand, mit Siegerbinden und Kränzen geschmückt, von Stadt zu Stadt gezogen, habe Kranke geheilt, Tote, die offenbar schon in die Leichenstarre übergegangen waren, durch Handauflegen erweckt und Epidemien durch die Anlage einer Kanalisation bekämpft. Er war im übrigen der erste Philosoph, der den bis dahin bekannten drei Elementen *Feuer, Wasser* und *Luft* das vierte, *Erde,* hinzufügte.

Alles Werden ist für Empedokles nur eine Ortsverän-
derung. In seinen vier Wurzeln, den Elementen, sieht er
zugleich etwas Dämonisch-Göttliches. Deshalb identifiziert er sie auch mit ZEUS *(Feuer)*, HERA *(Wasser)*, NESTIS
(Luft) und ADONEUS *(Erde)*. Später werden die Alchemisten der Renaissance diese »Geister« anrufen, und selbst
bei GOETHE treten sie noch als *Salamander, Undene,
Sylphe* und *Kobald* auf.

Interessant ist ebenfalls, daß Empedokles das menschliche Sein unter Zugrundelegung von Begriffen aus dem
seelischen Leben erklärt und nicht – was seinem naturwissenschaftlichen Konzept durchaus entsprochen hätte
– in einem physikalischen Sinne von Anziehung und Ab-
stoßung spricht. So erkennt der Weise als primäre Ur-
kräfte, die im Kosmos wirken, vor allem die *Liebe* und
den *Haß*. Allerdings konstruiert er zwischen ihnen keinen Gegensatz, sondern hält Wechselbeziehungen zwischen beiden Gefühlen, die sich mal vermischen, mal wieder trennen, für typisch. Dabei unterscheidet Empedokles vier Phasen:

1. Die Phase der *Liebe*, in der sich das Viele vereinigt.
   Der Haß ist ganz verdrängt. Das Seiende hat die Gestalt einer Kugel.
2. Nach und nach dringt der *Streit* in diese Harmonie
   ein. Die Folge ist, daß die Einzeldinge durch Tren-
   nung entstehen.
3. Nun gewinnt der *Haß* die Oberhand, und die Liebe ist
   im Mittelpunkt des Seienden konzentriert.
4. Schließlich setzt sich die *Liebe* wieder durch, und der
   Kreislauf beginnt von neuem.

Ein bemerkenswertes Weltbild, das vor allem auf eine
moralische Wertung verzichtet. Liebe und Haß sind
gleichberechtigte Kräfte im Kosmos. Darüber hinaus entwickelt er ein psychologisches Modell, indem er feststellt,
daß wir ohnehin immer wieder nur Gleiches durch Gleiches erkennen können: »Mit unserem Erdstoff erblicken

wir die Erde, mit unserem Wasser das Wasser, mit unserer Luft die göttliche Luft, mit unserem Feuer das ver-
nichtende Feuer, mit unserer Liebe die Liebe der Welt
und ihren Haß mit unserem traurigen Haß.« (18)

Was damit gemeint ist, wird nachvollziehbar, wenn wir
uns daran erinnern, daß wir fremdes Seelenleben nur aus
dem eigenen heraus verstehen können.

Empedokles glaubt an die Seelenwanderung. Wir alle
müssen eine Reihe von Inkarnationen durchleben, bis
wir wieder gereinigt sind vom Fall in die Materie. Unsere Seelen sind herabgestürzte Götter, die sich nach
dem Urzustand zurücksehnen. Fleischverzehr ist deswegen verboten, weil Empedokles ein naturrechtliches
Band der Verwandtschaft zwischen allem Lebendigen
erkennt.

»Es gibt einen Spruch des Schicksals, einen alten, in
alle Ewigkeit geltenden Beschluß der Götter, der mit
breiten Eidschwüren versiegelt ist: Wenn jemand in seinem Frevel seine Hand mit Mordblut befleckt und wer,
vom Streite verführt, einen Meineid schwört, aus der
Zahl der Dämonen, denen ein langes Leben zuteil geworden ist – alle die müssen dreimal tausend Jahre fern
von den Seligen umherirren, indem sie im Laufe der
Zeit allerlei Gestalten sterblicher Wesen annehmen und
des Lebens mühselige Pfade wechseln. Denn der Lüfte
Gewalt verjagt sie zum Meere, aber das Meer speit sie
aus auf das Land, das Land zu den Strahlen der leuchtenden Sonne; die aber wirft sie in den Wirbel der
Lüfte.« (19)

Empedokles wurde ähnlich den chinesischen Weisen
entrückt. Er gilt als Überwinder des Todes. Daher kennt
die Legende von ihm auch kein Grab. Es heißt, Empedokles sei eines Tages im Jahre 432 v. Chr. in das Innere des
Ätna hinabgestiegen. Niemand habe ihn aus dem Höllen-
schlund des Vulkans je wieder hervorkommen sehen. So
kehrt der Weise heim in die Flammen des göttlichen Ele-
ments, und in Abwandlung von MARTIN BUBERS »*Daniel*«

kann Empedokles ausrufen: »Ich weiß, daß ich irgendwie selbst dieses Feuer bin, aber dahin, wo ich es bin, kann ich nicht gelangen ... Das heilige Feuer will ich kennen ... Mich verlangt zu schauen, was ich bin.« (20)

5
Die Pythia
Die rasende Stimme Gottes in Delphi

»Die Sibylle, mit rasendem Mund Ungelachtes und Un-
geschminktes und Ungesalbtes hinausrufend, dringt
durch die Jahrtausende mit der Stimme, getrieben von
Gott.« (21)   HERAKLIT

Das Orakel von Delphi hatte für die Politik und Religion
der griechischen Antike eine große Bedeutung. Es war
dem APOLLO geweiht, der von alters her der Gott des
Heilens und der Weissagung ist. Apollo tötete den Py-
thondrachen in Delphi und übernahm das dortige Orakel. Mit der Vernichtung des Drachens wird zugleich das
Dionysische oder Wilde, Ungezügelte – auch in sexueller
Hinsicht – verdrängt. Apollo repräsentiert den Menschen, der sich aus der Abhängigkeit von der Natur gelöst
hat und dennoch spürt, daß sie ihn magisch anzieht.
 Eingemeißelt in den Vorraum des Apollotempels von
Delphi konnte man laut PAUSANIAS folgende Inschriften
lesen: »Erkenne dich selbst« und »Halte Maß«. Auf die
Vorhalle, die den Tempel im Osten und Westen umgab,
folgte der eigentliche Tempelraum, die *Cella*, sie umgab
das *Allerheiligste (Adyton)*, die Orakelstätte mit dem
Dreifuß über der Erdspalte. Aus dieser stiegen betäu-
bende Gase auf, durch welche die PYTHIA, die Orakel-
priesterin Apollos, in einen tranceartigen Zustand versetzt wurde. Vorher hatte sie Blätter vom Lorbeer
Apollos gekaut. In Ekstase stammelte sie dann Worte
oder Satzfetzen, welche ihre Priester als Antwort auf die

gestellte Frage in Verse umsetzten. Ob bei diesem Kult zusätzlich noch bewußtseinserweiternde Drogen eingesetzt wurden, läßt sich letztlich nicht nachweisen. Die Weissagungen der Pythia waren nicht selten doppeldeutig, schwer verständlich, dunkel. Alle Orakelbefrager hatten sich durch Opfer, Waschungen, Fasten und Gebete vorzubereiten. Das Los entschied, in welcher Reihenfolge sie den Tempel betreten durften. Die Pfosten und Altäre waren mit Lorbeer geschmückt, die Luft mit Weihrauch geschwängert, und Musik erklang.

Daß es sich beim delphischen Orakel um keinen Betrug handelte, bezeugen eigentlich alle großen Männer der Antike: SOKRATES, ARISTOTELES, TACITUS, LIVIUS, VERGIL und viele mehr. Daß das Orakel schwieg, wenn keine Sensitive vorhanden war, spricht im Grunde genommen für sich. Wie doppeldeutig die Antworten der Pythia mithin ausfallen konnten, zeigt der Fall KROISOS: König Kroisos von Lydien, der Krieg gegen KYROS von Persien führen wollte, erfuhr von der Pythia, daß er ein großes Reich zerstören werde, wenn er den Fluß Halys überschreite. Daß es sich dabei um sein eigenes handelte, merkte der ehrgeizige Lyderkönig erst bei seiner Niederlage. Aber es gab auch Zeiten, zu denen das Orakel bestochen wurde, zum Beispiel durch PHILIPP VON MAKEDONIEN, dem die Prophetin nach dem Munde redete.

Die Sibyllen von Delphi, deren Namen uns überliefert wurden, lauten PHEMONOE, HEROPHILE, DEMO, SABBE. Dem Grab der Herophile begegnet man in Troja zwischen Bäumen gelegen, und das Epitaph besagt: »Nahe den Nymphen und dem Hermes ruhe ich hier. Nicht habe ich meine Herrschaft verloren.«

Als es mit Delphi zu Ende ging, wurde die Pythia »wie eine Wirtschafterin im Pfarrhaus« gewählt: Sie mußte über fünfzig Jahre alt sein. Zuvor war es immer ein junges delphisches Mädchen gewesen, bis ECHEKRATES, der thessalische Feldherr, eine weissagende Jungfrau geraubt und vergewaltig hatte. Die Pythia selbst, auf ihrem Drei-

fuß sitzend, wurde vom Gott in Besitz genommen, lie-
ferte sich ihm ganz aus und vergaß sich. Das Selbst war es,
was aus ihr wie rasend redete, nicht der Logik gehor-
chend, sondern den Tiefen der Seele, in der das All und
mit ihm alles Gegensätzliche eins sind.

6
Pythagoras
Geheimnis der Zahl und Eingehen in Gott

»Und es heißt, als Pythagoras einmal vorüberging, wie ein Hündchen mißhandelt wurde, habe er Mitleid empfunden und dieses Wort gesprochen: ›Hör auf mit deinem Schlagen. Denn es ist ja die Seele eines Freundes, die ich erkannte, wie ich ihre Stimme hörte.‹« (22) XENOPHANES

Die Lehren dieses Großen Eingeweihten, Forschers und Philosophen lebten nur in mündlicher Überlieferung weiter – wie später bei JESUS von Nazareth. Zur Welt kam diese machtvolle Persönlichkeit der Antike etwa 570 v. Chr. auf der Insel Samos. PYTHAGORAS war Schüler von THALES und von ANAXIMANDER, dessen Lehre vom Grenzenlosen und Unendlichen er sich zu eigen machte. Seine Einweihung soll er von indischen Brahmanen und nordischen Barbaren – *Hyperboreern* – erhalten haben. Hierbei wird oftmals der skythische Magier ABARIS erwähnt, der ihn in die Kunst der Levitation beziehungsweise des mystischen Seelenfluges (siehe auch *Padre Pio* Seite 201 ff. und *Castaneda* Seite 235 ff.) einführte und mit ihm über den Bau des Himmels und die Bewegung der Himmelskörper diskutiert haben soll.

Vor allem aber verbrachte Pythagoras einige Jahre in Ägypten, wo er in den Orden der dortigen Priesterschaft aufgenommen wurde. Als reifer Mann ließ er sich in Kroton nieder, einer griechischen Kolonie in Unteritalien.

Pythagoras gründete einen Orden, auch Bund genannt, und lehrte, »die vollkommene Frucht der Philosophie sei die Erlösung aus dem Kreislauf der Geburten.« (23)

Ordensgründung

Die Regeln seiner für Männer und Frauen offenen Ordensgemeinschaft schrieben vor, fleischlos zu leben, sich am Morgen mit den Ereignissen des vorangegangenen Tages auseinanderzusetzen, zu prüfen, ob man recht oder unrecht getan hatte, und klassische Autoren wie HOMER und HESIOD zu lesen. Aber auch sportliche Ertüchtigungen wie Laufen, Werfen, Ringen zählten neben den musischen Beschäftigungen mit zu den täglichen Übungen der Ordensmitglieder. Das Töten von Tieren war untersagt, selbst zu Opferzwecken. Ähnlich wie die Druiden oder die Schamanen ließ Pythagoras alle Kreaturen an dem Kreislauf der unsterblichen Seele auf ihrem Weg zur Vollkommenheit teilhaben: »Denn es gibt einen das ganze All durchdringenden Geist, eine Weltseele, die alles mit jedem verbindet.« (24)

Von der Organisation und von der sehr strengen geistigen Zucht her stellt dieser Bund der Pythagoreer – *Koinobien* – eine sehr frühe Vorwegnahme eines europäischen Klosters dar.

Die Zahlensymbolik

»Die pythagoräische Entdeckung der Zahl als Wesenskern gehört zu den stärksten Impulsen menschlicher Wissenschaft«, stellt WERNER HEISENBERG fest.

Pythagoras gilt neben THALES als Begründer der Mathematik. Die Welt der Zahlen, ihre mystische Verknüpfung mit Leben und Schicksal faszinierten den Weisen. Somit scheint er auch ein Vorläufer der jüdischen Kabbala gewesen zu sein.

Gerade in den Zahlen fand Pythagoras das unkörperliche Prinzip, durch das alle Dinge erklärt werden können. Auf Harmonie und Zahl fußt das ganze Himmelsgebäude. So war dem Eingeweihten die Eins, Einheit oder auch *Monas* genannt, Symbol für einen hermaphroditischen Gott wie Form aller Dinge. Die Zwei, *Dyas*, stand für das Erzeugende, Weibliche, für Isis. Die Drei, *Trias*, ist die Vereinigung von Materie und Form: Unendlicher Gott und endliche Materie werden eins. Durch die Zahl Drei ist das All vollendet bestimmt: Höhe, Breite und Tiefe des Raums, Vergangenheit, Gegenwart und Zukunft der Zeit.

Aber es gab bei den Pythagoreern auch noch die Vier oder *Tetras*. Sie ist die Zahl der vier Elemente und zugleich als Verdopplung der Zwei Aufhebung jeden Gegensatzes. Nicht unerwähnt bleiben soll, daß die Zehn – die Summe der ersten vier Zahlen – insgesamt zehn Gegensatzpaare bildet, auf die sich nach Auffassung der Pythagoreer die ganze Welt zurückführen läßt.

Später nannte man dieses Prinzip in der Philosophie Dialektik, die von HEGEL und MARX zum bestimmenden Geschichtsprinzip überhaupt erhoben werden sollte. Die katholische Theologie definierte die Dreiheit als Gottvater, Sohn und Heiliger Geist – und damit war die Zwei, das Weibliche und Erzeugende, unbegreiflicherweise und mit verhängnisvollen Folgen ausgemerzt.

Musiktherapie und Psychosomatik

»Aus Melodie und Rhythmus der Musik schuf Pythagoras Heilmittel für die Krankheiten und Leidenschaften der Menschen, indem er die natürliche Harmonie ihrer kör-

perlichen Funktionen wiederherstellte und Körper und
Seele zugleich gesund machte ... Abends, bevor seine
Schüler schlafen gingen, befreite er ihren Geist mit Hilfe
der Musik von den Aufregungen und Störungen des Tages. Er beruhigte dadurch den Aufruhr der Gedanken in
ihrem Bewußtsein, so daß sie ruhig schliefen und gute,
prophetische Träume hatten ...

Pythagoras erreichte diese Wirkung nicht durch das
Instrument oder eine besondere stimmliche Begabung,
sondern durch seine Fähigkeit, etwas Göttliches, Unbe-
schreibliches zum Ausdruck zu bringen. Man kann es
sich nur schwer vorstellen, aber er hatte sein inneres Ohr
so verfeinert, daß er die Schwingungen der erhabenen
Symphonie des Weltalls aufnahm. Er hörte und übermit-
telte die Sphärenharmonie und den harmonischen Zusam-
menklang der Sterne, die in sie einstimmen. Dadurch
konnte er vollere und tiefere Melodien schaffen, als sie
ohne seine Verbindung mit dem Göttlichen möglich gewesen wären ... Pythagoras wußte, daß diese Musik aus
dem Herzen und Ursprung des Universums kam ...« (25)

Diese Textpassage stammt aus einer Biographie über
den griechischen Weisen, die neunhundert Jahre nach seinem Tod von dem Syrer IAMBLICHOS verfaßt wurde.

Wiedergeburt

»Ich werde einst mit meinem Stabe wieder vor euch stehen und euch lehren«, soll Pythagoras gesagt haben.
Auch kannte er seine früheren Leben: als Sohn des Gottes
Hermes, Soldat im Trojanischen Krieg, als Fischer auf
Delos. Sein Ziel war es, den Menschen auf das Ewige, auf
eine höhere Entwicklung vorzubereiten. Das konnte auf
dreierlei Weise geschehen: indem sich erstens der Mensch
durch Ausmerzung alles Bösen aus seinem Ich mit Gott
identifizierte, es ihm gleich tat; zweitens durch ein Leben

voll guter Taten, weil Güte den Menschen mit der Gottheit verbindet; drittens, indem er durch einen ekstatischen Tod in die Gottheit eingeht.
495 v. Chr. wurde in Kroton eine Revolte gegen die
Bruderschaft der Pythagoreer angezettelt – wahrscheinlich weil der Meister einem ehrgeizigen Politiker den Ein-
tritt in die Gemeinschaft verwehrt hatte. Das »Kloster«
wurde in Brand gesteckt, und die meisten Schüler, darunter wohl auch Pythagoras, kamen in den Flammen um.
SOKRATES und PLATO führten seine Lehren fort. PLOTIN
griff im zweiten nachchristlichen Jahrhundert viel pytha-
goreisches Gedankengut wieder auf, was sich später auf
die Schulen der christlichen Mönche und Mystiker aus-
wirkte.

7
Apollonius von Tyana
Antiker Wundertäter und Heiland

»Ich vermag das Gegenwärtige an entfernten Orten und
Ereignisse der Zukunft in einem klaren Spiegel zu
schauen. Der Weise wartet nicht auf den Dunst der Erde
und die Verderbtheit der Lüfte, um Ereignisse vorauszu-
sehen. Meine streng geregelte und enthaltsame Lebens-
weise bewirkt solche Feinheit der Sinne und erweckt die
geheime Kraft des Zweiten Gesichts in mir.« (26)

Im ersten Jahrhundert n. Chr. wuchs im Osten der heutigen Türkei ein ungewöhnlicher Junge auf, der später
durch seine Wundertaten in der ausgehenden Antike
weithin berühmt wurde: APOLLONIUS VON TYANA.
Person und Leben des Weisen sind historisch verbürgt.
Heidnische und christliche Chronisten berichten mit
freudiger oder widerwilliger Bewunderung von seinen
Aktivitäten. Alles, was wir jedoch heute noch von ihm
wissen, verdanken wir einer romanhaften Lebensbe-
schreibung des griechischen Philosophen FLAVIUS PHI-
LOSTRATUS (170 – um 245). Er hat sie weit über hundert
Jahre nach Apollonius' Tod verfaßt, wahrscheinlich auf
Anregung der Kaiserin JULIA DOMNA, der Gemahlin des
SEPTIMUS SEVERUS.
Bis dato waren zahllose Legenden über den Weisen
und Magier vor allem in Syrien, der Heimat der Kaiserin,
im Umlauf gewesen. Julia Domna übergab Philostratus
ein Manuskript – Aufzeichnungen, die angeblich von
DAMIS, dem berühmtesten Apollonius-Schüler, stamm-

ten. Philostratus untersuchte das ihm übergebene Material und zeigte sich tief beeindruckt. Er forschte weiter, befragte Menschen, sammelte und recherchierte. Allmählich entstand daraus das Bild eines pythagoreischen Heiligen, der auf seinen ausgedehnten Reisen nach Babylonien, Ägypten, Spanien und sogar Indien lehrend und heilend wirkte.

Berichtet werden von ihm zahlose Wundertaten, ja sogar Totenerweckungen. Aber Philostratus wollte uns mit seinem Buch über Apollonius nicht nur einen beeindruckenden Magier vorstellen. Er geht weiter und läßt vor unseren Augen das Bild eines weisen und gottesfürchtigen Mannes erstehen, der zu seiner Zeit offensichtlich ganz bewußt im Gegensatz zum aufkommenden Christentum eine Religion in der Nachfolge des PYTHAGORAS verkündete. Zahlreiche Parallelen zu JESUS von Nazareth können bei ihm gezogen werden.

Wer also war dieser Apollonius von Tyana? Ein altgriechischer Heiland? Ein Gegenentwurf zu Christus? Und wenn ja, worin unterschied er sich von jenem, falls überhaupt?

Die Legende seiner Geburt

Apollonius wurde vermutlich etwa um das Jahr 20 n. Chr. in Tyana geboren. Von der Stadt selbst ist heute nichts mehr zu erkennen. Sie lag nördlich von Tarsus, dem Geburtsort des Apostels PAULUS, etwa fünfundzwanzig Kilometer südlich von Niğde an der Stelle des heutigen Kemerhisar. Die Eltern des Magiers waren vornehme Griechen, die sowohl im Inland wie auch an der Küste Ioniens Häuser, Land und Warenlager besaßen. Apollonius' Vater hieß ALKMEDON, seine Mutter ATTHIS. In einem Traum wurde Atthis auf die Geburt eines ungewöhnlichen, mit seltenen Gaben ausgezeichneten Knaben vor-

bereitet. Kurz vor der Niederkunft gebot ihr ein zweiter
Morgentraum, sich auf die weiten Wiesen vor den Toren
Tyanas zu begeben. Die junge Frau folgte der Aufforderung und nahm zwei Sklavinnen mit. Diese sollten Zeu-
ginnen eines außergewöhnlichen Geburtsvorgangs werden.

Auf der im Traum gesehenen Wiese blühten Narzissen, zwischen denen Atthis wie betäubt zu Boden sank.
Daraufhin schwammen Schwäne eines nahe gelegenen
Sees ans Ufer, eilten zu der Schwangeren und umringten
sie mit emporgerichteten Flügeln. Die beiden Dienerinnen konnten in einem gebührenden Abstand verwundert
mit ansehen, wie die Schwäne in geheimnisvoller Weise
begannen, Töne von sich zu geben – sphärischer Musik
vergleichbar, feierlich, in langen Intervallen. Und als Atthis wieder die Augen aufschlug, hielt sie ein Kind in
ihren Armen, ohne daß ein Sterblicher bei der Geburt
Hilfe geleistet hätte: Apollonius, nach dem griechischen
Gott APOLLO benannt, dem Gott der Heil-und Wahrsagekunst.

Was sich wie ein nettes Märchen liest, enthält aufre-
gende Details, die dem Kundigen der damaligen Zeit
wichtige magische Informationen vermittelten. Da sind
einmal die Narzissen. Was wissen wir von ihnen? Diese
Blumen erhielten ihren Namen nach einem Jüngling, der
sich in Betrachtung seiner selbst verlor. Aber Narzissen
besitzen auch einen Todesaspekt: HADES, der Gott der
Unterwelt, lockte PERSEPHONE, die er zum Weibe be-
gehrte, durch Narzissen und deren Wohlgeruch in sein
Reich. In der Antike schmückte man mit dieser gelben
Blume Tote und Gräber; aber auch die Dienerinnen der
APHRODITE tauchten deren Kleidung in Narzissenex-
trakt. Ferner waren Narzissen Bestandteil eines antiken
Betäubungsmittels, das man Gebärenden verabreichte.
Eine vielseitig verwendbare, magische Blume also, die für
den Eingeweihten im Hinblick auf die Persephone-Kore-
Hades-Episode von eminenter Bedeutung ist.

Nachdem sich nämlich PERSEPHONE auf dem Thron des HADES niedergelassen hatte, erfuhr der Tod eine einschneidende Veränderung. Das Lebende hatte sich mit ihm vermählt. Das hieß, die beiden Reiche – Leben und Tod – befanden sich nicht mehr im Gleichgewicht; jedes öffnete sich zum anderen hin. Persephone setzte im Hades das Blut durch: Doch nicht mehr das Blut der Opferungen, jenes, an dem sich die Toten gierig satt tranken, sondern das Blut dessen, der weiterlebt, auch im Palast des Todes.

Die irdische Geburt ist folglich vom spirituellen Standpunkt aus gesehen ein Tod und dieser wiederum eine himmlische Auferstehung. Vor diesem mystischen Hintergrund entsteigt Apollonius, umgeben von Narzissen, den »Hadesblumen«, wie ein Auferstandener dem Leib seiner Mutter. Später wird er strikt Blutopfer ablehnen und Priester tadeln, die solche Rituale durchführen. Die singenden Schwäne symbolisieren die Reinheit und die Liebe. Der indische Gott BRAHMA reitet beispielsweise auf einem Schwan. Die Anwesenheit von Schwänen bei der Geburt des Heilers ist gleichbedeutend mit der Präsenz des Göttlichen. Derjenige, der unter solchen Umständen geboren wird, ist Sinnsucher und lebt im Schönen und in der Liebe. Wie Jesus?

Und was die Musik – die langen Tonintervalle – betrifft, so verweist dieses Detail der Legende eindeutig auf den geistigen Lehrer des Apollonius, auf PYTHAGORAS. Er hat die Bedeutung der natürlichen Zahlen in ihrer Verbindung mit dem Reich der Töne hervorgehoben. Oder, um mit den Worten des Philosophen LEIBNIZ zu sprechen, die Musik ist »eine verborgene Übung der Seele, welche dabei nicht wisse, daß sie mit Zahlen umgehe«.

So machen die Ereignisse bei der Geburt des Apollonius deutlich, welche geistige und magische Auffassung von Leben und Tod er repräsentiert. Wer den verborgenen Sinn dahinter erkennt, für den liest sich der Text wie eine Visitenkarte.

Philosoph und Magier

Das Erkennenwollen und das unmittelbare Ausüben von Magie kennzeichnen das Wesen des Tyaners. Wir müssen noch einmal auf Pythagoras zurückkommen. Die Pythagoreer suchten nach einem unkörperlichen Prinzip, mit dem sich Dinge erklären ließen, und fanden es in Zahlen. Die Einheit – Eins oder *Monas* genannt – war ihnen Symbol für einen hermaphroditischen Gott und die Form aller Dinge. Die Zwei, *Dyas*, stand bei ihnen für die Materie, das Erzeugende, Weibliche – die ägyptische Isis. Die Drei, *Trias*, wiederum ist die Vereinigung von *Monas* und *Dyas*, von Form und Materie, von unendlichem Gott und endlicher Materie. Durch die Zahl Drei sei das All vollendet bestimmt gewesen (nebenbei bemerkt, dies glaubten auch die keltischen Druiden). Nach dieser Auffassung entwickelt sich folglich die Welt aus Gegensätzen – ein Gedanke, den KARL MARX später auf seine eigene Philosophie anwandte.

Apollonius, der die Weltsicht der Pythagoreer »wiederauferstehen« ließ, verkündete also die Lehre von einem höchsten, unkörperlichen Wesen, das vom Verstand her nicht begriffen werden konnte.

Seine magische Ausbildung begann der Junge als »Schläfer« im Tempel des Gottes ASKLEPIOS. Er wird initiiert, daß heißt, er muß in einem Mysterienspiel ähnlich wie Apollo den Drachen PYTHON töten. Wie das genau vor sich ging, wissen wir nicht. Alles, was uns Philostratus überliefert, ist, daß diese Initiation ein tiefes Erschrekken bei Apollonius auslöste. Niemals danach in seinem Leben will er töten oder jemanden verletzen. Im Tempel liegend, läßt Apollonius in Trance den Gott durch sich zu allen Ratsuchenden und Kranken sprechen. Sein Erfolg ist überwältigend und spricht sich mehr und mehr herum. Kranke werden zu ihm gebracht und erfahren Heilung.

Dieser »Tempelschlaf« wurde vor allem durch Zaubertränke – meistens durch die berauschende Wirkung des dem Apollo geweihten Bilsenkrauts – unterstützt. Auch Apollonius wird diese Droge zunächst noch genommen haben. Erst später dürfte er die Kraft gehabt haben, Visionen ohne die Einnahme von Hilfsmitteln aus sich heraus zu erzeugen.

Aber der junge Mann will mehr. Fragen martern ihn, philosophischer wie magischer Natur: Wenn es neben dem höchsten Wesen noch Götter gibt, gehören sie zur *Monas* oder zur *Dyas*? Und was sind sie dann, wenn sie den Menschen erscheinen: Täuschung, Spiegelung? Und wenn Spiegelung, von was? Und was wirkt eigentlich, wenn Menschen durch mich geheilt werden? Der Gott oder meine Seele?

Apollonius zieht in den Tempel des Gottes, fastet, meditiert, bereitet sich auf seine Seher-Nacht vor. Da passiert es, daß ein Kind sich in seiner unmittelbaren Nähe schwer verletzt. Apollonius eilt herbei und streicht kurz über die blutende Wunde. Sie schließt sich augenblicklich. Ein neues Wunder? Die Menschen verehren ihn noch mehr als zuvor. Eine Welle der Zuneigung trägt Apollonius. Man bringt ihm einen Gelähmten. Er heilt ihn. Er gleicht darin Jesus, der dann am erfolgreichsten war, wie uns die Evangelisten berichten, wenn die Menschen an ihn glaubten.

Apollonius wird nach Ephesus gerufen. Hier ereignet sich etwas, das in der Neuzeit in ähnlicher Weise von EMANUEL SWEDENBORG überliefert wird, der eine Vision vom Brand des dreißig Meilen entfernt gelegenen Stockholms hatte (siehe Seite 147 ff.).

Während einer Rede in Ephesus senkte Apollonius ein wenig seine Stimme und sprach weiter, aber ohne daß von seiner Sprache weiterhin die gewohnte Kraft ausging. Plötzlich schien er sogar den Faden verloren zu haben. »Er richtete schreckliche Blicke zur Erde, tat drei oder vier Schritte nach vorn und rief: ›Tötet den Tyrannen!‹ Es sah aus, als ob er nicht das Bild der Tat in einem Spiegel

erblickte, sondern die Tat selbst in ihrer vollen Wirklichkeit«, schreibt Philostratus. Dann schien Apollonius wie
aus einem Traum zu erwachen. Die Epheser standen starr
vor Erstaunen, während Apollonius ihnen zu erklären
versuchte, daß in eben diesem Augenblick Kaiser NERO
in Rom umgekommen sei. Er nannte sogar den Namen
des Sklaven, von dem Nero verlangt habe, ihn zu töten.
Man glaubte ihm nicht, aber später stellte sich heraus, daß
der Tyaner die Wahrheit gesagt hatte.

Apollonius verläßt Ephesus, zieht rastlos umher. Er
will endlich wissen, warum er über Fähigkeiten verfügt,
die andere nicht besitzen. In Babylon wird er in die Geheimnisse der Mantik, der Wahrsagekunst, eingeführt,
erfährt, was auch schon Pythagoras wußte, daß nämlich
die Erde eine Kugel ist, die um die Sonne kreist, und daß
es viele Sonnen und Planeten im Weltall gibt. Wie Pythagoras glaubt er an die Wiedergeburt und spürt in tranceartigen Versenkungen seinen früheren Leben nach. Aber
all das genügt ihm nicht. Er weiß, daß irgendwo der
Schlüssel zu allem verborgen sein muß, und zwar real und
greifbar: der Schlüssel des HERMES, auf den sich bruchstückhaft alle Priester und Weisen immer wieder beziehen. Apollonius ist der Überzeugung, daß Hermes eine
geschichtliche Persönlichkeit gewesen sein muß. Er ist
sich dessen Existenz so sicher, wie es später SCHLIEMANN
von Trojas Existenz sein wird. Apollonius sucht und
wird schließlich fündig.

Was uns Flavius Philostratus über die Wiederentdek-
kung der sagenhaften, angeblich verlorengegangenen Bücher des HERMES TRISMEGISTOS berichtet, liest sich wie
ein spannender Auszug aus einem Fantasy-Roman:
»Nun befand sich in meiner Heimat ein Standbild aus
Stein auf einer Säule aus Gold, auf der geschrieben stand:
›Siehe, ich bin Hermes, der Dreifache an Weisheit; ich
habe dieses Wunderzeichen offenkundig vor allen Augen
hingestellt, aber dann durch meine Weisheit verhüllt, damit niemand dazu gelangt als ein Weiser gleich mir.‹

Auf der Brustseite des Standbildes aber war in der Ursprache geschrieben: ›Wer die Geheimnisse der Schöpfung und die Darstellung der Natur kennenlernen will, der siehe unter meinen Fuß.‹

Aber die Leute verstanden nicht, was er damit meinte. Sie pflegten unter seinen Fuß zu schauen, aber da war nichts.«

Apollonius fährt fort und erklärt, daß er anfangs auch nichts mit dem Hinweis des Hermes anzufangen gewußt habe. Erst später sei er hinter den Sinn der Andeutung gekommen und habe unter der Säule zu graben begonnen.

»Und siehe da, ich gelangte in eine unterirdische Kammer, gefüllt mit Finsternis, in die kein Strahl der Sonne eindrang, obgleich sie darüber stand, in der sich Winde erhoben und nicht aufhörten zu wehen. So fand ich wegen der Finsternis keine Möglichkeit einzudringen, und es hielt auch kein Strahl eines Feuers darin stand wegen der Menge ihrer Winde. Da war ich machtlos, und mein Kummer war heftig, der Schlaf überwältigte mich, während ich im Herzen besorgt war und über die Schwierigkeit nachdachte, in die ich geraten war. Da erschien mir ein Greis, ganz in meiner Form und Gestalt, und sprach zu mir: ›Oh, Apollonius, stehe auf und gehe in diese Kammer hinein, damit du zu dem Wissen von den Geheimnissen der Schöpfung kommst und davon die Darstellung der Natur erreichst.‹ – Ich antwortete: ›Ich sehe nichts in ihrer Finsternis.‹

Da sagte er zu mir: ›Setze dein Licht in ein durchsichtiges Gefäß aus Glas, durch das du den Wind von deinem Licht abhältst, so daß er es nicht ausbläst und du mit deinem Licht in der Finsternis Helle bekommst.‹«

Apollonius erfährt, daß es sich bei seinem Ratgeber um sein »vollkommenes, feines Wesen« handele.

»Da erwachte ich voller Freude, stellte ein Licht in ein Gefäß, wie mich mein Geistwesen geheißen hatte, und trat dann in die Kammer. Siehe, da fand ich einen Greis, der auf einem Thron aus Gold saß und in einer Hand eine

Tafel aus grünem Smaragd hielt, worauf geschrieben
stand: ›Dies ist die Beschreibung der Natur.‹ Und vor
ihm befand sich ein Buch, darauf war geschrieben: ›Dies
ist das Geheimnis der Schöpfung und das Wissen von den
Ursachen der Dinge.‹

Da nahm ich das Buch in aller Ruhe weg und verließ
die Kammer. Ich lernte aus dem Buche die Geheimnisse
der Schöpfung und erreichte die Darstellung der Natur
und lernte das Wissen von den Ursachen der Dinge.

Mein Name wurde berühmt durch meine Weisheit. Ich
verfertigte Talismane und bewirkte die Wunder und bewirkte die Mischungen der vier Naturen, ihre Zusam-
mensetzungen, Unterschiede, Bindungen.« (27)

Zweierlei wird aus diesem Text deutlich: Zum einen
bezieht sich das Auffinden der unterirdischen Kammer
sicherlich nicht auf ein reales Erlebnis. Die totale Finsternis in der Kammer und die Begegnung mit dem Greis,
»ganz von der Form und Gestalt« des Erzählers, weisen
eher auf einen Abstieg ins tiefe Innere des Menschen hin,
der, wie uns C. G. Jung lehrte, das verborgene Wissen
seiner Vorfahren verstehen will. Den Text aber, den
Apollonius auf der smaragdenen Tafel fand, wurde zu
dem allen anderen übergeordneten Glaubensgrundsatz
der Magier, Alchemisten und Astrologen, der aussagt,
daß sich Makrokosmos und Mirkrokosmos entsprechen:
»Was oben ist, ist unten . . .«

Und zweitens: An einer Stelle der »*Smaragdtafel*«
heißt es: »Weil mit dir ist das Licht der Lichter, darum
flieht vor dir die Finsternis.«

Apollonius wurde ja aufgefordert, sein »Licht in ein
Gefäß« zu stellen. Das Gefäß ist der Körper, das Licht
der Geist. Körper und Geist gehören zusammen, sind
eins. Das stellt eine Auffassung dar, die damals im diame-
tralen Gegensatz zu Platon stand und der Theologie des
Christentums widersprach. Nicht einmal anderthalb
Jahrhunderte später sollte sich der Philosoph Plotin,
dessen Werke das Christentum nachhaltig beeinflußten,

des eigenen Körpers schämen, den er als nichtig und schmutzig erachtete. Apollonius dagegen hatte erkannt, daß der Gegensatz zwischen Geist und Körper nur ein scheinbarer sein kann.

Wundertaten

Sie sind so verbürgt wie jene von Jesus, wobei auffällt, daß sich das Wirken beider Männer in mancher Beziehung ähnelt. Schon Pythagoras, Apollonius' geistigem Vorbild, wird eine Wundertat zugeschrieben, die auf verblüffende Weise einem Wunder Jesu Christi gleicht. Die Frage ist berechtigt, wem hier was untergeschoben wurde. So soll Pythagoras Fischer, die ohne Fang in ihren Netzen zurückkamen, aufgefordert haben, noch einmal hinauszufahren. Und siehe da: Sie fingen die von dem Weisen aus Samos vorhergesagte Anzahl an Fischen.

Apollonius zog predigend umher und trieb aus Besessenen »böse Geister« aus. Wie machte er das? Allein durch seine Anwesenheit und seinen »zornigen Blick«. Und wie bei Jesus von Nazareth, der die bösen Geister zwang, in eine nahe Schweineherde zu fahren, trieb Apollonius den Dämon des Besessenen in ein nahes Standbild. Dieses geriet dadurch in solch heftige Bewegung, daß es umstürzte. Alle Anwesenden waren erschrocken und bestaunten den gewaltigen Heiler aus Tyana. Und was tat der Geheilte? »Er vertauschte die feinen mit rauhen Kleidern und folgte Apollonius nach.« (28)

In Ägypten soll Apollonius sogar eine Tote wieder zum Leben erweckt haben, indem er sie berührte und »einige geheime Worte sagte«. Es ist bemerkenswert, wie sich sein Biograph Philostratus zu diesem Wunder äußert: »Ob er nun einen Funken des Lebens in ihr fand, der den Ärzten unbemerkt geblieben war ... oder ob er das erloschene Leben in ihr wiederanfachte und zurückrief, dieses zu entscheiden ist nicht bloß mir, sondern selbst denen, die dabei zugegen waren, unmöglich auszumitteln.«

Trotz allem hielt sich Apollonius, genau wie Jesus, nicht für einen Gott. Blutopfer waren ihm ohnehin verhaßt. Aber ähnlich Jesus, der von behördlicher Seite gefragt wurde, was er denn vorzuweisen habe, und darauf antwortete: »Blinde sehen, Lahme gehen, Aussätzige werden geheilt . . .«, soll Apollonius auf eine entsprechende Frage erwidert haben: »Genesungen von Krankheiten, Reformen im Kultus, mein Lohn aber war es, daß die Leute besser und glücklicher wurden als vorher.«

Ein Fall von Auferstehung?

Im Jahre 94 – Apollonius ist vierundsiebzig Jahr alt – soll ihm in Rom der Prozeß gemacht werden. Kaiser DOMITIAN herrscht über das Römische Reich, ein grausamer Mann, der andere aus Lust quält und peinigt. Apollonius wird des Hochverrats bezichtigt, der Aufwiegelei – also subversiver Tätigkeiten gegen den Kaiser. Am Tage des Prozesses, der eine Farce ist, weil Domitian auf jeden Fall seinen Kopf haben will, steht der Mann aus Tyana furchtlos und unbekümmert vor dem Despoten in Rom. »Du Tor, wie wenig begreifst du die Moiren [den Lauf des Schicksals]. Der Mann, der den Erdkreis von deinen Blutgerichten reinigen wird, er ist da, er wartet! Selbst wenn du ihn tötest, würde er wieder lebendig werden.«

Dieser letzte Satz ist erstaunlich. Apollonius denkt in diesem Fall wohl nicht an Reinkarnation. Ob er aber damit die Auferstehung meint, wie sie Jesus zuteil wurde, bleibt zweifelhaft. Denn überliefert ist folgendes: Domitian soll angeblich von Apollonius' Furchtlosigkeit beeindruckt gewesen sein. Und dieser gab ihm eine weitere Kostprobe seiner übernatürlichen Fähigkeiten. Während das Volk den Gefangenen umringt und der Kaiser nicht weiß, wie er reagieren soll, wird »seine [Apollonius'] Gestalt lichter und lichter. Allen erscheint er durchsichtig, wird zum Phantom, das sich auflöst, als sei es aus Wolken gebildet. Ohne daß einer ihn fortgehen sah, ist Apollonius unsichtbar vor ihnen geworden«. (29)

Er war also gar nicht körperlich zugegen gewesen, sondern nur in Gestalt eines selbsterschaffenen Doppelgängers, ähnliche Fähigkeiten werden auch PADRE PIO (siehe Seite 201 ff.) und anderen Heiligen zugeschrieben. Zugleich erinnert sein geheimnisvolles »Weggehen« vor aller Augen an die Himmelfahrt Christi. Apollonius aber soll nach Ephesus zurückgekehrt sein. Dort war sich sein Lieblingsjünger DAMIS nicht sicher, ob er nun den Meister wahrhaftig vor sich hatte oder nur seine Erscheinung. »Fasse mich nur an, mein Damis! Zerrinne ich nicht unter deinem Griff, so bin ich es auch leibhaft und kein Phantom.« Erinnert dies nicht stark, selbst in der Wortwahl, an die Begegnung des Auferstandenen mit dem ungläubigen THOMAS? Parallelen über Parallelen tun sich hier auf.

Die Legende vom Tod des Apollonius

»Obgleich ich ungeboren und ewig und der Herr aller Geschöpfe bin, werde ich dennoch, indem ich meine Natur nach meinem Willen beherrsche, durch meine Kraft in der Körperwelt geboren«, spricht KRISHNA. Apollonius wird diese Worte wohl gekannt haben.

Wohin ist er nun entschwunden? Nach Indien?

Ein Grab kennt die Historie nicht. Wie die Stunde seiner Geburt zwischen betäubenden Narzissen ist auch sein »Tod« von Geheimnissen umhüllt. Philostratus schreibt: »Er verschwand tänzelnd in Lindos, im Heiligtum der Athene. Tore schlossen sich hinter ihm, und alle, die ihn hineingehen sahen, sahen ihn niemals mehr hinauskommen. Eine Stimme erscholl: ›Dies ist der Lichtfunke, der den Kampf um das All führte.‹ Und alle, die diese Worte vernommen hatten, erbebten und berichten später einstimmig, sie hätten eine Flamme steil zum Himmel fahren sehen.« (30)

Das klingt wie beste Fantasy in der Antike.

Was nun wirklich aus ihm wurde, ist eigentlich nebensächlich. Wichtig bleibt, daß es offensichtlich neben Jesus von Nazareth fast zeitgleich eine nichtjüdische, »heidnische«, im Glauben an Pythagoras, die hermetische Magie und die Weisheit des Ostens lebende zweite Heilsfigur gegeben hat. Wie Jesus wollte auch Apollonius nicht als Gott verehrt werden, und wie der Nazarener beabsichtigte auch er nicht die Gründung einer neuen Religion. Dennoch ist von dem Mann aus Galiläa die größere Wirkung ausgegangen. Haben ihn seine Jünger am Ende einfach nur besser vermarkten können? Ins Grübeln vermag uns dieser Mann aus Tyana und sein Auftreten schon zu bringen.

Von der Legende seines Todes geht mir das »Tänzeln« in den Tempel hinein nicht aus dem Sinn. In den *»Johannesapokryphen«*, also in von Rom nicht anerkannten biblischen Schriften, sagt Jesus:

»Und wer nicht tanzen will, begreift nicht, was sich begibt . . .

Und willst du begreifen, was ich bin, so wisse:

Alles, was ich sagte, ich sagte es unbekümmert, und ich schämte mich dessen nicht. Ich tanzte.« (31)

Auch das nur ein Zufall? (32)

8
Die Eingeweihten der Mysterienkulte

»Ich kam an die Grenzscheide von Leben und Tod. Ich
übertrat in der Unterwelt die Schwelle der Proserpina,
und nachdem ich durch alle Elemente gefahren, kehrte
ich wieder zurück. Zur Mitternacht sah ich die Sonne im
hellen Lichte strahlen. Ich trat den Göttern der Tiefe wie
den Göttern der Höhe von Angesicht zu Angesicht gegenüber und betete sie aus nächster Nähe an.« (33)
Aus den »*Metamorphosen*« des APULEIUS, eines
in die Isis-Mysterien Eingeweihten

Viele Menschen in unserem Jahrhundert berichten von
Erlebnissen, die sie durch eine sogenannte »Nah-Todes-
erfahrung« machen konnten. Sie alle hatten die »Schwelle
der Proserpina« überschritten und waren erst durch ärzt-
liche Kunst wieder in das Reich der Lebenden zurückge-
holt worden. Doch sie alle erzählen eigentlich von nichts
anderem, als wovon schon die Eingeweihten der antiken
Mysterienkulte wußten, nämlich, daß das Sterben eine
Initiation zu einem neuen Leben ist.

Im Altertum hatten sich verschiedene Geheimkulte
herausgebildet: die Mysterien von *Eleusis,* die des Gottes
Dionysos, die Mysterien von *Samothrake,* die von *Isis*
und *Osiris,* die Mysterien der Großen Mutter *Kybele* und
ihrem Heros *Attis* und die des *Mithras* in der Endphase
des Römischen Reiches.

Ihnen allen gemeinsam ist als zentraler Begriff die Einweihung oder Initiation. Der *Myste* oder Eingeweihte
wird in ein geheimes Wissen eingeführt, das ihn befähigt,

Göttliches und Menschliches, Irdisches und Überirdisches umfassender zu begreifen. Die Initiation läßt den Eingeweihten sich über die Spanne seines Erdendaseins hinaus als »Glied in einer Kette göttlich-menschlichen Lebens« empfinden. Diese Identifikation wird erleichtert, weil der Gott oder die Göttin, den/die er anbetet, ein persönliches Schicksal sein/ihr eigen nennt und nicht wie die olympischen Götter in der Überlieferung von Homer der Welt und dem Menschen emotional ferngerückt ist. So beklagt Isis ihren toten Gemahl, Demeter dagegen den Verlust ihrer Tochter, die Hades geraubt hatte.

Das Wesen der Einweihung

Der Myste erlebt in der Initiation die heilige, immer schmerzvolle Geschichte seines Gottes mit. Und dies nicht in erster Linie durch verstandesmäßiges Aufnehmen, sondern als unmittelbares Erleiden. Der Eingeweihte durchlebt das Schicksal seines Gottes oder seiner Göttin in einer Grenzsituation, die ihm die Möglichkeit gewährt, sich für die Erfahrung eines sein Menschenleben übergreifenden Zusammenhanges von Himmel und Erde zu öffnen. So wurde in Eleusis die Göttin mit einem uralten, fremdartig klingenden Namen, der zugleich den Schrecken des Dunkels und der Erdentiefe betonte, angerufen. Die Erkenntnis des Mysten besteht in einer religiösen Schau, in der er die polare Einheit von Leben und Tod, den Tod aber als Durchgang zu einem neuen Leben begreift. Als »neugeboren« erlebt sich der Eingeweihte, und er geht mit der tiefen Gewißheit nach Hause, dereinst kein Schatten im Totenreich zu werden, sondern einen segensreichen Platz im Jenseits zu finden. Die Nicht-Eingeweihten hingegen wären dazu verdammt, auf ewig im Schlamm zu liegen und Wasser im Sieb zu tragen. Die Initiation garantiert dem Mysten ein individuelles Weiterleben in der Nähe seines Gottes, mit dem er sich jetzt »stammverwandt« fühlt: »*Cinis sum, cinis terra est, terra dea est, ergo mortua non sum.* – Ich bin Asche, Asche ist Erde, die Erde ist eine Göttin, also bin ich nicht tot.« (34)

Die Ekstasetechnik

Die Mysterien des Dionysos und der Großen Mutter Kybele zeichneten sich durch eine spezielle Ekstasetechnik aus, welche die Eingeweihten außer sich brachte. Sie wurden fähig zu übernatürlicher Wahrnehmung, Innen- und Außenwelt verschmolzen miteinander. Das rationale Erleben der Welt und das lineare Denken werden in der Ekstase überwunden zugunsten einer ganzheitlichen Sicht. Im Kybelekult wurde das Tympanon, die Handtrommel, als erlebnissteigerndes rituelles Instrument eingesetzt, vermutlich auch in Verbindung mit Drogen. Am Höhepunkt der Zeremonie begegneten die Eingeweihten ihrer Göttin, fühlten glückselig ihre Nähe. Die Männer kastrierten sich mit einem scharfen Obsidianstein und schenkten Kybele als Zeichen völliger Hingabe ihre Hoden. Die Göttin wiederum zeigte in diesem Opferkult auch ihre bedrohliche Seite: Sie ist die All-Mutter, die Leben schenkt, es aber auch vernichtet, damit neues entstehen kann. Es ist das alte »Stirb-und-Werde«, das in den Mysterienkulten zum Tragen kommt. Das Opfer, die Genitalien, wird in die Erde, Kybeles Leib, eingesenkt, damit, symbolisch gesprochen, im Lauf der Jahreszeiten daraus Neues entstehen kann.

Vieles vom religiösen und symbolischen Gehalt der Mysterienriten tauchte in der späteren Ideengeschichte wieder bei Gralsrittern, Rosenkreuzern oder Freimaurern auf. Auch Gnosis und Neuplatonismus profitierten stark von dem Wissen der antiken Einweihungskulte.

II

Eingeweihte, Magier und Erleuchtete des Mittelalters

Historisch gesehen kann das Mittelalter mit den beiden Eckdaten 476 – das Weströmische Reich geht unter – und 1517 – die Reformation beginnt – eingegrenzt werden. Was nun aber die Geistesgeschichte und das Thema meines Buches betrifft, möchte ich einen ersten tiefgreifenden Einschnitt im Sinne einer Epochenwende für das 17. Jahrhundert festmachen, ein Einschnitt, der auf das Verhältnis zwischen hermetischer Wissenschaft und Naturwissenschaften bis heute nachwirkt. Die bis zum 17. Jahrhundert erkennbare Tendenz, sich der Problematik von Geist und Materie in integrativer Weise anzunehmen, wie es allenthalben die Alchemie versuchte, konnte durch das damalige Wissen nicht mehr weiter unterstützt werden. Eine Stagnation setzte ein mit dem Ergebnis, daß Alchemie und Hermetismus dem Bereich des sogenannten Irrationalen zugerechnet wurden, während in starker Abgrenzung zu ihren Vorläufern die rationalen Wissenschaften einen Aufschwung erlebten, der langfristig die Moderne einleitete. Der große Psychologe C. G. Jung schreibt dazu: »Heutzutage ist das frühe Gerede vom ›Irrtum‹ der Alchemie etwas antiquiert, indem ihr psychologischer Aspekt die Wissenschaft vor neue Aufgaben stellt. Es gibt in der Alchemie sehr moderne Probleme, die aber auf einem anderen Gebiet als dem der Chemie liegen.« (35)

Das problematische Verhältnis von Geist und Materie war allerdings schon zu einem früheren Zeitpunkt angetastet worden – und das mit verhängnisvollen Folgen, wenn man nur einmal an die Hexenprozesse denkt. Beim 8. Ökumenischen Konzil zu Konstantinopel im Jahre 869 wurde die alte Dreiteilung des Menschen in Leib, Seele und Geist verworfen. Fortan sollte der gläubige Christ nach dem Willen der Kirche nur noch aus dem Körper und einer sündigen Seele bestehen, die es zu retten galt. Geist beziehungsweise Verstand wurden von der Philo-

sophie im Laufe der Jahrhunderte zwar wieder »zurück-
erobert«, aber nur, um schließlich zum »endlichen« Begriff zu werden.

Die Jahrhunderte des Mittelalters zwischen 1000 und
1500 waren vor allem vom redlichen Bemühen vieler großer Mystiker, Magier und Gelehrter geprägt, Mensch und
Kosmos zu vereinen. Gnosis, Neuplatonismus und antike Mysterienkulte lieferten hierfür vielfach die gedankliche Grundlage, besonders auch für die Gründung von
esoterischen Geheimbünden, etwa für die Freimaurerlo-
gen oder den Templerorden. Gelehrte wie ALBERTUS
MAGNUS oder später PARACELSUS hatten auf die Ideengeschichte eine große Wirkung. So forderte Paracelsus immer wieder dazu auf, in allen Winkeln der Natur zu for-
schen, um zu erkennen, daß nach Gottes Willen überall
Weisheit und Künste vorhanden seien. Paracelsus,
AGRIPPA VON NETTESHEIM, TRITHEMIUS, JOHANNES
FAUST oder JOHANNES REUCHLIN waren von einer tief-
empfundenen Sehnsucht nach dem Verborgenen geleitet
und wollten ergründen, was »die Welt im Innersten zu-
sammenhält«. Dabei gingen sie mit verschiedenen
»Werkzeugen« an ihre Aufgabe: Paracelsus war Mystiker
und Magier der Natur (Alchemist), Agrippa von Nettesheim und Reuchlin setzten auf Kabbala und Astrologie,
andere auf die theosophische Weisheit und schließlich JA-
KOB BÖHME auf eine allesumspannende Pansophie.

Aber der Ansatz, den zum Beispiel Paracelsus entwik-
kelt, zielt immer auf das Einende in der Natur, auf das
Verbindende und Entsprechende zwischen Makro- und
Mikrokosmos. Das Weibliche ist ihm die Matrix allen Lebens. Somit dient ihm die Philosophie zur Erkenntnis der
natürlichen Geheimnisse, die Magie, um diese zu nutzen,
die Nigromantie, um den siderischen Leib zu erkennen,
und die Nekromantie zum Auffinden verborgener
Dinge.

Worüber sich heute noch konservative Wissenschaftler
lustig machen, daß hier mit schwärmerischen Mitteln völ-

lig irrational Wissenschaft betrieben werde, löst bei aufgeschlosseneren dagegen ein nachdenkliches Kopfnikken aus. Das Einheitsbestreben der Alchemisten und Hermetiker scheint sich am Ende doch als der bessere Weg herauszukristallisieren. Bei dieser Vorgehensweise bindet sich der Mensch nämlich selbst in den Prozeß der Erkenntnisfindung ein, anstatt außen vor zu bleiben. Was die Hermetiker des Mittelalters auf keinen Fall wollten, war eine Wissenschaft, die geradlinig ableitbare, exakte Erklärungen liefert, die wiederum abhängig sind von entsprechend geradlinig und exakt definierten Voraussetzungen spezifisch theoretischer Rahmensysteme.

Deshalb baut auch unser heutiges wissenschaftliches Weltbild auf dem Konzept eines dualen Zwei-Sphären-Systems auf: der weithin offenbar determinierten makroskopischen *Regelwelt* und der quasi chaotischen mikroskopischen *Grund- und Randwelt,* wie sie sich im Paranormalen (im weiteren Sinne) zeigt. Daß beide Sphären nicht unabhängig voneinander existieren, sondern sich auf vielfältige Weise durchdringen, ja, ein komplementäres Ganzes bilden, wie es die Mystiker, Magier und Adepten des Mittelalters erkannt haben, dämmert manchen modernen Gelehrten erst langsam.

Die Großen Eingeweihten des Mittelalters sind von ihrer Persönlichkeit her sehr unterschiedlich. Einige von ihnen widmen sich den hermetischen Wissenschaften, ringen um Erkenntnis in einem doppelweltlichen Kosmos, bei dem wir die Übergänge im Grenzbereich als »Traumzeit«, als chaotisch, verbogen, prälogisch, irgendwie »kraus und krumm« bezeichnen. Somit ist auch nichts wissenschaftlich »Exaktes« ableitbar.

Allesamt aber setzen die Eingeweihten Zeichen sowohl für ihre Mitmenschen wie auch für uns heute. Die Großen Eingeweihten sind durch das, was sie wirkten und wie sie es bewirkten, lebendige Beispiele dafür, daß der doppelweltliche Kosmos sich nicht wie ein fenster-

loses, festes Haus ausnimmt, das ringsum, sauber abge-
trennt, vom gestaltlosen Jenseits umgeben wird.

Immer handelt es sich bei ihnen um respektable Persönlichkeiten. Deshalb zählt auch ein Graf CAGLIOSTRO
nicht dazu, weil es hier nicht um Selbstdarstellung und
Jahrmarktszauberei geht, wohl aber ein MERLIN, mit dem
ich auch diesen Teil des Buches beginnen möchte.

Neueste Forschungen scheinen zu belegen, daß Merlin
wirklich gelebt hat. Mit diesem druidischen Meister endet
eine Epoche keltisch-schamanistischen Weltverständnis-
ses (in die schon viel von der christlichen Gnosis mit hin-
einspielt) – eine Sicht des Lebens ist ihm noch zu eigen,
die uns erst wieder mit den von CASTANEDA vermittelten
Lehren des DON JUAN im 20. Jahrhundert begegnen wird.

9
Merlin – Meister aller Zauberer

Einst lebte ein Mädchen, das mit solch großer Schönheit gesegnet war, daß Freier aus vielen Ländern in Scharen um ihre Hand anhielten; sie aber gebot ihren Eltern, sie nicht zu verheiraten: Sie sei entschlossen, niemals einen Mann anzusehen, denn ihr Herz könne ihn weder ertragen noch erdulden. Eines Nachts jedoch besuchte Luzifer das schöne Mädchen in seinem Bett und begann um sie zu werben. Er erzählte ihr, daß er ein Mann sei, der sich und seinen Eltern gelobt habe, die Frau, mit der er schlafe, niemals anzublicken. Das gefiel der Schönen, und weil sie seinen Körper als wohlgeformt ertastete, ließ sie sich mit dem Fremden ein und wurde von ihm schwanger. Sie gebar einen Sohn, der den Namen MERLIN erhielt.

Merlin ist eine wahrhaft schillernde Persönlichkeit – ein »Erzzauberer«, den man mit dem Barden und Seher MYRRDIN in Verbindung bringt. Sein Wesen tritt uns lebhaft vor Augen: gerissen, scharfsinnig, reizbar, mephistophelisch; er verfügt über einen beißenden Humor und ist mit übersinnlichen Kräften begabt. Die Legende zeigt ihn uns vornehmlich als alten, weisen Mann. Doch die Persönlichkeit Merlins hat viele Aspekte: Er ist Narr und Zauberer zugleich, als Medizinmann und Priester steht er in der Tradition der keltischen Barden und Druiden.

Kein Zweifel, in diesem Magier berühren sich viele Welten. Merlins Wesen zeigt helle und dunkle Seiten. Er kennt die Vergangenheit und die Zukunft. Einerseits tritt er als Berater des berühmten Königs ARTUS auf, andererseits erscheint er auch als wenig greifbares Natur-

wesen. Für seine Schüler verwandelt Merlin sich zuweilen in ein Tier oder eine Pflanze; mit der Welt der Feen
pflegt er engen Kontakt.

Große Taten werden ihm zugeschrieben: Auf seinen
Rat hin ließ der alte König UTER die Tafelrunde verferti-
gen, um die dann später König Artus die besten und edel-
sten Ritter seiner Zeit versammelte. Auch soll er die Fel-
sen zum Bau von Stonehenge dank seiner gewaltigen
Zauberkräfte durch die Luft von Irland nach Britannien
geschafft haben.

Ursprünglich hatte sich der Satan mit Merlins Mutter
nur deshalb eingelassen, weil er einen Teufelssohn zeugen wollte, einen Anti-Christus. Merlin jedoch reifte zu
einem Wesen heran, das in sich die dunkle Seite des Vaters mit der Reinheit der Mutter verband. Vom Teufel
hatte er die Kenntnis der Vergangenheit erhalten, von seiner Mutter aber die Fähigkeit, Zukünftiges vorauszuse-
hen.

Der Schriftsteller TERENCE H. WHITE läßt Merlin über
seine prophetische Gabe zu einem Gesprächspartner folgendes sagen:»Gewöhnliche Menschen werden vorwärts
in die Zeit geboren, wenn du verstehst, was ich meine,
und fast alles auf der Welt läuft ebenfalls vorwärts. Das
macht den gewöhnlichen Menschen das Leben ziemlich
leicht . . . Ich aber wurde unglücklicherweise am falschen
Ende der Zeit geboren, und ich muß von vorn nach hinten leben, umgeben von ungeheuer vielen Menschen, die
von hinten nach vorne leben. Manche nennen's: das
Zweite Gesicht haben . . .« (36)

Merlins vielschichtiges Wesen trat den Rittern der Tafelrunde auf ihren Abenteuern und in der sie umgeben-
den Natur entgegen.»Sie lauschten ihm im Rauschen des
Waldes, in den Blättern der Eiche, in den Lauten der
Tiere und im geheimnisvollen Glucksen der Quellen,
wenn sie aus der Erde sprudelten.« (37) Nur in der Wildnis konnten die Ritter Aufschluß über das erlangen, was
ihnen zwar vertraut, aber dennoch unbekannt war: ihre

Alltagsnatur. YVAIN, LANCELOT DU LAC, TRISTAN verlassen die Kultur, um sich fortan vom rohen Fleisch der Tiere zu ernähren und um in der Wildnis, wie es GEOFFREY OF MONMOUTH beschreibt, »vom Wahnsinn befallen zu werden«. Dies ist eine uralte schamanistische Vorgehensweise, wie wir noch sehen werden.

Häufig stammten die Wesen, die den Rittern der Tafelrunde auf ihren Reisen durch die keltische Anderswelt begegneten, aus dem Feenreich von Merlins Geliebter, der Fee MORGANE. Artus und seine Ritter lernten von Merlins Weisheit. Sein Wissen war aber alles andere als kognitiv: »Es war ein Wissen der Erfahrung, eine tiefe Verbindung zu den Kräften einer verborgenen Welt. Merlin lehrte die Menschen die Kunst der Wandlung, lehrte sie über die Grenzen ihres Ichs die Allheit des Lebendigen zu erfahren.« (38)

Das Wesen von Merlins Einweihung

Wie bereits angesprochen, beruht Merlins Einweihung auf einer schamanistischen Praxis. Es geht darum, in sich die Fähigkeit zu entwickeln, sich ganz mit der Kraft eines anderen Wesens zu verbinden. Dies kann ein Tier, eine Pflanze, ein Stein, das Feuer oder der Geist eines Verstorbenen oder eines Gottes sein. Indem der Schamane mit diesen Wesen eine Verbindung eingeht, läßt er deren Kräfte in sich lebendig werden. Doch was bedeutet dies? Zunächst vewandelt sich ein Schamane nicht regelrecht in ein Tier, sondern macht vielmehr die Erfahrung seines *Tieraspektes.* Er wird seiner selbst »von außen« ansichtig. Nach dieser Erkenntnis ist er nicht mehr, was er einmal gewesen war. Auf manchen Abbildungen wird der Eingeweihte nun beispielsweise als Mensch mit Vogelbeinen dargestellt. In den Lehren des DON JUAN, die uns CARLOS CASTANEDA überliefert (siehe Seite 235 ff.),

werden wir diesem wichtigen Einweihungsaspekt wieder-
begegnen.

»Das nagual«, lesen wir dort, »ist ein Teil von uns, für
den es keine Beschreibung gibt – keine Worte, keine Namen, keine Gefühle, kein Wissen.« (39) Der Schamane
sieht dreimal seine *Tiernatur,* bei der Geburt, dem »Initia-
tionstod« und seinem wirklichen Tod. Bei unserer Geburt
seien wir alle *nagual,* erklärt Don Juan dem Ethnologen
Castaneda. Dies gilt gleichermaßen für die Stunde des Todes und für andere seltene Augenblicke in unserem Leben.
Dann hören wir etwas »wie eine Stimme, die aus den Tiefen kommt«, die Stimme des *nagual.*

Ein auf keltische Ursprünge zurückgehendes Lied im
»*Book of Talesien*«, das einem Schüler Merlins zugeschrieben wird, zeigt uns Bilder von Merlins schamanistischer Weisheit: »Ich bin ein blauer Lachs gewesen, ich bin
ein Hund, ein Rehbock auf dem Berg gewesen, ein Hirsch,
ein Baumstrunk, ein Spaten, eine Axt in der Hand, ein
Hengst, ein Stier, ein Bock . . . ich war Regentropfen in
der Luft, ich war das Wort aus Buchstaben, ich war ursprünglich ein Buch, ich war bei meinem Herrn im Himmel, als Luzifer in die Tiefe der Hölle fiel; ich kenne der
Sterne Namen von Nord und Süd.« (40)

In diesem bemerkenswerten Selbstzeugnis – verbrämt
mit christlichen Versatzstücken – begegnet uns der ganze
Zauber einer druidischen Naturmagie und wird Merlins
ambivalenter Charakter enthüllt: dämonisches Wesen
und Weißer Magier zugleich. Wir werden später noch auf
den Realitätsgehalt dieser Aussage eingehen und uns der
Frage widmen, ob es Merlin wirklich gegeben hat.

Doch bleiben wir zunächst noch bei der Legende. Sie
teilt uns auch das ungewöhnliche Ende des Zauberers mit.
Merlin stellte nämlich der Dame vom See, NIMUE genannt, nach. Diese Fee konnte in ihren Palast, der auf dem
Grund eines Sees stand, jederzeit zurückkehren, indem sie
mit geschlossenen Füßen ins Wasser sprang. Merlin aber
bedrängte sie, weil er glaubte, daß Nimue ihm vom Anbe-

ginn der Zeit her vorbestimmt sei. Sie aber zeigte sich spröde und erduldete seine Küsse und leidenschaftlichen Umarmungen erst, nachdem er ihr versprochen hatte, ihre Liebe mit der Einweisung in seine magischen Künste zu vergelten. Als er Nimue jedoch seinen allerletzten Zauberspruch beigebracht hatte, durch welchen eine Person in einen Raum eingeschlossen werden konnte, den niemand zu betreten oder zu verlassen imstande war, wandte sie diese magische Formel gegen ihn selbst an. GUILLAUME APOLLINAIRE schreibt:

»Langsam hatte sich der Zauberer bei vollem Bewußtsein in das Grab begeben und sich da ausgestreckt, so wie es Leichen tun. Die Dame vom See hatte die schwere Grabplatte zufallen lassen, und als sie die Gruft für immer verschlossen sah, brach sie in Gelächter aus. So starb der Zauberer. Da Merlin seinem Wesen nach jedoch unsterblich war und da sein Tod von den Zaubersprüchen der Dame herbeigeführt worden war, blieb seine Seele im Leichnam lebendig. Draußen auf dem Grabe saß die Dame vom See und lachte, daß der tiefe dunkle Wald von ihrem Lachen widerhallte. Der Zauberer lag tot und verwesend in seiner Gruft, doch seine Seele blieb lebendig.« (41)

Bemerkenswerterweise läßt sich Merlin im Grunde freiwillig von seiner Geliebten unter die Erde verbannen. Es ist keineswegs so, daß sie ihn dabei überlisten mußte. HERMANN HESSE meinte gar, daß diese Freiwilligkeit den höchsten Liebesbeweis darstelle, dem die mittelalterliche Epik Ausdruck zu verleihen imstande gewesen sei. Merlin selbst begibt sich in die Domäne der Frau, der von alters her die Abgründe, die Höhlen und Spalten der Erde, ja die Reiche unter dem Wasser und der Erde zugesprochen werden. Somit stellt er sich bewußt gegen patriarchalisches Denken, das sich in zahlreichen Mythen und Überlieferungen ausdrückt, in denen die Frau als die »entmannte«, minderwertige Version von Adam angesehen wird.

Wer war Merlin in Wirklichkeit?

Drei wichtige Aspekte der Merlin-Legende will ich besonders herausgreifen: die Vaterschaft des Teufels; Merlin und der Anti-Christus; die schamanistische Wandlung
und Flucht in die Wildnis.

Wie die Gestalt des historischen ARTUS, die als gesichert
gilt, wird auch die Person des schattenhaften Zauberers
Merlin immer faszinieren. Hat nun der Erzmagier wirklich gelebt, oder ist er nur eine Fiktion GEOFFREY OF MON-
MOUTHS, der dieser Figur in seiner »*Vita Merlini*« 1150 literarisches Leben eingehaucht hat? Nach intensiven
Forschungen wissen wir heute, daß Monmouth für die Figur seines Merlin auf Tradiertes zurückgriff und daß es ihn
als historische Persönlichkeit tatsächlich gegeben hat.

Merlin lebte im ausgehenden 6. Jahrhundert n. Chr. in
einem Gebiet, das wir heute als die schottischen Low-
lands kennen, oberhalb der Felsenschluchten am Hart
Fell. Er war ein echter Prophet und vermutlich der letzte
der keltischen Druiden. Der englische Autor NIKOLAI
TOLSTOY hat uns zu dieser Erkenntnis verholfen. Jahrelang ist er allen historischen Quellen und Hinweisen
nachgegangen, um dann zuletzt vor Ort in der Wildnis
des ehemaligen Caledonischen Waldgebiets zu recher-
chieren. Seine Forschungsergebnisse sind einleuchtend,
er kommt zu dem Schluß, daß in dem Sagenstoff um Merlin neben allen mythischen Inhalten und tiefenpsycholo-
gischen Aspekten ein historischer Kern steckt: »Der historische Merlin hat eine schattenhafte, aber in Umrissen
erkennbare Rolle inmitten der Ereignisse im Nordbritan-
nien des sechsten Jahrhunderts gespielt. Ihm kam eine
entscheidende Rolle in den weltlichen Angelegenheiten
zu, und er hat über das Schicksal der britischen Monar-
chie gewacht, die der Oberhoheit Gottes auf Erden ent-
sprach. Er war Dichter und Prophet. Als sein Schutzherr
Gwenddolau im Jahre 573 in der Schlacht von Arderydd

getötet wurde, floh Merlin in die trostlose Einöde des Waldes von Celyddon. Dies war der historische Merlin, in späteren Jahren als schlechthin der Prophet des britischen Volkes verehrt.« (42)

In Merlins Person verkörpern sich folglich Erinnerungen an eine außergewöhnliche Existenz und unsterbliche Elemente eines Mythos. Ich will dies Schritt für Schritt aufzeigen:

1. Die Vaterschaft des Teufels

Merlins Lebensgeschichte weist erstaunliche Parallelen zur Biographie von Christus auf. Auch der Zauberer ist die Frucht einer außergewöhnlichen Zeugung und entkommt als Kind den Mordabsichten eines Königs. Sowohl Christus wie auch Merlin werden im Verborgenen aufgezogen. Beide wirken sie später Wunder. Beide suchen sie Zuflucht in der Wildnis. Während Jesus einen Kreis von Jüngern um sich schart, wählt Merlin die Ritter der Tafelrunde aus, die einen göttlichen Auftrag erfüllen sollen. Während Maria von der Kraft des Höchsten »überschattet« wurde, wie es heißt, soll Merlins Vater der Teufel gewesen sein. Dieser ist als Höllenfürst vor allem an seinen Hörnern erkennbar. Interessanterweise gab es einen gehörnten keltischen Gott namens CERNUNNOS, den »Hirschgott«, der zugleich Tod und Wiedergeburt versinnbildlichte. Der historische Merlin wird als jemand beschrieben, der über wilde Hirsche gebot, sich in Hirschhäute kleidete und einen mit Geweihstangen geschmückten Helm trug. Sein Wesen selbst soll das eines Hirsches gewesen sein, verbunden mit einem übermenschlichen Intellekt. So ist auf einem Kirchenfenster in der kleinen bretonischen Dorfkirche in Tréhorenteuc Merlin in Personalunion als keltischer Gott Cernunnos und als Christus abgebildet.

Daß Merlin »Hörner« trug und sich dazu wie ein wild
aussehender schamanistischer Priester gebärdete, ließ ihn
im christlichen Bewußtsein zu einer Personifikation von
Luzifer werden. Sein Vater mußte deshalb einfach der
Teufel sein. Wo sollte ein solches Wesen auch sonst her-
kommen?

Merlin lebte neben einer heiligen Quelle auf dem Grat
eines Berges, heute Hart Fell genannt, tief in den Caledonischen Wäldern und konnte vom Gipfel aus die darunter
ausgebreitete Welt überblicken.

»In der Nähe seines Zufluchtsortes wuchs ein heiliger
Apfelbaum beziehungweise Apfelbaumhain, und seine
Gefährten waren, wie man glaubte, ein Schwein und ein
Wolf«, schreibt Tolstoy. Die ganze Gegend um den Berg
wurde von der Bevölkerung mit Ehrfurcht und Schrek-
ken betrachtet, wie es ein Roman aus dem 12. Jahrhundert bezeugt. Merlins Zuflucht war strategisch gut gewählt. Der Berg bot ihm trotz seiner abgeschiedenen
Lage eine hervorragende Sicht auf eine der häufig benutzten Straßen Nordbritanniens.

2. Merlin und der Anti-Christus

Beide gehen der Überlieferung nach aus der Verbindung
des Teufels mit einer Jungfrau hervor. Beide schließen
sich Königen und deren Gefolge an. Beide wirken erstaunliche Wunder. Während Merlin in verschiedener
Gestalt erscheint, täuscht der Anti-Christus die Menschen durch mannigfaltige Verkleidungen. So läßt es uns
die Legende wissen.

Mit dem Siegeszug des Christentums auf den Britischen
Inseln setzte der Niedergang der keltischen Kultur und
Religion ein. Der Herr des Wildes, Cernunnos, wurde
zum Satan stilisiert. Allein in den schwer zugänglichen
Tiefen der Wälder und den Bergeshöhen nördlich des

Hadrianwalls war seine Macht weiterhin spürbar. Durch die Folklore und Literatur der Kelten lebte seine Gestalt leicht verändert weiter. Der gehörnte Gott ist zum Anführer der Wilden Jagd geworden, wie ein Text von 1127 berichtet. Und in einem Lied aus dem 13. Jahrhundert wird erzählt, wie Merlin in den Wäldern Nordbritanniens entdeckt wird: »Sie fanden eine große Ansammlung wilder Tiere und einen sehr häßlichen und abscheulich anzusehenden Mann, der diese Tiere bewachte.« (43)

Die Ablehnung des Schamenen – des Herrn der Tiere – ist eine vom christlichen Denken her bestimmte Haltung, die alles Heidnische in den Bereich des Bösen verbannen will. Merlin ist kein Anti-Christus, der die Welt ins Verderben stürzen will. Im Gegenteil. In der keltischen Gedankenwelt erfüllt er eine vergleichbare Funktion wie der Erlöser im Christentum.

Auf die archaische Erkenntnis, daß die ganze Natur an ein kosmisches Gesetz gebunden war, folgte, daß der Mensch seine eigene Sterblichkeit entdeckte. Durch den Tod war der Mensch als sich selbst bewußtes Wesen definiert. Dem gehörnten Schamanen fiel die Aufgabe zu, dem Tod seine Endgültigkeit zu nehmen. So half er dem Sterbenden, indem er der Seele das Verlassen des Körpers erleichterte und sie bei ihrem Aufstieg in die Anderswelt begleitete. »Dabei dienten ihm als Brücke der Weltenbaum, die Leiter, die Treppe, Pfeilkette oder ähnliches, welche die Verbindung zwischen Erde und Himmel symbolisierten.« (44)

In der Merlin-Geschichte von Geoffrey of Monmouth erfahren wir von einer »Brücke aus Eisen und Stahl«, die der Zauberer als Zugang zu der magischen Insel Avalon (der *Anderswelt*) bauen ließ. Merlin ist also auch ein Seelenführer, einer, der Türen öffnet, um dadurch ewige Welten aufzutun. Und es geht noch weiter: Vom nordischen Gott ODIN, vom keltischen Gott LUG, von Christus heißt es, sie seien am Weltenbaum gestor-

ben, der Himmel und Erde verbindet – jeder übrigens
von einem Speer durchbohrt.

Nicht nur weil sich der Christus-Mythos und der des
Gottes Lug sehr nahestehen, wodurch der Übergang von
der einen Religion zur anderen sicherlich erleichtert
wurde, spricht sich Tolstoy in seinem Buch dafür aus,
Merlin eng mit der Gestalt des Gottes Lug in Beziehung
zu setzen, sondern auch deshalb, weil der Berg, auf dem
der historische Merlin lebte, ein alter Kultplatz des Gottes Lug gewesen war.

Aber es ist vor allem Merlins Tod, der diesen mit Lug
verbindet. Es fällt auf, daß weder Geoffrey of Monmouth
noch die walisische Myrddin-Lyrik uns einen Hinweis
auf sein Hinscheiden liefern. Die Legenden von der Ver-
bannung unter die Erde durch einen Zauberspruch kann
da schon eher als Bild für seine Flucht in die Wildnis gedeutet werden, sein »Wahnsinn« als eine mißverstandene
Berufung zum Seher.

»Ich wurde meiner selbst entrissen, und ein böser Geist
ergriff von mir Besitz und wies mich den wilden Kreaturen der Wälder zu«, berichtet Merlins Alter ego LALOI-
KEN. Dieses wichtige Fragment und auch die irische Geschichte von SUIBHNE geben uns jedoch Aufschluß über
seinen Tod: »Von einem Pfeil durchbohrt, durch Stein
und Wasser sterbend, soll Merlin einen dreifachen Tod
erlitten haben.« (45)

Die Kelten Galliens brachten den Göttern Menschen-
opfer auf drei verschiedene Arten dar: durch Erhängen,
Verbrennen oder Ertränken in einem Bottich. Häufig jedoch wurde das Verbrennen durch die Tötung mit einer
Waffe, meist einem Speer, ersetzt. Als wichtig erweist
sich nun im Zusammenhang mit Merlins Ende, daß ihm
ebenfalls ein dreifacher Tod zugeschrieben wird. Merlin
stirbt als Opfer wie der Erlösergott. Nikolai Tolstoy geht
auf diesen Mythos in seinem bemerkenswerten Buch nä-
her ein und kommt zu einer erstaunlichen Feststellung.
Der keltische Gott Lug, den er mit Merlin identifiziert,

erhält einen Speerstich in die Seite, hängt am Weltenbaum und wird in einem Bottich ertränkt. Ebenso ergeht es dem germanischen Odin. Bei der Kreuzigung Christi treten ebenfalls drei Elemente auf, das Hängen am Kreuz beziehungsweise am Weltenbaum, der Lanzenstoß in die Seite und die Darreichung des getränkten Schwamms. Wenn man so will, und bei aller gebotenen Vorsicht, stirbt also auch Jesus einen dreifachen Tod.

Das Selbstopfer Gottes ist von Symbolen begleitet – Baum, Speer und Wasser –, über deren Bedeutung man nur Mutmaßungen anstellen kann. Aber eines ist gewiß: Der Archetypus des Gottes, des Helden, der durch den Tod und seine darauf folgende Wiedergeburt die Menschheit erlöst, scheint tief in der menschlichen Psyche verankert.

Nach C. G. JUNG entstammt dieses Motiv »einer Zeit, als der Mensch noch nicht wußte, daß er einen Heldenmythos besaß, das heißt einem Zeitalter, als er noch nicht bewußt über das nachdachte, was er sagte«.

Die Bedeutung der Kreuzigung Jesu besteht darin, daß sie das kosmische Ereignis, den Archetypus in die lineare historische Zeit eingeführt hat.

3. Schamanistische Wandlung und Flucht in die Wildnis

Kehren wir noch einmal zum Anfang zurück, zu Merlin als dem Eingeweihten. Wir haben gesehen, daß er in die Wildnis ging, um Schamane zu werden. Er ist aber keineswegs wahnsinnig geworden, sondern wird außerhalb der Kultur zum Herrn der Tiere: »Dann zog ich von Hügel zu Hügel und von Klippe zu Klippe und nahm mich vor den Wölfen in acht, zweiundzwanzig Jahre lang . . . und ich mit Krallen, behaart, verdorrt, grau, nackt, elend, bedauernswert. Dann, als ich eines Nachts schlief, sah ich

mich die Gestalt eines Hirschen annehmen. In jener Gestalt war ich, war jung und frohen Herzens.« (46)
Große Zauberkräfte werden ihm zugeschrieben. Er
kann Nebel hervorrufen, und wie es in einem Text aus
dem 13. Jahrhundert heißt, ». . . zauberte er und brachte
dadurch großen Schaden über die Zelte, wildes Feuer, das
so hell brannte wie die Flamme auf einem Kerzendocht«.
(47)

All diese außergewöhnlichen Fähigkeiten verdankt er
seiner schamanistischen Einweihung, die ihm nur in der
Wildnis widerfahren konnte. In der Entsprechung zur
Menschwerdung Christi besitzt er ein historisch ver-
bürgtes Erdenleben, »während zugleich in ihm der Mythos Gestalt annahm, der für die Existenz des Menschen
von zentraler Bedeutung ist: die Objektivierung Gottes,
der Aufstieg vom Unbewußten zur gespielten Klarheit
göttlichen Bewußtseins«. (48)

Seine Lebensspur verliert sich im Dunkel der Geschichte. Ein Vers in den »*Stanzas of the Graves*« lautet:

»Das Grab des Sohnes der Nonne auf dem Berge Newais:
Herr der Schlacht, Lleu Embrais;
Oberhaupt der Zauberer, Myrddin Embrais.« (49)

Der Ausdruck »Sohn der Nonne« ist eine Anspielung auf
Merlins jungfräuliche Geburt, und seine Gleichsetzung
mit Lleu (Lug) liefert den Beweis dafür, daß er als Verkörperung dieses keltischen Gottes angesehen wurde.

Eine beunruhigende Prophezeiung

Merlin als Zauberer, als Verkörperung Lugs, als Chri-
stusgestalt haben wir bereits kennengelernt. Eine letzte
wichtige Facette seiner Persönlichkeit soll nicht unerwähnt bleiben: die prophetische Gabe.

Zahlreiche Prophezeiungen sind von ihm überliefert. Fast alle beziehen sich auf die politischen Verhältnisse seiner Zeit, vor allem auf blutige Schlachten oder auf Attentate gegen wichtige damalige Potentaten. Die Lektüre einer seiner Weissagungen jedoch hinterläßt auch heute noch ein ungutes Gefühl. Geoffrey of Monmouth führt sie in seiner »*Vita Merlini*« auf. In ihr beschreibt Merlin, wie sich das Chaos auf die Erde senkt, die Sterne und Planeten auf fürchterliche Weise aus ihren Bahnen geworfen werden und sich die Tierkreiszeichen bis zur Unkenntlichkeit verändern. Und zuletzt heißt es noch: »Die Meere werden im Nu anschwellen, und der Staub der Ahnen wird wiederhergestellt werden.« (50)

Wir, die wir in einer Zeit leben, in der uns Wissenschaftler immer wieder vor einer Klimakatastrophe warnen, vernehmen solche Worte – auch wenn sie uns aus fernen Jahrhunderten erreichen – sicherlich mit großem Unbehagen. Allerdings weist Merlin auch auf eine bevorstehende Restauration hin, »der Staub der Ahnen wird wiederhergestellt werden«, womit er nur eine Wiederkehr seiner Vorfahren meinen kann: der Druiden und damit auch der keltischen Religion!

10
Hildegard von Bingen
Prophetin der Deutschen

Sie ist selbst heute noch eine Persönlichkeit, die zu fesseln vermag: die Äbtissin des Klosters auf dem Rupertsberg nahe Bingen am Rhein, die als zehntes Kind 1098 geboren wurde, 1179 gestorben ist und sich selbst für ungebildet und einfältig hielt. Alles, was sie an Verborgenem sah, hat sie nicht erträumt oder ersonnen, sondern wie in einem reinen Spiegel bei vollem Bewußtsein geschaut und wiedergegeben: »Du bist umfangen von den Umarmungen der Geheimnisse Gottes.« (51)

HILDEGARD VON BINGEN verfügt über das heilkundige Wissen und heilende Können der weisen Frauen, die später zu Hexen erklärt wurden. Hildegards Briefe und Abhandlungen über die Ursachen und die Heilung von Krankheiten stellen visionäre Zeugnisse des Ineinanderfließens von Natur und Mystik dar, verbinden theologische Scharfsichtigkeit mit mystisch-kosmischer Schau, wie die Vision *»Das Weltall«* zeigt:

Es gleicht einem Ei, umgeben von flammendem Feuer. Schicht um Schicht enthüllt sich dem staunenden Blick ein Kosmos mit funkelnden Sternen. Sonne und Mond sind miteinander verschmolzen wie das taoistische Yin-Yang-Symbol. Über allem steht ein feuriger Stern, der nach oben hin von fünf kleineren Gestirnen flankiert ist. In der Mitte des Eis erscheint ein kleiner blauer Ring, in dem quer ein Keil steckt ... Tobende Elemente, hierarchisch geordnetes Universum, in dessen Mittelpunkt ein Zeugungsvorgang steht, in dem vielleicht sogar das Weiblich-Göttliche das Männliche nach uralter Menschheitsvorstellung gebiert?

Hildegard von Bingen ist eine für ihre Zeit ungewöhnliche und mutige Frau, die sehr offen über die sexuellen Beziehungen von Mann und Frau schreibt, großes soziales Engagement aufbringt und sogar männliche Kranke in ihr Frauenkloster einläßt, um sie zu heilen. Zu häufigen Briefpartnern Hildegards von Bingen zählen Päpste, Kaiser, Könige und hohe Würdenträger wie der Abt Bernard von Clairvaux.

Mit großer Sorgfalt trägt sie uraltes Wissen über Kräuter und Pflanzen in ihren Schriften zusammen, schreibt seherische Werke wie *»Scivias – Wisse die Wege«* oder *»Das Buch der göttlichen Werke«*. Hildegard scheut sich auch nicht, in ihre heilkundlichen Bücher magische Pflanzen wie die Alraune aufzunehmen und auch zu empfehlen. Immerhin wurden ihre Wurzeln, die »Alraunmännchen«, damals wie kleine Hausgötter verehrt: »So soll man die Wurzeln der Alraune abwaschen und so zu sich legen, daß sie, vom Schweiß erwärmt, etwas von ihrer eigenen Kraft und Wärme an den Menschen abgeben können.« (52)

Einen blinden Jungen heilt sie mit Wasser, andere Menschen durch Handauflegen.

Hildegard von Bingen wird zur Seherin, ob durch den Gebrauch von Drogen, mag dahingestellt sein. Vor allem feiert sie aber das Grün in der Welt, besingt es in ihren Gedichten: »Oh edelstes Grün, du wurzelst in der Sonne . . .«

Alles »grün« zu sehen, kann allerdings auch eine Begleiterscheinung des Genusses von Nachtschattengewächsen wie zum Beispiel der Alraune sein.

Die Öffnung des dritten Auges

Hildegard schreibt ohne alle Schnörkel über dieses Ereignis:»Im Jahre 1141 der Menschwerdung des Sohnes Gottes, Jesu Christi, als ich zweiundvierzig Jahre und sieben Monate alt war, kam ein feuriges Licht mit Blitzleuchten vom offenen Himmel hernieder. Es durchströmte mein Gehirn und durchglühte mir Herz und Brust gleich einer Flamme, die jedoch nicht brannte, sondern wärmte, wie die Sonne den Gegenstand erwärmt, über den sie ihre Strahlen ergießt. Nun war mir plötzlich der Sinn der Schriften erschlossen, des Psalteriums, des Evangeliums und der übrigen katholischen Bücher des Alten und Neuen Testaments...«

Ist das oben Geschilderte als eine plötzliche Einweihung im Sinne einer buddhistischen Erleuchtung zu verstehen? Allerdings besaß Hildegard, wie sie es selbt bezeugt, die Gabe der *inneren Schau* schon seit ihrem fünften Lebensjahr. Nun, nach der Öffnung des *dritten Auges*, entwickelt sie das Talent, »beidhemisphärig« zu sehen, was nichts anderes besagt, als daß sie wachend und ohne in Trance zu verfallen Visionen erleben kann:»Aber meine nach draußen gerichteten Augen bleiben offen, und auch meine anderen körperlichen Sinne bewahren ihre Aktivität.« (53)

Die weise Frau

Hildegard von Bingen wirkt auf uns wie das Urbild der *weisen Frau*. Sie wurde bereits zu Lebzeiten als *Prophetin der Deutschen* bezeichnet. Gleich den Seherinnen der germanischen Frühzeit macht auch Hildegard in ihren Visionen die Erfahrung kosmischer und geschichtlicher Ereignisse und gewährt aus dieser Schau heraus Ratsuchen-

den aus allen Schichten der Bevölkerung Hilfe und Un-
terstützung. Der Mensch, so weiß sie, ist mit Leib und
Seele vom kosmischen Geschehen abhängig. Allein durch
die Kraft der Elemente und mit Hilfe der übrigen Geschöpfe wird er am Leben erhalten. Sein Handeln wirkt
sich unweigerlich auf das Weltganze aus. Und deshalb ist
seine Verantwortung gegenüber der Schöpfung von allen
Lebewesen am größten. Aber der Mensch verschuldet
seinen eigenen Untergang. Wie prophetisch hat es doch
Hildegard für uns, die wir am Ende des Jahrtausends stehen, formuliert: »Werden nun die Elemente unter der
Sonne durch Katastrophen erschüttert, dann verdunkelt
sich das Feuer der Sonne wie bei einer Sonnenfinsternis.
Dann wird es zum Hinweis auf Irrtümer und ein Beweis
dafür, daß die Herzen und Köpfe der Menschen sich
einem Irrtum zuwenden; sie vermögen nicht mehr recht
auf dem Pfade des Gesetzes zu wandeln, sondern be-
kämpfen einander in mannigfachen Auseinandersetzungen.« (54)

Den Zusammenhalt des Universums kann nur die
Weisheit garantieren. *Weisheit* und *Liebe* (siehe Seiten 28,
31) sind so eng miteinander verwandt, daß sie als primäre
Kräfte die Welt durchwalten. Hildegard zeigt sie uns in
den Visionen ihres Buches »*Welt und Mensch*« wie in
einem surrealen Gemälde: Weisheit und Liebe sind kö-
nigliche Frauengestalten mit flammendrotem Antlitz, gekleidet in ein Untergewand von weißer Seide und ein mit
Edelsteinen reich geschmücktes zartgrünes Oberteil.

Die Farbe der Göttin ist bei Hildegard immer Rot. Die
Weisheit erscheint außerdem mit sechsfachen Schwingen,
in denen fünf Kugeln aufleuchten. Fünf ist die magische
Zahl des Weiblichen, der babylonischen Göttin ISCHTAR
geweiht. Auch im Wappen der Äbtissin kehrt diese Zahl
in der fünfblättrigen mystischen Rose wieder.

Hildegards Bilderwelt ist unerschöpflich reich: In
ihrem Zentrum entdecken wir immer wieder den Menschen, mit seinen Gliedmaßen ausgespannt zwischen

Himmel und Erde, durchdrungen in seiner Ganzheit
vom Wirken der Elemente.

Die Seherin von Bingen wußte um den inneren Zusammenhang aller Dinge, den die Wissenschaft erst vor kur-
zem wiederentdeckt hat. Das Menschliche, das Göttliche
und das Kosmische sind aufeinander bezogen und gehören zueinander. Sie können somit nicht unabhängig voneinander erfahren werden. Für Hildegard leben wir alle in
einer einzigen Wirklichkeit, sie mahnte deshalb bereits zu
ihrer Zeit Weltverantwortung und die Bewahrung der
Schöpfung an, als diese nach heutigem Verständnis noch
unzerstört war. Die Nonne vom Rupertsberg ist fürwahr
eine »Erwachte«, die gerade deswegen über die Jahrhunderte hinweg die Menschen als Vorbild in den Bann ziehen kann.

JOHANNES TRITHEMIUS, der berühmte Magier aus dem
15./16. Jahrhundert (siehe Seite 97 ff.), ließ es sich nicht
nehmen, 1498 bei der feierlichen Öffnung von Hildegards Sarg dabeizusein. Er nahm bei dieser Gelegenheit
einen Armknochen der Heiligen an sich, weil er um den
magischen Nutzen einer solchen Reliquie wußte. Hildegard selbst würde dies vermutlich als Liebesbeweis verstanden haben, denn die Liebe, die Herzkraft des Alls, ist
»unaufhörlich kreisend, wunderbar für die menschliche
Natur und so, daß sie von keinem Alter aufgezehrt, aber
auch nicht durch Neues vermehrt werden könnte, vielmehr so bleibt, wie Gott sie geschaffen hat, dauerhaft bis
ans Ende der Zeit«. (53)

In den Worten der modernen Quantenphysik ausge-
drückt: Was immer bleibt, ist diese gewaltige Bewegung
der Energie, die sich durch Schwingungen in immensen
Feldern von Leben offenbart.

11
Albertus Magnus
Der Universalgelehrte

»Nur soweit sie dem Körper das Leben gibt, ist die Seele
Form des Lebens. In sich selbst aber ist sie unkörperli-
cher Geist und immer Leben.« (56)

Der katholischen Kirche ist der einstige Bischof von Re-
gensburg immer ein wenig suspekt gewesen. Trotzdem
sprach sie ihn 1932 heilig. ALBERTUS MAGNUS (um
1200–1280), eigentlich Graf ALBERT VON BOLLSTÄDT,
wurde im schwäbischen Lauingen geboren und galt während seiner Lebenszeit als Universalgenie. Sechzig Jahre
nach seinem Tod schreibt über ihn ein anonymer Chro-
nist: »In dieser Zeit blühte Bischof Albert aus dem Domi-
nikanerorden, der ausgezeichnetste Theologe und gelehr-
teste aller Magister, mit dem verglichen nach Salomo in
der ganzen Philosophie kein größerer oder ähnlicher er-
stand . . .« (57)
   Aber nicht nur die antike Philosophie, die er mit der
christlichen Theologie zu vereinigen trachtete, auch die
Kabbala, jüdisch-arabisches Gedankengut, die Astrologie und naturwissenschaftliches Denken waren ihm nicht
fremd. Albertus Magnus gelang auf letzterem Gebiet als
erstem die Herstellung von Pottasche, und er kannte sich
mit der Wirkung und Konstruktion von Treibhäusern
aus, so daß er Besucher im Winter mit blühenden Blumen
verblüffen konnte. Er muß auch ein früher Romantiker
gewesen sein, denn in seinen Orden trat er nicht zuletzt
deshalb ein, weil er nach einem Schneesturm in einem

Kloster der Dominikaner Unterschlupf gefunden hatte
und von der Atmosphäre der Anlage sofort gefesselt war.
Von seiner Statur her war der »große« Albert eher
klein geraten, so daß es bei einer Audienz im Vatikan einmal zu einer peinlichen Szene kam: Der Papst forderte
seinen Gast auf, sich doch endlich von seinen Knien zu
erheben, und mußte aber feststellen, daß Albertus Magnus die ganze Zeit schon gestanden hatte.

Seit dem 17. Jahrhundert kursieren im Volk Zauber-
und Beschwörungsbücher, die seiner Urheberschaft zugeschrieben werden. Es wird berichtet, er habe bei dem
Ketzerkaiser FRIEDRICH II. Tote beschworen und sei in
der Peterskirche als Schlangenbeschwörer aufgetreten.
Umfangreiche Kenntnisse besaß der ungewöhnliche Bischof zudem in der Mineralien- und Pflanzenkunde, deren verborgene Kräfte und Geheimnisse ihn ein Leben
lang beschäftigten. Überhaupt war sein Denken ganz-
heitlich ausgerichtet, er betrachtete den Kosmos als
»krafterfüllte Gestalten-Ganzheit«. Seinem berühmtesten Schüler, THOMAS VON AQUIN, lehrte er eine besondere Form der Meditation, in deren Zentrum die betrach-
tende Versenkung in die Fülle der Schöpfung steht. Auch
die Herstellung des *Steins der Weisen* soll ihm gelungen
sein, den er angeblich zur Beeinflussung des Wetters ein-
setzte.

Ein Roboter im 12. Jahrhundert

Am unglaublichsten erscheint aber die ihm zugeschriebene Erfindung eines sprechenden (!) Roboters, der »die
Gestalt eines Menschen besaß, dessen einzelne Teile unter dem Einfluß eines bestimmten Sterns geschmiedet
waren« (KURT SELIGMANN). Der weiteren Überlieferung
nach soll dieser Roboter auf Fragen geantwortet und sogar von sich aus angefangen haben zu sprechen. Dies alles

entsetzte Thomas von Aquin – dessen Spitzname »tumber Ochse« lautete – so sehr, daß er den Automaten zerstörte. Allerdings erst nach dem Tod seines Meisters.

Großen Einfluß übte Albertus Magnus auf die deutsche Mystik aus: ECKHART, TAULER und NIKOLAUS VON KUES zogen aus seinen Schriften vielfältigen Nutzen. Am 15. November 1280 ist der geniale Gelehrte in Köln gestorben, das ihm schon lange zur zweiten Heimat geworden war. Es ist erstaunlich, daß Albertus Magnus neben seinen Reisen nach Padua, Paris, Würzburg, Straßburg, Köln und Florenz, die er zu Fuß unternahm, und neben seinen vielen Geschäften noch genügend Zeit und geistige Kraft fand, uns ein Werk in einundzwanzig Bänden, die »*Opera omnia*«, zu hinterlassen.

12
Petrus de Abano
Ein Telefonbuch für das Jenseits?

Hochmodern oder vollkommen abwegig? PETRUS DE ABANO jedenfalls hat ein wahres »Telefonbuch« mit entsprechender »Gebrauchsanweisung« zusammengestellt, um Kontakt mit Geistern aufzunehmen. Diese gelehrte Abhandlung wurde jedoch nicht in unseren Tagen verfaßt, sondern stammt aus dem 13. Jahrhundert.

In seinem »*Heptameron der magischen Elemente*«, das in Deutschland erst 1567 erschien, beschreibt der berühmte Astrologe, Philosoph und Magier Petrus de Abano (1250–1317), wie die Anrufung höherer Geister vor sich geht. Interessierten Adepten gibt er ein Findbuch mit genauen Angaben zu den richtigen Zeichen, Namen und Zahlen rangniedriger und ranghoher Geister – fast im Stile eines modernen Telefonbuchs – an die Hand.

Aber dem Verfasser geht es nicht nur um die Herstellung von Kontakten zum Jenseits. Auch zu anderen Intelligenzen, die irgendwo im Universum, aber auch in unserem Planetensystem zu Hause sind, hat Abano den »richtigen Draht«. Durch intergalaktische Zahlenkombinationen bringt er die Wesenheiten des Saturn oder der Venus als Gesprächspartner ans andere Ende der Leitung. Als besonderes Bonbon erfahren wir von den »Geheimnummern« der sieben Erzengel.

Daß man sich schon damals kurz fassen soll, schreibt Abano in seiner »Gebrauchsanweisung«: »Nachdem du Kontakt hast, begehre, was du willst. Es wird geschehen. Alsdann gebe ihnen den Abschied.« (58)

Auch der richtige Zeitpunkt für die Verbindungsaufnahme ist wichtig: »Ich bekenne, daß in den Stunden Sabachay und Madym schwer ist zu wirken, aber in den Stunden Zadek und Noga fällt es leicht; in anderen mittelmäßig, zuweilen gut, zuweilen bös.« (59)

Was wie ein Scherz klingt, hat doch einen tieferen Sinn. Obwohl es vielleicht seltsam wirken mag, sei hier an das Märchen vom »*Rumpelstilzchen*« erinnert. An seinem Beispiel wird deutlich, daß sich ein Mensch eines übernatürlichen Wesens bemächtigen kann, wenn er es nur mit dem richtigen Namen anspricht. Allen Zaubersprüchen, Beschwörungen und vor allem dem kabbalistischen Denken liegt eine ähnliche Vorstellung zugrunde. So war es das ehrgeizige Ziel aller Kabbalisten, den wahren Namen Gottes zu erschließen. Und es ist auch magisches Gedankengut, daß dem Wort eine zwingende Schöpferkraft innewohnt – letztlich hat Gott die Welt allein durch sein Wort erschaffen. Der »formschaffende Laut« zeigt uns zugleich, daß alle Dinge des Universums aus Schwingungen bestehen und alle Erscheinungen der sichtbaren wie der unsichtbaren Welt sich in einer wechselseitigen Resonanz und Kommunikation befinden. Dies ist ein Grundbestandteil der »harmonikalen« Lehren des PYTHAGORAS. Insofern stellt Abanos Versuch, ein »Handbuch« über die wahren Namen und Worte zusammenzutragen, nicht in erster Linie ein unsinniges Unterfangen dar, obwohl es äußerst schwierig sein dürfte, es erfolgreich anzuwenden. Wir werden diesem Problem in leicht abgewandelter Form noch bei JOHN DEE begegnen, der die »Engelsprache« erforschte, um die vollkommene Sprache zu finden (siehe Seite 121 ff.).

Was wurde nun aber aus Abano? Hat er doch mit seinem »*Heptameron*« ein äußerst wichtiges Thema berührt: Die wahren Namen zu kennen ist gleichbedeutend mit Macht. Obwohl Abano ein Vertrauter des Papstes JOHANNES XXII. gewesen ist, wurde seine Forschungsarbeit nicht honoriert. Vielleicht lag es daran, daß er auch verraten hatte, wie man Verbindung zu »Sexdämonen«, den berüchtigten *Incubi* und *Succubi*, aufnehmen konnte. Je-

denfalls sperrte ihn die Inquisition für seine letzten acht
Lebensjahre in den Kerker. Er wird es dort durch den
Einsatz seiner »Kontakte« verstanden haben, sich Gesell-
schaft zu verschaffen.

13
Johannes Trithemius
Alchemist, Magier und »Guru«

Geboren wurde JOHANNES HEIDENBERG 1462 in Trit-
heim, einem kleinen Ort in der Nähe Triers, nach dem er
später auch seinen Namen erhielt. Bereits der junge JO-
HANNES TRITHEMIUS bestach durch seine hohe Begabung
und zeigte sich den Wissenschaften und der Philosophie
zugeneigt. Recht früh wurde er zum Abt des Benedikti-
nerklosters zu Sponheim ernannt, das unter seiner Leitung zu einem geistigen Zentrum für Besucher aus allen
Teilen Europas wurde.

Seine geistigen Wurzeln fand Trithemius bei ALBERTUS
MAGNUS, dessen Werk fortzuführen er bestrebt war. Die
Förderung von Kabbalistik, Gnosis und Magie zählte er
zeitlebens zu einer seiner Hauptaufgaben. Er wollte sich
nicht damit abfinden, daß es um das Ansehen der Magie
im christlich geprägten Abendland so schlecht stand:
»Nach reiflicher Erwägung glaube ich die Ursache hier-
von darin gefunden zu haben, daß, als die Zeiten und
Menschen schlechter wurden, viele Pseudophilosophen
und angebliche Magier sich einschlichen, die von den verschiedenen häretischen Sekten und falschen Religions-
parteien viele höchst verwerfliche, abergläubische und
finstere Zeremonien entlehnten und sogar mit der ortho-
doxen Religion gegen die Ordnung der Natur und zum
Verderben der Menschen einen schändlichen, gotteslä-
sterlichen Mißbrauch trieben.« (60).

Wie recht er doch hat! Heute wie einst verderben die
faulen Eier das beste Gelege!

Johannes Trithemius wollte als wahrer Magier aner-

kannt werden, der sein »Handwerk« im christlichen Sinn
ausübte. Sein Buch »*Liber octo questionum*«, das eine
Klassifikation von Dämonen und Geistern beinhaltet,
wird auch heute noch von einigen magischen Logen benutzt. Berühmt wurden vor allem aber Trithemius' Fähigkeiten auf spritistischem Gebiet. Selbst Kaiser und
Könige holten den kundigen Astrologen, Alchemisten
und Magier an ihren Hof und ließen sich von ihm wie von
einem modernen Guru einweihen. Spektakulär waren
seine Geisterbeschwörungen. So ließ er vor den Augen
Kaiser MAXIMILIANS I. – natürlich gegen ein angemesse-
nes Honorar – die antiken griechischen Helden ACHIL-
LES und HEKTOR, aber auch König DAVID wiederauferstehen. Ein andermal führte er ihm ein weibliches
Medium vor, dem es unter seiner Anleitung möglich war,
»dem kurfürstlichen Haus die darin obhandenen Sterbe-
fälle vorher zu verkündigen«.

Alle Seancen wurden von ihm so professionell, aber
auch spielerisch inszeniert, daß bei keinem der Beteiligten
der Gedanke an »Teufelswerk« oder »Betrug« aufkam.
Vielmehr schaffte es Johannes Trithemius, bei allen Teil-
nehmern an den Beschwörungen den Wunsch zu erwek-
ken, sich einmal ausführlich mit der ach so verketzerten
Magie zu beschäftigen.

Bemerkenswert ist, wie der »magische« Abt selbst über
sein okkultes Wissen dachte. In einem Brief an einen be-
freundeten Karmelitermönch in Gent berichtete er von
einer nächtlichen Erscheinung, die ihn über Dinge in
Kenntnis gesetzt habe, die »allen übrigen Menschen verborgen seien«.

Trithemius' verhaßter Gegner: Johannes Faust

GOETHE sollte ihm später ein literarisches Denkmal set-zen, dem erbittertsten Widersacher von Trithemius. 1480 im Württembergischen geboren und 1540 in Staufen im Breisgau gestorben, lebte GEORG beziehungsweise JO-HANNES FAUST ein wahrhaft publicityträchtiges Leben als Magier und Zauberkünstler. Niemals hat er irgendwelche Schriften verfaßt, und doch war sein Name in aller Munde. Johannes Faust erklärte allen, die es hören woll-ten, daß er einen Pakt mit dem Teufel geschlossen habe. Leidenschaftliche Zechgelage und ein zügelloses Sexual-leben schmälerten keinesfalls seinen Ruf. MELANCH-THON, der Freund LUTHERS, bescheinigte dem Magier gar, ein so lasterhaftes Leben zu führen, »daß er ein- und das anderemal fast wegen seiner Liebeshändel umgekom-men wäre«. Er wurde mehrmals angeklagt, doch immer wieder gelang es Faust, seinen Häschern wie durch ein Wunder zu entkommen.

Johannes Trithemius haßte Faust, beschuldigte ihn gar der Unzucht mit Knaben und nannte ihn einen Land-streicher und betrügerischen Strolch. Der Grund für die-sen Haß lag darin, daß Faust erklärt hatte, Geister wie Achilles oder König David erscheinen zu lassen, sei für ihn ein Kinderspiel. Trithemius lehnte Faust aber auch deshalb ab, weil dieser sich nicht wie er zur Kirche be-kannte, sondern in seinen Künsten vielmehr die Sexuali-tät zum kosmischen Prinzip erhob – wie die indischen Tantristen. Ihren Ideen ist Faust vermutlich auf seinen frühen, recht ausgedehnten Reisen begegnet, bei denen er sich als fahrender Scholar, als Gaukler und Magier betä-tigte.

Johannes Faust muß ein Meister der Massensuggestion gewesen sein. Im Winter 1509 versprach er in einem Wirtshaus einer Gruppe von Gästen, ihnen alles herbeizuzaubern, was sie sich nur wünschten. Einstimmig verlangten die Männer nach einem mächtigen Weinstock, mit prallen Trauben behangen. Faust brachte durch seine Künste mit Leichtigkeit herbei, was man von ihm gefordert hatte. Doch dann kam das blutige Erwachen: Gerade als die verblendeten Männer die saftigen Trauben vom Weinstock abschnitten, der durch die Tischplatte gewachsen war, löste Faust den Zauber plötzlich auf. In den Händen hielten die Genarrten nun keine Köstlichkeiten mehr, sondern die Nasen derer, die mit ihnen am Tisch gesessen hatten.

Es war also kein Wunder, daß Trithemius Fausts Magie den Kampf angesagt hatte. Aber der trieb es sogar noch toller, wie Trithemius selbst anmerkte: »Als ich mich später in Speyer befand, kam Faust nach Würzburg und soll sich in Gegenwart vieler Leute mit gleicher Eitelkeit gerühmt haben, daß die Wunder unseres Erlösers Christi nicht anstaunenswert seien; er könne alles tun, was Christus getan habe, so oft und wann er wolle.« (61)

Diese Aussage läßt an SIMON MAGUS aus dem Neuen Testament denken, der übrigens den Beinamen Faustus trug und die Apostel zu einem magischen Wettstreit herausforderte und später sogar behauptete, er würde wie Christus wiederauferstehen. Das gelang ihm dann doch nicht!

Johannes Faustus, was soviel wie »der Gesegnete« bedeutet, überlebte Trithemius, der 1516 starb. Dessen Vorhersage, daß dieser elende Faust schon bald in Vergessenheit geraten werde, erwies sich aber als falsch. Nicht nur Goethe, sondern noch viele andere Schriftsteller wie CHRISTOPHER MARLOWE, BYRON, PUSCHKIN, HEINE und THOMAS MANN setzten dem »wunderlichen Nikromanten« ein bleibendes Denkmal.

14
Jeanne d'Arc
Heilige, Hexe oder Eingeweihte?

»In welcher Sprache reden denn deine Engel?«
»In einer schöneren als der Euren.«
»Glaubst du überhaupt an Gott?«
»Ja, und inniger als Ihr!« (62)
JEANNE D'ARC während ihres Prozesses zum
Dominikanermönch SEQUIN

Über die Jungfrau von Orléans, die heilige Johanna, ist
viel geschrieben und spekuliert worden. Theaterstücke
sind entstanden, die sich mit ihrem ungewöhnlichen
Schicksal beschäftigen, und in unzähligen Doktorarbei-
ten wurde versucht, ihrem Geheimnis auf die Spur zu
kommen. War sie eine Verrückte? Oder, um einen Begriff
der modernen Psychiatrie zu gebrauchen: War sie schi-
zophren? Oder wollte sie nur einmal im Mittelpunkt stehen und hat sich dafür eine phantastische Geschichte zu-
rechtgelegt? Einige Autoren wie der Engländer PALMER-
WHITE sind davon überzeugt, daß Johanna nur die
Hauptdarstellerin einer glänzend inszenierten politischen Intrige gewesen sei. Oder ist sie am Ende doch eine
Hexe gewesen, eine, die so durchtrieben war, daß sie zum
Schluß sogar noch heiliggesprochen wurde?

Johannas kurzes Leben

JEANNE D'ARC wurde um 1412 in dem lothringischen
Dorf Domrémy als Tochter eines wohlhabenden Bauern
geboren. Neunzehn Jahre später verbrannte man sie auf
dem Alten Markt von Rouen, nachdem sie zuvor den
Franzosen als Retterin in einem bereits verloren ge-
glaubten Krieg gegen England beigestanden hatte. Außerdem hatte Johanna KARL VII. als rechtmäßigen König von Frankreich gekrönt, nach der Befreiung von
Orléans von den Engländern. Wenig später geriet die
Jungfrau jedoch in englische Gefangenschaft und wurde
nach einem unkorrekten Inquisitionsverfahren 1431 als
Hexe verbrannt. Richter und Geistliche sahen in ihr ein
Werkzeug Satans und eine »hartnäckige Ketzerin«.
Doch blieb ihre Person im Gedächtnis des französischen Volkes lebendig; schon 1456 wurde Johanna in
einem Ehrenrettungsprozeß rehabilitiert, und fünfhundert Jahre später wurde sie von Papst BENEDIKT XI. heiliggesprochen.

Annäherung an eine ungewöhnliche Heilige

Wer oder was war nun Johanna von Orléans? Schon mit
dreizehn Jahren will sie zum ersten Mal jene Stimme gehört haben, die sie später in ihrem Kampf für das Vaterland leitete. Jeanne d'Arc berichtete in ihrem Prozeß,
daß sie damals die Stimme im Garten ihres Elternhauses
ungefähr zur Mittagsstunde vernommen habe. Den Tag
zuvor hätte sie gefastet.
»Ich habe die Stimme von meiner Rechten her gehört.
Von derselben Seite kam eine große Helligkeit. Dieses
Licht kommt immer von derselben Seite, von der ich die
Stimme vernehme. Und nachdem ich sie dreimal gehört

hatte, erkannte ich, daß es die Stimme eines Engels war.«
(63)

Später vernahm Johanna jeden Tag diese Stimme, die
ihr nichts anderes mitteilte, als daß sie aufbrechen müsse,
um die Stadt Orléans von der Belagerung durch die Engländer zu befreien.

Die Stimme selbst änderte sich, denn die heilige KA-
THARINA und die heilige MARGARITA sprachen abwech-
selnd zu ihr. Dabei nannten sie das Mädchen *Fille de
Dieu*: »Tochter Gottes«.

Man kann sich gut vorstellen, welchen negativen Eindruck die Geistlichen der damaligen Zeit gewonnen haben müssen. Denn kaum hundert Jahre zuvor hatte noch
VINZENZ DE BEAUVAIS die Frau als »tägliches Verderben«, eine »ständige Kriegsfackel«, als »unersättliches
Tier« und »Verwirrung des Mannes« bezeichnet. Vorstellungen kamen darin zum Ausdruck, die die Mehrzahl
der Männer, mit denen Johanna zu tun hatte, nach wie
vor beherrschten.

Allerdings gab es da eine Prophezeiung. Frankreich, so
hieß es, sollte durch eine Frau zerstört und durch eine
Jungfrau wiederaufgerichtet werden. Der erste Teil hatte
sich durch die Tat von ISABEAU von Bayern bereits erfüllt.
Sie hatte es fertiggebracht, ihren Mann, KARL VI., davon
zu überzeugen, daß sein Sohn illegitim sei. Somit war zur
Zeit Johannas dessen späterer Nachfolger KARL VII. nur
Dauphin, also designierter Thronfolger, nicht aber König
von Frankreich.

Man unterzog Johanna langwierigen Prüfungen, um
herauszufinden, ob sie die als Retterin geweissagte Jungfrau wäre. Zuletzt gab man ihr eine weiße Rüstung und
ein Banner, das auf mit Lilien übersätem Grund Gottvater zeigte, die rechte Hand zum Segen erhoben, die linke
das Weltall haltend. Johannas Wappen stellte ein Schwert
dar, über dem eine Krone schwebte.

So ausgerüstet, zog sie in die Schlacht, und ganz gleich,
was man von ihr halten mag, Johanna verstand es, die

mutlos gewordenen französischen Truppen, die demo-
ralisiert in Orléans lagen, dermaßen anzuspornen, daß
sie diese letzte Festung gegen die vordringenden Engländer mit Erfolg halten konnten. Jeanne d'Arc brachte
es auch fertig, einem zaudernden Thronfolger die Königswürde zu verschaffen und einem deprimierten Volk
– ihrem eigenen – wieder Mut zu machen. Johanna, die
»Tochter Gottes«, wurde zur wahren Schutzpatronin
Frankreichs – so sehen die meisten Franzosen sie noch
heute.

Johanna krönte den Dauphin in der Kathedrale von
Reims, wo seit nahezu eintausend Jahren die französischen Könige gesalbt worden waren. Danach begab sie
sich in die Schlacht um die Rückeroberung von Paris
und wurde dort von den Engländern gefangengenom-
men. Der nun gegen sie angestrengte Prozeß wegen
Ketzerei endete tödlich.

Was machte Johanna so stark?

Vor allem dieser unbändige Wille, den sie meinte, einem
göttlichen Auftrag zu verdanken, flößt Bewunderung
ein. Durch nichts auf der Welt läßt sich das junge Mädchen davon abhalten, Orléans zu befreien und den
Thronfolger Karl zum König zu machen. Der feste
Glaube daran, daß ihr das möglich sei, läßt sie im wahr-
sten Sinne des Wortes Übermenschliches leisten. In der
Magie wird der Glaube als lebendige Kraft angesehen,
durch den das Wesen aller Dinge verändert werden
kann. Widerstände werden scheinbar mühelos überwunden; die ganze Praxis des »positiven Denkens« beruht letztlich auf einer festen Überzeugung, daß nämlich
der Glaube Berge versetzen kann: »Wer all seine Mittel
und Kräfte auf ein Ziel konzentrieren kann, etwa als
Spieler, als Liebhaber, als Rächer oder wie im Fall Jo-

hannas als Retter, der ist zu großen Leistungen fähig. Solche Menschen sind Magier, ohne es zu wissen.« (64)

Und sie sind zugleich in der Lage, andere mitzureißen. Man stelle sich das nur einmal vor: Da kommt ein junges Mädchen vom Land und will erfahrenen Soldaten zeigen, wie man eine Schlacht gewinnt. Das kann nur »funktionieren«, wenn ihr ein absoluter Wille aus dem festen Glauben an die eigene Person und Mission erwächst, so daß andere in Bann geschlagen werden. In der *»Praktischen Magie«* von DOUVAL heißt es dazu: »Nur Schwierigkeiten, die er selber zu bestehen wünscht, treten ihm noch in den Weg; aber sie finden ihn vorbereitet, ein überlegener, unbesiegbarer Gegner.« (65)

So ungefähr muß Johanna auf ihre verwirrte Umwelt gewirkt haben. Die Franzosen erkannten in der jungen Frau, die weder lesen noch schreiben konnte, ihre Retterin. Die Engländer konnten sie folgerichtig nur für eine Hexe, für die Tochter des Satans halten. Und es scheint, als habe Johanna ihre ganze Kraft nur auf die beiden Ziele – die Befreiung Frankreichs und die Krönung des Thronfolgers – ausgerichtet. Auf ein »Danach« war sie weder vorbereitet noch innerlich eingestellt. Sie wurde zum Tode verurteilt. Johannas Herz und Eingeweide warf man in die Seine, weil sie trotz aller Bemühungen ihrer Henker unversehrt geblieben waren.

Woher kommen die »Stimmen«?

Die Stimmen, die Johanna zum Handeln aufforderten, waren sicher nicht wirklich zu »hören«, es wird ihr nur so vorgekommen sein. Und was die Identifikation der Stimmen betrifft: BERNADETTE SOUBIROUS hat nach ihren Visionen in der Höhle von Massabielle bei Lourdes nicht behauptet: »Mir ist die Muttergottes erschienen.« Sie sagte: »Ich habe eine wunderschöne Dame gesehen.« In-

sofern wird Johanna auch erst später die Stimmen mit bestimmten Heiligen in Verbindung gebracht haben, die ihr
vom Glauben her nahestanden.

Was in der Psyche des Menschen aufscheint und sich
äußerlich für ihn materialisiert, ist dann zum Beispiel niemals MARIA oder eine Heilige in Wirklichkeit. Das wäre
andernfalls ein Zauber, der dem Göttlichen nicht gerecht
würde, es auf die Kunstfertigkeit eines COPPERFIELD reduzierte. Vielmehr wirken wohl bei solchen Visionen –
akustischer oder visueller Art – seelische Kräfte, die sich
als Göttin ISIS manifestieren können – wie bei Erscheinungen in der Antike –, oder – wie in der Gegenwart – als
Jungfrau Maria. Ob diese »Kräfte« oder Archetypen in
der Seele autark sind und somit unabhängig vom Bewußtsein handeln, wie JUNG vermutete, sei dahingestellt.
Wichtig ist, daß sie das Verhalten von Menschen seit jeher
beeinflußt haben: Aus Saulus wurde Paulus, aus einem
einfachen Bauernmädchen aus Domrémy eine machtvolle Persönlichkeit, die andere für sich einnehmen und
begeistern konnte.

15
Nostradamus
Prophet, Mystiker und Heiler

»Und das Göttliche ließ sich bei mir nieder
und redete zu mir in Bildern.« (66)
NOSTRADAMUS

Es gibt Literaturwissenschaftler, die schon seit langem
auf den endgültigen Beweis hoffen, daß MICHEL DE NO-
TREDAMES prophetisches Werk wertlos ist, damit endlich
der Weg frei würde, die dichterische Qualität seiner über
tausend Verse zu entdecken. NOSTRADAMUS jedoch ist
und bleibt der Prophet schlechthin, aber auch der mei-
sterhafte Astrologe und ebenso der gute Arzt, der mit in-
stinktivem Wissen wußte, was seinen Patienten fehlte
und welches Medikament ihnen verabreicht werden
mußte. Bei der Medikamentierung, die mitunter auf Außenstehende recht ungewöhnlich wirken konnte, hatte
Nostradamus dennoch ein ähnlich sicheres »Händchen«
wie der »schlafende Prophet« EDGAR CAYCE in unserem
Jahrhundert (siehe Seite 192 ff.).
    Von allen magischen Persönlichkeiten der Geschichte
ist dieser provenzalische Seher und Heiler die berühmte-
ste und zugleich umstrittenste, weil er seine Voraussagen
wie die delphische PYTHIA unklar und doppeldeutig for-
mulierte. Seine prophetischen Vierzeiler, die »Quatrains«, bestehen aus einem Gemisch von Französisch im
Languedoc-Dialekt, mittelalterlichem Latein und zahlreichen eingeflochtenen spanischen, italienischen, griechischen, hebräischen und eigenen Wortschöpfungen.

Liest man die Vierzeiler, verheddert man sich leicht in Fallstricken, besonders in solchen, die der eigene Wunsch, diese Strophen zu deuten, legt. Die erste Frage, die sich dem Leser beziehungsweise der Leserin stellt, lautet also: Warum hat Nostradamus seine Prophezeiung in orphische Dunkelheit gehüllt? Um die menschliche Neugier immer wieder aufzustacheln?

Wer war Nostradamus?

Michel de Notredame oder Nostradamus, wie er sich selbst nannte, wurde nicht als Prophet geboren. Er selbst wirkte jahrelang in ganz Frankreich als Arzt und galt mit seinen überragenden Kenntnissen als Bezwinger der Pest. Das war im Jahre 1530, als sich der siebenundzwanzigjährige Nostradamus im südfranzösischen Agen als praktischer Arzt niedergelassen hatte. Die Patienten standen Schlange bei ihm, weil er solch einen außergewöhnlichen Ruf genoß. Doch eines Tages starben seine Frau, seine kleine Tochter und sein Sohn an der Pest. Eine schmachvolle Niederlage für den berühmten Arzt. Nostradamus zog aus Agen weg und widmete sich intensiven Studien nach den Geheimnissen des Lebens. Er studierte ganze Bibliotheken und wurde einer der gelehrtesten Männer seiner Zeit. Viele seiner Rezepturen und Vorschläge zur Linderung von Krankheiten konnten erst in unserem Jahrhundert als richtig nachgewiesen werden.

1547 rief man ihn nach Salon-de-Provence. Dort war ebenfalls die Pest aufgeflammt. Nostradamus erstickte die Epidemie im Keim. Er heiratete in Salon zum zweitenmal. Seine Frau Anna Pontia Gemella schenkte ihm sechs Kinder, drei Jungen und drei Mädchen. Wenn seine Familie schlief, forschte der gelehrte Arzt weiter, um den Geheimnissen des Lebens näherzukommen. Doch die Experimente wurden Nostradamus nach eigenem Be-

kunden zuletzt so unheimlich, daß er eines Nachts seine
umfangreichen Aufzeichnungen vernichtete, damit sie
nicht in falsche Hände gerieten. Und dabei passierte es
dann: »Während die magischen Schriften verbrannten,
die Flamme sie verzehrte und in die Höhe züngelte, entstand eine ungewöhnliche Helligkeit. Sie war heller als
das natürliche Licht, so wie das blitzende Feuer eines Ge-
wehrs. Es erleuchtete das Haus so plötzlich, als wäre ein
jäher Brand entstanden ... Und das Göttliche ließ sich
bei mir nieder und redete zu mir in Bildern.« (67)
Diese Zeilen aus seinem Vorwort zu den »*Centurien*«
markieren die Geburtsstunde des Propheten. In seinen
Trancezuständen – im *Samadhi-Zustand* – verloren Zeit
und Raum ihre Bedeutung, und ganz gegen seinen Willen
fielen ihm dunkle Verse ein, die – nach Meinung seiner
Interpreten – zukünftige Ereignisse beschreiben, jedoch
voll von Rätseln und Anspielungen sind.

Nostradamus ist nicht ganz dreiundsechzig Jahre alt
geworden. Bis zu seinem letzten Tag, so berichtet sein
Freund JEAN-AIMÉ DE CHAVIGNY, war er gut gelaunt und
verlor seinen Humor nicht. Viele meinen nun, Nostradamus sei ein arger Scharlatan gewesen, weil er an all dem
Elend und den Katastrophen, die er verkündet hatte,
nicht selber verzweifelte. Aber der Prophet hatte sogar
seinen eigenen Todestag rot im Kalender angekreuzt und
dazu geschrieben: »Es gibt nichts mehr zu tun. Ich gehe
zu Gott. Es kommen die Nächsten, die Familie, Bluts-
brüder. Ich werde von ihnen auf einer Bank gefunden.
Tot.«

Und genauso geschah es auch am 2. Juli 1566. So
selbstverständlich waren für Nostradamus Leben und
Tod. Angst bereitete dem Seher beides nicht.

Wie »hell« sehen eigentlich Hellseher oder Propheten?

Nostradamus' dunkle Prophezeiungen werden heute alle zwei Jahre neu auf den Markt gebracht. Erleichtert wird dies nicht zuletzt durch Computertechniken, die es erlauben, die »*Quatrains*« vom Jahre 1555 bis zum Jahre 2050 (oder bis ins vierte Jahrtausend hinein) lückenlos historischen Ereignissen zuzuordnen. Eine lohnende Auseinandersetzung mit Nostradamus, bei der, wie der Parapsychologe HANS BENDER einmal gesagt hat, die Verse des Sehers mißbraucht werden »als Projektionsfläche der Ängste – ein gewinnbringendes Geschäft mit der Endzeitstimmung«.

Die Problematik der Quatrains, die uns Nostradamus hinterlassen hat, besteht vor allem darin, daß wir, was ihre richtige Reihenfolge betrifft, nach wie vor im dunklen tappen. Nostradamus scheint außerdem seine Strophen nach einem verzwickten, vermutlich kabbalistischen System verschlüsselt zu haben. Hinzu kommt, daß weder der Sinn der verwendeten Namen – zum Beispiel: große Dame, Lügenmund – noch die vorkommenden Ortsbezeichnungen eindeutig und klar sind. Eine weitere, immer wieder heftig diskutierte Frage ist auch, ob die Jahreszahlen das konkrete Jahr angeben oder ebenfalls verschlüsselt sind.

Und um das Ganze noch verwirrender zu machen: Es scheint seit einiger Zeit festzustehen, daß Nostradamus mehr Prophezeiungen hinterlassen hat, teils in Prosa, teils in Versform, als in seinem Buch veröffentlicht wurden. Wo sind diese abgeblieben, und würden sie, falls gefunden, eventuell Lücken in den vorhandenen Interpretationsschemata schließen helfen oder vielleicht sogar alles Bisherige über den Haufen werfen?

Welche Schwierigkeiten sich bei der Interpretation ergeben, zeigt sich am Beispiel Großbritanniens.

Nostradamus prophezeit dem Inselreich eine Macht-
periode von etwas mehr als dreihundert Jahren. Aber von
welchem Zeitpunkt an gerechnet? Die einen nehmen als
Ausgang für ihre Berechnungen das Jahr 1588, als die spanische Armada durch England vernichtend geschlagen
wurde und Spaniens Weltherrschaft zum erstenmal ins
Wanken geriet. Andere meinen, daß Englands Dominanz
erst nach dem Sieg über die Niederlande, also Mitte des
17. Jahrhunderts, begonnen habe. Danach wäre erst in
wenigen Jahren Schluß mit *Rule Britannia*.

Ähnlich verhält es sich mit Frankreich; ELISABETH
BELLECOUR hat in ihrem 1981 veröffentlichten Buch
»Nostradamus übersetzt« aufgezeigt, daß die angebliche
Zerstörung von Paris im Jahr 1983 von denselben Quatrains bereits für 1789, 1848, 1870, 1914 und 1940 voraus-
gesagt worden war. Es zeigt sich also, daß es nach wie vor
viel mit dem eigenen Selbstverständnis zu tun hat, wenn
man sich daranmacht, Nostradamus zu deuten. Was nicht
unbedingt gegen ihn sprechen muß. Hellsehen oder Pro-
phetie »funktionieren« mitunter nur in einem ganz engen
Rahmen. (68)

Es hat Sensitive gegeben, wie zum Beispiel GERARD
CROISET, die besonders erfolgreich gewesen sind im Auffinden von Ertrunkenen. Bei ihm spielte offenbar eine bestimmte empathische »Resonanz«, ein Mitempfinden der
problematischen Situation des »Klienten«, eine Rolle.
Croiset wäre nämlich einmal als Kind beinahe selbst er-
trunken. Somit spezialisierte er sich beim Hellsehen auf
genau dieses Gebiet. Berühmt sind allerdings auch seine
»Platzexperimente«, bei denen er vorhersagte, welche
Person sich Stunden später auf einem ganz bestimmten
Stuhl bei dieser oder jener Veranstaltung setzen würde.

Wenige Jahre vor dem Beginn der Französischen Re-
volution hatte der Dichter JACQUES CAZOTTE, Verfasser
des Romans *»Der verliebte Teufel«*, bei einer vornehmen
Tischgesellschaft den Ausbruch und Verlauf der blutigen
Umwälzungen von 1789 beschrieben. Cazotte ging sogar

so weit, einzelnen Personen am Tisch ihr jeweiliges
Schicksal anzukündigen. Auch seinen eigenen Tod durch
die Guillotine sagte er voraus. Wie sich später heraus-
stellte, behielt Cazotte in jedem einzelnen Fall bis ins Detail recht.

Problematisch bei Hellsehern und Propheten ist, daß
sie sich zeitlich nicht gerne festlegen. Cazotte etwa hat
einen Zeitraum von sechs Jahren angesetzt, bis seine Voraussagen sich erfüllt haben würden. Bei Nostradamus
geht es um Jahrhunderte, wenn nicht gar Jahrtausende,
wobei seine Prophezeiungen nicht einmal halb so klar
sind wie die von Monsieur Cazotte.

Wie »hell« Hellseher wirklich sehen, ist vollkommen
unterschiedlich. Über einen von ihnen gilt es an anderer
Stelle in diesem Buch noch ausführlicher zu berichten
(siehe Seite 205 ff.). Hans Bender hat ihn wiederentdeckt: den bis heute nicht identifizierten Franzosen aus
einem Kloster im Elsaß, der dort – mitten im Ersten
Weltkrieg – einquartierten deutschen Soldaten den weiteren Verlauf der Geschichte prophezeite. Seine Voraussagen sind einmalig und besitzen eine Qualität wie keine
anderen zuvor. Der geheimnisvolle Franzose nannte genaue Jahreszahlen für Ereignisse, die sich später eindrucksvoll bestätigten, und ummäntelte nichts durch
einen orphisch-dunklen Sprachschatz wie sein großer
»Kollege« Michel de Notredame.

Im Unterschied zu dem Propheten im Elsaß über-
prüfte Nostradamus seine Voraussagen anhand der
Astrologie, wobei er »seinen natürlichen Instinkt in Zusammenhang und Einklang bringt mit einer langen, fort-
laufenden Berechnung, indem er Seele, Geist und Gemüt
von aller Sorge, Kümmernis und Aufregung frei macht
durch Ruhe und Stille des Inneren«.

Ein Mystiker, ein wahrer Magier, und vermutlich
würde sich Nostradamus über unsere Weise, mit seinen
Quatrains umzugehen, doch sehr wundern, wenn nicht
gar entrüsten.

16
Theresia von Ávila
»Lehrerin der Christenheit«

In einer Vision zeigt Gottvater ihr seinen Sohn am Kreuz mit den Worten: »So behandle ich meine Freunde.« – »Ach mein Gott«, antwortet die heilige Theresia, »deshalb hast du ja auch so wenige«. (69)

TERESA SÁNCHEZ DE CEPEDA Y AHUMADA wurde 1515 geboren. Ihre Mutter entstammte dem kastilischen Adel, ihr Vater war ein christianisierter Halbjude, der unter dem Druck der Inquisition zum Katholizismus übergetreten war. Theresia hatte sieben Brüder, die alle den Spuren des KOLUMBUS folgten und nach Amerika aufbrachen. Alle sieben kehrten sie auf Schiffen, vollbeladen mit Silber und Gold, wieder zurück.

Und Theresia selbst? Ihre Mutter stirbt früh, 1531. Drei Jahre später gibt man Theresia ins Internat der Augustinerinnen, das sie aber wegen einer Erkrankung schon bald wieder verläßt. Gegen den Willen ihres Vaters tritt sie 1535 in das Karmeliterinnenkloster *La Encarnación* (*»Die Menschwerdung«*) in Ávila ein. Sie will vor allem die Angst besiegen. Dabei ist sie alles andere als introvertiert und verschlossen. Die weltlichen Dinge fesseln sie ebenso wie die göttlichen.

»Sobald ich spürte, daß mir ein junger Mann gefiel, erfaßte mich eine solche Zuneigung zu ihm, daß ich ohne Unterlaß an ihn denken mußte.« (70)

Abenteuerlustig ist sie, sie genießt das leichte Leben und sucht Zerstreuung auch sexueller Art. Aber ans Heiraten denkt sie nicht.

»Nie ist es mir gelungen, meinen Verstand jemandem unterzuordnen, dem es daran fehlt«, bekennt sie freimü-

tig. Die Tyrannei eines Ehemanns will sie sich ersparen.
Dann geht sie schon lieber ins Kloster.
    Sie kränkelt in einem fort. Psychosomatische Leiden
begleiten sie ihr Leben lang. Einmal ringt sie mit dem
Tode, scheint dann den Kampf verloren zu haben. Die
Ärzte untersuchen sie. Kein Atem trübt den Spiegel vor
ihrem Mund. Heißes Wachs wird auf ihre Augenlider
geträufelt – sie bewegen sich nicht. Nach vier Tagen –
Theresias Grab ist schon geschaufelt – schlägt sie die
Augen wieder auf. Auferstanden von den Toten. Von
nun an will sie meditieren und sich selbst erforschen. Sie
schreibt viel und denkt über ihre Seele nach. Am Ende
hinterläßt sie mehr als vierhundert Briefe, zahlreiche
Bücher und siebzehn von ihr gegründete Reformklöster.
    Im Kloster beschäftigt sich Theresia mehr und mehr
mit ihrem Innenleben, steigt immer wieder in den »Kel-
ler« ihres Unterbewußtseins hinab, zeichnet dabei ihre
»verborgenen Triebkräfte und Träume« auf. Theresia
von Ávila sieht als erste die religiöse Erfahrung des
Menschen ganz in seinem Inneren begründet. »Suche
dich, Seele, nur in mir; mich aber suche tief in dir.«
    Was sie fühlt und denkt, erfahren wir aus ihrer Auto-
biographie, der »*Vida*«, die sie zwischen 1560 und 1562
verfaßte. Sie wirkt mitunter respektlos, vor allem dem
starken Geschlecht gegenüber. »Ich mußte lachen, als
ich hörte, daß Sie schon wieder leiden wollen«, schreibt
sie dem Pater JERÓNIMO GRACIÁN. »Um Gottes willen,
lassen Sie das! Ruhen Sie sich lieber ein paar Tage aus.«
(71)
    Es gibt Männer, die sie als Spinnerin bezeichnen. Von
selbstauferlegten Leiden wie bei manchen religiösen Fa-
natikern hält sie nicht viel. Statt dessen denkt sie über
ihre Meditationen und Visionen nach. Vieles, was sie
uns darüber mitteilt, erinnert an die japanischen Meister
des Zen. Auch Theresia sprengt die Fesseln der Logik:
»Willst du alles werden, so verlange, nichts zu sein.«
Menschen, die an Depressionen leiden, rät sie entschie-

den davon ab, zu meditieren. Sie schlägt ihnen »Zerstreuungen«, aber auch körperliche Arbeit vor.

Ihre Visionen gleichen Farbräuschen. In einer davon schaut sie die Seele als eine kristallene Burg mit »sieben Wohnungen« von unvergleichlicher Schönheit. »Ringmauer« dieser Burg ist der Körper, das Innere enthält strahlende Schätze, und in der Mitte wohnt das Göttliche. Der Weg in die Burg hinein führt über das Gebet, das natürlich mehr ist als bloßes Aufsagen und weit entfernt von jeglichem egoistischen Anspruch. Für Theresia wie für andere christliche Mystiker wird im Gebet der eigene dem göttlichen Willen überantwortet. Sie spricht von einzelnen Gebetsstufen, beschreibt detailliert jede der vier Phasen ihrer Ekstase. Es ist eine »Reise« ins Zentrum, zu Gott. Je nach Höhe der Gebetsstufen und der dann eintretenden Bewußtseinszustände wird es zunehmend schwieriger, das Leben zu reflektieren. Dennoch ist sie fähiger als jeder andere Mystiker, ihre höheren Bewußtseinszustände zu schildern. Zuletzt vereinigt sie sich in der Ekstase mit Gott. Und die Seele? »Sie löst sich gänzlich auf, um vollkommener in ihn einzugehen«. (72)

Und Gott selbst nennt sie Tochter. Theresias »Ich« ist ausgelöscht und nicht mehr gegenwärtig, so kann sie Gottes Allgegenwart in allen Dingen erfahren. »Durch diese Pforte müssen wir eintreten, wenn uns die höchste Majestät große Geheimnisse enthüllen soll.«

Denn wer nicht Gott ist, kann auch nicht Gott bewundern. Theresia hat aufgehört, sich mit ihrem Ego zu identifizieren. Sie wird frei für Gott oder *Brahman*, wobei die Bezeichnung nebensächlich ist. Jegliche Angst, in der jedes Menschenleben wurzelt, ist jetzt überwunden, weil, wie sie feststellt, »der Tod zum Freund« geworden ist. Auf dieser höchsten Stufe, teilt sie uns mit, gibt es nur noch das Lieben, das alles verwandelt: »Die Seele ist nicht mehr Leibseele, die vom Körper her bestimmt wird, sondern vielmehr Geistseele, die in vollkommener

Umkehrung den Körper bestimmt, ja, ihn so sehr durchgeistigt, daß er sein Eigentliches, seine Schwere, verliert.«
(73)

Theresia weiß, wovon sie redet: Sie levitiert. Und alle Versuche, ihre Levitationen im nachhinein als ein subjektives Empfinden zu deuten, müssen scheitern. Denn Theresia weiß es, erfährt es an sich selbst, daß sie schwebt, und andere beobachten sie dabei. Und, wie die anderen zugeben, es sträuben sich ihnen bei diesem Anblick die Haare. Theresias Levitationen sind in gleicher Weise ein Beweis dafür, daß nicht die Befreiung vom Körper wichtig ist, sondern die Befreiung von den Gedanken. Verhaftet sind wir nicht in unserem eigenen Körper, sondern nur in unseren Gedanken. Der Leib, die »Ringmauer« der Seele, wird durchgeistigt und damit schwerelos in jeder Hinsicht, sobald die Seele in der Ekstase mit Gott vereint ist.

1582 erleidet Theresia von Ávila (de Jesús) auf einer Reise einen Blutsturz. Siebenundsechzig Jahre ist sie alt. Sie legt ihren Kopf in die Hände einer Bauerntochter. Dann verklärt sich das Gesicht der Sterbenden in einer unbeschreiblichen Ekstase. 1622 wird sie heiliggesprochen. 1970 verleiht ihr Papst PAUL VI. den höchsten katholischen Titel: *Doctor ecclesiae* – Lehrerin der Christenheit.

17
Filippo Neri
Ekstatiker und Ausnahmeheiliger

Von »Beruf« war der heilige FILIPPO NERI (1515–1595) Stadtstreicher. Und bekannt wurde dieser Mann zum Teil durch seine unbändige Lust, fromm zu sein, vor allem aber durch das äußerst seltene *Charisma der Trilokation:* Dieser Heilige besaß die wunderbare Fähigkeit, an drei verschiedenen Orten gleichzeitig auftreten zu können.

Er hat sich über die ganze Welt lustig gemacht, hauptsächlich über den päpstlichen Hof, und war ein echter Heiliger und Narr Gottes zugleich. Mit siebzehn Jahren ist Filippo Neri 1532 von zu Hause durchgebrannt und verließ Florenz in Richtung Rom. Er trieb sich fortan auf den Straßen und in den Gassen der lebhaften und lauten Stadt am Tiber herum, zusammen mit Schelmen, Schwindlern, Schurken, Taugenichtsen und anderem Lumpenpack. Filippo Neri war ein ungewöhnlich schöner Jüngling, zartgliedrig, und er hatte blaue Augen. Daß er sich auch mit Frauen einließ, wer will es ihm verübeln?

Eines jedoch unterscheidet diesen Florentiner von Abertausenden anderen Stadtstreichern in Rom: Filippo ist fromm. Und dies nicht nur ein bißchen. »Bei ihm ist Frömmigkeit eine elementare Leidenschaft der menschlichen Natur.« (74)

Süchtig nach Wallfahrtskirchen, pilgert er jahrelang von einer zur anderen. Vor dem Altar fällt er jedesmal in Trance, stößt Schreie der Verzückung aus, springt und tanzt wie ein Wahnsinniger durch die Kirche.

»Schon der Anblick eines Kruzifixes genügt, damit er
ausbricht in Ströme von Tränen. Er reckt die Arme hoch
zum Himmel – und bringt sie nicht mehr herunter. Man
kann ihn dann anschreien, ihn schlagen – er nimmt es
nicht wahr. Bewußtlos, reglos steht er da, entrückt in Ekstase.« Später wird er dazu sagen: »Ich bin wund vor
Liebe zu Gott.« (75)

Nach Indien will er reisen, aber ein alter Mönch sagt
ihm: »Dein Indien ist in Rom.« (76) Filippos Gotteserleb-
nisse, seine Verzückungen sprengen den christlichen
Rahmen. Bis ins Detail stimmen sie mit den Berichten
über die Ekstasen der großen Hindus seiner Zeit überein.
Als Beispiel kann KRISHNA CAITANYA dienen, der Heilige aus Bengalen, der das *Bhakti-Joga* geschaffen hat und
schrankenlose Liebe zu Gott predigt. Wenn Sri Krishna
Caitanya die Gegenwart Gottes überkommt, dann zittert
er am ganzen Leib. Die Haare stehen ihm zu Berge. Der
Schweiß bricht ihm aus. Er singt, schreit und tanzt. So ist
es auch bei Filippo Neri.

Seine Verzückungen halten ein Leben lang an. Einmal
wäre er dabei fast umgekommen. Ärzte stellen fest, daß
sich das Herz des Heiligen durch starken Blutandrang so
anormal erweitert hat, daß mehrere Rippen aus den
Knorpeln, in denen sie verankert sind, losgerissen wurden. Wie eine Beule steht Filippos Herz fortan aus der
linken Brustseite hervor. Seine Ekstasen werden dadurch
schmerzhafter, was er aber mit viel Humor zu ertragen
weiß.

Unzählige Witze sind uns von Filippo überliefert:
Witze über Rom, über verweltlichte Priester, den Papst.
Mitten in der Messe läßt er sich von einem Barbier die
Haare schneiden. Er äfft Kardinäle nach, indem er sich
genauso wie sie kleidet und durch die Straßen von Rom
spaziert. Filippo bringt Menschen zum Lachen. So wie er
hierin offensichtlich eine fundamentale Erfahrung sieht,
kommt es in ähnlicher Weise auch in den religiösen Vorstellungen der Indianer und im Zen-Buddhismus zum

Ausdruck. In beiden Glaubenssystemen hat das Lachen einen wichtigen Stellenwert, weil es mit einer plötzlichen Erschütterung oder Öffnung des Universums Hand in Hand geht. Wenn wir lachen, verstehen wir etwas auf Anhieb, durchbrechen unseren Intellekt und bedürfen keiner weiteren Beweise. Wir sind frei von allen Beengungen durch unsere Persönlichkeit, ja selbst frei von »Gott« – er wird einfach fortgelacht.

Einen solchen lachenden Heiligen hat man in Rom bis dahin noch nicht gesehen. Die Amtskirche weiß nicht recht, was sie mit diesem Neri anfangen soll. Man kann ihn nicht so ohne weiteres aus den Verkehr ziehen. Besser ist es wohl, ihn in die Hierarchie einzubinden. Dies geschieht 1551, als der ungewöhnliche Mann aus Florenz zum Priester geweiht wird. Bis zuletzt hat er sich dagegen gesträubt, vor allem aus der Angst heraus, ihn könnten beim Messelesen Ekstasen überkommen. Und die können schon einmal vier Stunden dauern. Aber die Menschen lieben ihn so, wie er ist, und besuchen in Scharen seine Gottesdienste.

Jeden, der ihm in die Arme kommt, küßt und herzt er wie einen guten Freund. Und keiner wehrt sich dagegen, denn es hat sich längst herumgesprochen, daß Filippo Neri zu berühren gegen Rheumatismus helfe. Als im Jahre 1595 Papst KLEMENS VIII. an Gicht erkrankt, eilt Filippo ans Krankenbett, um ihm die Hand aufzulegen. Als dies nichts nützt, legt sich der achtzigjährige Heilige kurzerhand dem Papst auf die Brust, und dieser ist von Stund an geheilt.

Filippo Neri ist niemals das gewesen, was man sich unter einem »Heiligen« gemeinhin vorstellt. Immer wieder während seines Lebens wurde er gleichzeitig an verschiedenen Orten gesehen. In unserem Jahrhundert hat auch ein anderer Priester über diese Gabe der *Bilokation* beziehungsweise *Trilokation* verfügt: PADRE PIO (siehe Seite 201 ff.). Heiliggesprochen wurde Filippo übrigens am 12. März 1622 von Papst GREGOR XV. Zweifellos zählt er zu jenen Eingeweihten, die mit ihrer unbändigen Lust, fromm zu sein, auch heute noch ein Beispiel geben, wie man die engen Grenzen des Alltagsbewußtseins und einer Erziehung hin zur Anpassung zu sprengen vermag.

18
John Dee
Die Sprache der Engel

>»Dieser Fluß ist so unbekannt,
>daß man nicht einmal seinen Namen weiß.«

Seit Jahrhunderten taucht immer wieder der Gedanke auf, es gebe irgendwo verborgen eine vollkommene Sprache, die einstmals von allen Menschen gesprochen worden sei und die alles von seinem Wesen her entschlüsselt habe. Jedes Wort in dieser »wahren Sprache« sei zugleich Wissen und Magie, daß heißt Offenbarung der Struktur des benannten Dinges und absolute Macht über dasselbe. Diese »wahre« Sprache habe, so vermuten einige, vor dem Turmbau zu Babel existiert. Forscher bestätigen, daß vor sechstausend Jahren kulturelle und wirtschaftliche Beziehungen zwischen Kreta, dem Irak, dem Westen und Norden Europas und Ägypten bestanden. Hat es vielleicht gar zur selben Zeit ein einheitliches System von magischen Zeichen gegeben, wie es uns die Symbole bestimmter Tontäfelchen nahelegen, die in Vinca bei Belgrad, im rumänischen Tordos, in Troja und auf der griechischen Insel Melos aufgefunden wurden? Verschiedene magische Alphabete wurden uns überliefert und konnten letztlich doch nicht in befriedigender Weise entziffert werden.

Ein uraltes Manuskript soll auch der Magier JOHN DEE (1527–1608) besessen haben. Er stieg während seiner Laufbahn zum Astrologen, Lehrer und Berater der englischen Königin ELISABETH I. auf. John Dee hatte an den

Universitäten in Brüssel und Paris gelehrt, bevor er 1551 nach England zurückgekehrt war und Schiffskapitäne in Navigation unterwies. Insgeheim betrieb er okkulte Studien, die er bereits Jahre zuvor begonnen hatte. Aber erst als Dr. Dee den Apotheker EDWARD KELLEY kennenlernte, der sich als ausgezeichnetes Medium erwies, konnte er sich auch als Magier einen Namen machen. Es heißt, beide Männer seien so eng befreundet gewesen, daß sie sich auch ihre Ehefrauen teilten. Zusammen mit Edward Kelley versuchte John Dee Kontakte zur Anderswelt herzustellen. Seine dabei gewonnenen Erfahrungen schrieb er in einer bis dahin unbekannten Sprache nieder. John Dee nannte sie »Henochisch« und erklärte, das sei die Sprache der Engel. Hatte er gar die gemeinsame Ursprache der Menschheit wiederentdeckt?

Seine berühmte *»Monas-Hieroglyphe«,* eine Schrift, mit der er das Geheimnis der schöpferischen Engelsmagie entdeckt zu haben glaubte, verfaßte Dee in nur zwölf Tagen, vom 13. bis 25. Januar 1564. Darin versucht er, das hermetische Wissen nach mathematischen, astronomischen und zahlenmystischen Grundsätzen in einer einzigen Figur, nämlich der *Monas Hieroglyphica* darzustellen. *Monas,* ein Begriff, der später auch bei den Philosophen LEIBNIZ und GIORDANO BRUNO auftaucht, meint die eine wirkende »Einheit«, auf die alles zurückgeht; schon zweitausend Jahre vorher sagte HERAKLIT: »Eins ist alles.«

Heute versuchen Quantentheoretiker die eine, alles erklärende Weltformel zu finden, durch die das ganze Universum und seine Phänomene dargestellt werden können.

AGNES KLEIN – moderne Interpretin des Deeschen Systems – schreibt über seinen Ansatz: »John Dee versuchte den Weg der Schöpfung zu erfassen und in einem ewig gültigen Symbol festzuhalten, wie es die auf Kreis, Linie und Punkt reduzierte Drei-Einheit tut.« (77)

Ein anderer Interpret Dees, der Engländer NICHOLAS CLULEE, hat 1988 in einem bemerkenswerten Aufsatz eine Analyse der »*Monas-Hieroglyphe*« vorgelegt. Seiner Meinung nach präsentiert sich die »Engelsprache« als Schriftsystem, das mit präzisen Regeln ausgestattet ist und in dem sich jedes Zeichen auf eine Sache bezieht. Daher wäre die Sprache der *Monas* auch der Kabbala überlegen. Und kein Geringerer als der Semiotikprofessor und Erfolgsautor UMBERTO ECO, erwiesenermaßen kein Esoteriker, schreibt in seinem wissenschaftlichen Buch »*Die Suche nach der vollkommenen Sprache*« über John Dee: »Wenn es so war, wäre man über jede Idee von universaler Grammatik hinausgegangen, um nicht nur von einer Grammatik ohne syntaktische Strukturen zu träumen, sondern sogar von einer ›Grammatik ohne Wörter‹, einer schweigenden Kommunikation, die mit der Kommunikation der Engel verwandt wäre . . .

Also auch hier wieder eine vollkommene Sprache, die jedoch nur insofern vollkommen ist, als sie auf einem enthüllenden, geheimen, initiatorischen Blitzschlag beruht.« (78)

Und dieser »Blitzschlag« erfolgt seit alters und aufgrund göttlicher Gnade nur aus einem einzigen geistigen, überzeitlichen »Speicher«. Es scheint, als habe sich John Dee, der als armer Mann starb, vor allem darum verdient gemacht, als erster im abendländischen Raum den richtigen Weg zu dieser einen, universalen und vollkommenen Sprache gefunden zu haben – einer Sprache, von der später Giordano Bruno zu sagen wußte, daß sie endlich den Schlüssel liefere, um nicht nur diese unsere Welt auszudrücken, sondern alle unendlichen vielen Welten in ihrer wechselseitigen Übereinstimmung.

Stand John Dee in Kontakt zu »Ufos«?

Der Schriftsteller ROBERT ANTON WILSON behauptet,
John Dee habe Verbindung zu Außerirdischen gehabt,
die er als »Engel« identifizierte, weil dies seinem mittelalterlichen Weltbild entsprochen habe. Die Kontaktaufnahme ermöglichte ein großer Obsidianspiegel, den er in
einem Raum seines Hauses installiert hatte. Die Gespräche mit den »Geistern und Engeln« hielt Dee in einem
Manuskript fest. Seltsame Namen und Wörter tauchen
darin auf: Ein Engel nannte sich *Madimi*. Madimi teilte
Dee folgendes mit: ». . . die erste Plage, die die Menschen
befiel, war der Mangel an Wissenschaft . . . der Mangel an
Wissenschaft hindert euch an der Kenntnis von euch
selbst.« (79)
     Wilson glaubt nun nicht, daß diese Aussagen Weishei-
ten aus den Tiefen des Deeschen Unbewußten darstellen,
sondern hält sie für Botschaften Außerirdischer. Als Beweis für seine These will er nämlich festgestellt haben,
daß bestimmte Wörter aus Dees »Engelsprache« große
Ähnlichkeit besitzen oder sogar gleichlautend sind mit
Bezeichnungen, die Ufokontaktierte wiedergeben.
Leshtal oder *affa (»nichts«)* kommen in John Dees »Engelsprache« vor und sollen auch von Ufonauten gegenüber zwei amerikanischen Marineoffizieren gebraucht
worden sein.
     Was jedoch generell solche »Begegnungen der dritten
Art« betrifft, so bleibt nach wie vor der französische Wissenschaftler Dr. JACQUES VALLEE unwiderlegt, der von
der Theorie ausgeht, daß »grüne Männer, violette Riesen
und mit Fenstern versehene Flugobjekte zu jenem Phänomen gehören, das man in der Psychologie als ›Ersatz-
gedächtnis‹ bezeichnet.« Es wird von unserem raffinier-
ten Gehirn immer dann bereitgestellt, wenn das eigentliche Erlebnis zu schockierend wäre, als daß es klassifiziert
werden könnte.

chen fallengelassen. Die solcherart angestrebte personale Vereinigung mit Gott wird über einen genau vorgeschriebenen asketischen Läuterungsweg und die stufenweise Versenkung gesucht, die sich bis zur Ekstase steigert. Praktiken wie tagelanges Fasten, um den Körper zu entschlacken, aber auch inneres und äußeres Schweigen, sind Mittel, um den eigenen Körper dabei unter Kontrolle zu bekommen.

Bei den Mystikern wie übrigens auch bei CASTANEDA, der nicht ohne Grund als der Vertreter der amerikanischen Mystik bezeichnet wird (siehe Seite 235 ff.), ist jeder sexuelle Verkehr untersagt; denn alles, was unnötige Kraft kostet, ist verpönt.

Somit hat der Weg des Mystikers sehr viel mit dem des DON JUAN in Castanedas Werk gemeinsam. Die Art und Weise, wie der »Ego-Tod« erreicht wird, heißt bei Castaneda »Verlieren der menschlichen Form« und beinhaltet das totale Aufgeben sämtlicher Begierden und Wünsche – den nach Erleuchtung oder Vereinigung mit der Gottheit inbegriffen.

Der anonym gebliebene Autor der »*Wolke des Nichtwissens*« aus dem 14. Jahrhundert gibt dazu klare Anweisungen:

»Sieh zu, daß nichts in deinem Wissen und in deinem Willen wirkt, nur Gott allein. Und laß Erkenntnis und alles Gefühl fahren ... Stoße es tief hinunter unter die Wolke des Vergessens ... Deshalb rotte alle Kenntnis und alles Gefühl aus, das du von irgendeinem Geschöpfe hast und besonders das du von dir selbst hast.« (81)

Diese Technik kennen der Zen-Buddhist wie der indische Yogi. Ziel ist es, alle Seelenkräfte, die unseren Willen ausmachen, zum Erliegen zu bringen. Unsere Seele wird also »entbildet«, von Vorstellungen befreit, wird vom Äußeren zum Inneren, von der Zerstreuung zur Sammlung, von der Vielheit zur Einheit gebracht.

Was erlebt der Mystiker bei seiner Verschmelzung mit Gott?

Worte reichen nicht aus, um dieses Glücksgefühl zu schildern. Ein Bewußtseinszustand jenseits von Dualität und Nicht-Dualität ist notwendig, damit das *Auge der Weisheit (Brahmanada)* sich öffnen und das Unendliche unmittelbar wahrgenommen werden kann. ANGELUS SILESIUS schreibt im 17. Jahrhundert: »Wer Gott beschaut, der schmeckt, fühlt, riecht und hört ihn auch.« (82)

Bei Mystikerinnen wie der flämischen HADEWYCH wird die *Unio mystica* häufig mit erotischen Bildern umschrieben: ». . . aber sie besitzen einander gegenseitig im Genuß, Mund in Mund, und Herz in Herz, und Leib in Leib, und Seele in Seele, während eine einzige göttliche Natur sie beide durchfährt, und sie sind beide durcheinander eins, aber bleiben doch zugleich sie selbst, ja bleiben es immer«. (83)

Für Außenstehende wirken diese »In-Gott-Versunkenen« leblos, sie fühlen sich auch meist kalt an. Allerdings bleibt bei dieser Form der Erstarrung am Scheitel eine kleine kreisrunde Fläche warm. Diese Stelle ist die Austrittsöffnung des Zweitkörpers oder *Astralleibs (Scheitel-Chakra)*. Offensichtlich gibt es Parallelen zwischen den von Eingeweihten geschilderten Astralreisen und dem mystischen Erlebnis, im Zen *Samadhi-Zustand* genannt. Ein Zitat eines »Erleuchteten« macht dies deutlich:

»Das Geschehen spielte sich im Außenraum ab; ich erlebte mit offenen Augen und wachen Sinnen, beobachtete sogar kritisch meine Umgebung. Aber es fehlte trotzdem das Gefühl absoluter Realität des Raumes. Ich war ferngerückt von seiner Unmittelbarkeit, die Umgebung schien Staffage und Kulisse, war trotz ihrer plastischen Tiefenschärfe nur Illusion. Ich kam mir vor wie ein Teil der Unendlichkeit, wobei die sichtbare Begrenzung des Umfeldes nichts bedeutete. Der innere Raum erstreckte sich ins Unendliche und fiel doch zusammen mit dem Punkt, den ich als Subjekt vertrat. Beides verschmolz ineinander. Einen Zeitbegriff gab es nicht. Das Phänomen hätte eine Sekunde oder 100 Jahre dauern können. Erst nach der Rückkehr in mein Normalbewußtsein lief die Zeit wieder an, und ich konstatierte, daß der Vorgang etwa 10 Minuten gedauert haben dürfte.« (84)

Mystische Ekstasen dauern mitunter tagelang. Allen gemeinsam ist ein überwältigendes Lichterlebnis, verbunden mit transzendenten Begegnungen und Erkenntnissen. In manchen Fällen wachte auch der Mystiker nicht mehr aus der Verzückung auf; seine sterbliche Hülle wurde dann begraben. Bei einigen Propheten – HENOCH und ELIAS – soll sich der Körper während der Ekstase in nichts aufgelöst haben. Von einigen Heiligen weiß man, daß Ihre Körper viele Jahre nach dem Hinscheiden noch immer nicht zu verwesen begonnen hatten, vielmehr entströmte ihnen sogar ein angenehmer Duft.

Wir können von den Mystikern lernen, daß man sich nicht an sein Wissen klammern soll wie an einen Besitz. Doch nicht Dummheit ist gefordert – denn Gott ist mit den Unwissenden, aber auch mit dem Blinden im übertragenen Sinn. Wer Erkenntnis um der Erkenntnis willen betreibt, macht sich zum Sklaven. Interessant ist auch, daß sich die Bereiche Magie und Mystik überschneiden, denn mit zunehmender Versenkung fließen unbewußt andere Inhalte ein. Dann können in der Magie Ängste auftreten, sich gewalttätige Kräfte voll Energie saugen (siehe *Swedenborg*, Seite 147 ff.), die Gefahren für Leib und Seele mit sich bringen. Es scheint, daß je geistig ärmer, selbstloser und reiner der Adept ist, desto stärker kann das mystische Erlebnis zum Tragen kommen, um ihn zuletzt auf den »Ungrund«, »das höchste Licht«, »das Numinose«, »das Unaussprechliche« zu schleudern:

»Die Schritte, die ich machte, spürte ich nicht. Ich schien zu schweben. Der Körper war schwerelos; ich besaß ihn zwar noch, hatte aber den Eindruck, als sei er immateriell. Alles war unberührt und rein zugleich von einer überwältigenden Transzendenz. Es war eine totale, den ganzen Menschen umfassende Veränderung, die sich hier vollzog . . . aber das Licht, das ich sah, war so stark, daß es mich blendete und den ganzen Bewußtseinsraum ebenfalls.« (85)

Denn die Finsternis (die Gottheit) ist heller als alles Licht. Aber diese scheinbar paradoxe Erfahrung – der Versuch, die *Unio mystica* in einander widersprechenden Begriffen sprachlich auszudrücken – bleibt wohl dem Mystiker beziehungsweise Eingeweihten vorbehalten.

Die Lehre der Rosenkreuzer

Ob Christian Rosenkreutz nun wirklich gelebt hat, kann mit Recht bezweifelt werden. Vermutlich ist seine Existenz rein symbolisch zu verstehen: Lebensumstände, Tod und die Auffindung seines Grabes gehören zum Einweihungsweg des Rosenkreuzers. Der württembergische Pastor JOHANN VALENTIN ANDREÄ (1586–1654) wurde als Verfasser der obenerwähnten Schriften ermittelt. Die Bücher selbst lösten kurz vor dem Dreißigjährigen Krieg eine literarische Lawine aus, denn mehr als zweihundert Kommentare zu ihnen erschienen in relativ kurzer Zeit.

Andreä selbst war Anhänger des großen PARACELSUS, des begnadeten Heilers, Magiers der Natur und Mystikers, der von 1493 bis 1541 gelebt hatte. Zum einen geht es in Andreäs Büchern um ein papstfreies Christentum, um eine nicht allzu enge Anlehnung an den Protestantismus, um die Suche nach der Einheit von gläubiger Ergriffenheit und humaner Weltschau, in der Emotion und Intuition Hand in Hand gehen. Zum anderen betrachtet Andreä die Mystik als Wissenschaft, durch die er sich bestimmte Techniken erwerben kann. Er bekennt sich also zur Weißen Magie. Eine dieser in jahrelangen Übungen erworbenen Techniken besteht darin, die Fähigkeiten des menschlichen Körpers besser zu nutzen, um ihn gegen Krankheit und vorzeitige Alterung zu stählen. Der Körper ist für den Rosenkreuzer der Tempel der Seele, den er zwar nicht überschätzt, aber auch nicht zugunsten des Geistes verleugnet. Eine tiefere Atmung, gesündere Ernährung und das Ablegen von Gewohnheiten, die sich für den Organismus als schädlich erweisen, werden daher für wichtig gehalten.

Der Einzuweihende lernt im Laufe der Zeit seine psychischen Zentren zu aktivieren. Es gibt sieben dieser Zentren, auch *Chakren* genannt, sie spielen von jeher in der westlichen wie östlichen Magie eine große Rolle. Ziel des

Magiers ist es, die *Kundalini* am unteren Ende der Wirbelsäule zu erwecken (man stellt sich die kosmische Kraft als
zusammengerollte Schlange vor; wird sie durch Yoga-
Techniken geweckt, entrollt sie ihre Kraft entlang den
Chakren genannten Energiepunkten), damit ihre Kraft
über die Wirbelsäule direkt ins *Scheitel-Chakra* (siehe
Seite 128) fließen und dabei den *Samadhi-Zustand* auslösen kann. Aber dieses Wissen steht erst am Ende des Prozesses, in dem der Schüler zum Meister wird. Nur der letztere ist in der Lage, Kräfte zu erzeugen, die ihn zu einer
wirklichen Meisterung seines Lebens befähigen. Nach
Ansicht der Rosenkreuzer kann die erhaltene Macht nur
im Sinne des Guten angewandt werden. Der negative Gebrauch wendet sich letztlich gegen ihren Träger.

Spirituelle Alchemie

Der Weg von Kreuz und Rose gipfelt in der materiellen
und spirituellen Verbesserung des Menschen und seiner
»Re-Integration« in Gott. Dabei wird im Unterschied zur
Mystik die in ekstatischen Visionen erfahrene spirituelle
Erlösung in *dunkle Materie,* also den physischen Bereich
eingebracht. Dies stellt die Bereitung des *Großen Werkes*
dar, des Ziels jeglicher Alchemie. Die wiederum ist keine
Phantasterei. Alchemisten waren kein Klub von verrück-
ten Goldmachern, vielmehr haben sie ein philosophisches
System und eine Praxis entwickelt, die sie sowohl auf den
Kosmos anwandten wie auch auf den Menschen, um eine
allgemeine Umwandlung aller Dinge in eine göttliche
und unvergängliche Substanz zu erreichen. Von besonde-
rem Nutzen erweist sich der *Stein der Weisen.* Nur durch
ihn allein kann das *Große Werk* gelingen. Ob es sich bei
ihm nun um einen wirklichen Stein handelt, der den Ur-
stoff aller Dinge enthält, ist fraglich. Bei den Rosenkreuzern, die sich wie alle Geheimbünde ohnehin einer Symbol-

sprache bedienen, wird die Rose zum *Stein der Weisen*, das Kreuz zum Schmelztiegel. Im Tiegel stirbt die Rose, um gereinigt, durchgeistigt und verwandelt wiederaufzuerstehen.

Es geht also mehr um einen innerpsychischen Prozeß als um einen chemischen, auch wenn die Sprache der Alchemisten und die Beschreibung des Verfahrens dies vermuten läßt. »Erkenne dich selbst, dann erkennst du Gott« ist der Leitgedanke der spirituellen Alchemie. Der Weg der Einweihung gestaltet sich langsam und mühsam und besteht darin, sich latenter Wahrheiten über die eigene Person und das Leben plötzlich bewußt zu werden. Nicht so sehr die Transmutation von Metallen als vielmehr die Transmutation des Geistes im magischen Sinne steht also im Vordergrund.

Bekannte Rosenkreuzer

Für die geistesgeschichtliche Entwicklung der Rosenkreuzer-Philosophie sind neben FRANCIS BACON und RENÉ DESCARTES noch zwei Männer zu erwähnen: nämlich ROBERT FLUDD (1574–1637) und JOHANN AMOS COMENIUS (1592–1670). Fludd, dem Naturphilosophen und Arzt, diente besonders die Kabbala als Quelle für weitreichende Spekulationen über Gott, Mensch und Welt. Er schrieb zwei bedeutende alchemistische Werke: »*Das Höchste Gut*« und »*Die musische Philosophie*«.

Bei Amos Comenius, der mit dem Ideengut der Rosenkreuzer vertraut war, rückt die Pansophie in den Mittelpunkt, die auch im Werk JAKOB BÖHMES eine wichtige Rolle spielt. Die Pansophie erstrebt die Vereinigung des irdischen Wissens mit Gottes unendlicher Weisheit. Comenius hoffte dies durch die hermetischen Wissenschaften – Alchemie, Magie und Astrologie – erreichen zu können.

Man tritt nicht unvorbereitet in den Palast des Königs, und somit stehen am Ende des spirituellen und alchemistischen Einweihungsweges der Rosenkreuzer als höchste Geheimnisse die Göttlichkeit und das ewige Leben.

21
Jakob Böhme
Schuster, Pansophist und Erleuchteter

>»Hört Ihr die Musik?
>Nun fahre ich hin ins Paradies!« (88)
>JAKOB BÖHME auf seinem Sterbebett

Die Reformtaion, aber auch der Sturz des geozentrischen
Weltbildes, geistesgeschichtlich verstanden als die *koper-
nikanische Wende,* zogen eine breite metaphysische Umwälzung nach sich. Die Bedeutungslosigkeit des einzelnen angesichts des leeren, abgründigen, dunklen Welten-
raums erschreckte den mittelalterlichen Menschen und
machte zugleich den Aufbruch in ein neues Selbstbe-
wußtsein notwendig.

Auch JAKOB BÖHME, einen Schuster aus dem Erzge-
birge, den HEGEL als den ersten deutschen Philosophen
bezeichnete, stürzte diese gravierende Umwälzung im
Selbstverständnis des Menschen in »tiefe Melancholay
und Traurigkeit«. Denn der Himmel, in dem die Christenheit jahrhundertelang das Paradies vermutet hatte,
war nun als die »grausame Tiefe« entlarvt worden.

Wo waren nun das Paradies, wo der Himmel, wo Christus? Und der Mystiker VALENTIN WEIGEL (1533–1588)
rief seiner besorgten Umwelt zu: »So findest du das Reich
Gottes, den Himmel, dein Vaterland nicht außer dir . . .
Ist doch diese große sichtbare Welt an keinem Orte, sondern in dir selbst schwebt sie und hat alles in sich, außerhalb ihrer ist nichts.« (89)

Und weil diese Vorstellung etwas ist, was nicht gelehrt,

sondern vielmehr an und in sich selbst erfahren werden
muß, so führte auch Jakob Böhme der Weg der Erleuchtung wie viele andere Suchende, Magier und Eingeweihte
zunächst einmal durch die Hölle: ».. . muß mich alle
Tage und Stunden mit dem Teufel kratzen und schlagen . . . Unser Leben ist wie ein steter Krieg mit dem Teufel.« (90)

Aber letztlich wurde ihm die »Himmelspforte« aufge-
stoßen – doch bis dahin war es für ihn ein harter und dor-
niger Weg.

Vom Leben eines Visionärs

Jakob Böhme kam 1575 in der Nähe von Görlitz als Sohn
eines Bauern zur Welt. Von Kindheit auf machte ihm
seine äußerst schwächliche Konstitution zu schaffen.
Später sollte ihn ABRAHAM VON FRANCKENBERG als einen
Mann beschreiben, dessen »äußerliche Leibesgestalt verfallen war, kleine Statur, niedrige Stirne, etwas ge-
krümmte Nase, grau und fast himmelblau glitzernde
Augen, bescheiden in Worten, sanftmütig von Herzen«.
(91)

Da er als Bauer nichts taugte, erlernte Jakob Böhme das
Schusterhandwerk. Doch bevor er noch in die Lehre
kam, trug sich ein außergewöhnliches Ereignis zu, das
man nach C. G. JUNG als »Initiation in das Reich des
Dunklen«, für Böhme übersetzt als Einweihung in das
»Reich der Tiefe Gottes« charakterisieren kann.

Als der junge Jakob einmal Vieh hütete, wurde er von
einem seltsamen Gebäude auf einer Bergkuppe wie magisch angezogen. Das Haus war verschlossen, mit Efeu
bewachsen und schien unbewohnt zu sein. Dennoch entdeckte Jakob nach langem Suchen eine winzige Tür,
durch die er ins Innere hineinschlüpfen konnte. Dort
fand er eine große Truhe mit Geld vor, »worüber ihm ein

Grausen angekommen, darum er auch nichts davon genommen«. Jakob lief erschrocken wieder nach draußen und zitterte am ganzen Leibe.

Was nach heutigen Maßstäben wenig aufregend klingt, mag für den jungen Böhme ein tatsächliches Erlebnis gewesen sein, mit dem sich eine Initiationserfahrung verband, worauf das »Grausen«, aber auch die Symbolträchtigkeit der ganzen Geschichte hinweisen. Es ist zu vermuten, daß dem Jungen der Blick für »Realitäten höherer Ordnung« geöffnet, sozusagen eine kurze Einsicht in die verborgene Schatzkammer der göttlichen und natürlichen Weisheit gewährt wurde. Die Tiefe des Seins erschreckte ihn noch, später wußte er trefflich über sie zu schreiben. Gott war ihm »ein Auge der Ewigkeit, ein unergründlich Auge, das in nichts stehet oder siehet, denn es ist der Ungrund«.

Jakob Böhme heiratete KATHARINA KUNTZSCHMANN, Tochter eines Metzgers. Vier Söhne wurden ihnen geboren.

Anfang 1600, im Alter von fünfundzwanzig Jahren – im selben Jahr kam sein erster Sohn Jakob zur Welt –, wurde Jakob Böhme zum erstenmal vom göttlichen Licht ergriffen. Bemerkenswerterweise geschah dies durch den Anblick eines Zinntellers an der Wand seiner Schusterstube, wo er, wie gewohnt, beim Geruch von Leder und Pech seine Schuhe nähte. Bei NOSTRADAMUS war es der Schein des nächtlichen Kaminfeuers, bei JOHN DEE der Anblick eines Kristalls – immer sind es spiegelnde Gegenstände, die eine tiefe Trance bis hin zur Ekstase auslösen können. Das gleiche gilt für Jakob Böhme. Was ihm widerfuhr, ist alles andere als pathologisch, also nichts für die Nervenklinik.

»Die Seele, die in ihm steht, steht in sich selber, hat sich selber, erlebt sich selber – schrankenlos«, schreibt MARTIN BUBER im zwanzigsten Jahrhundert in seinen »*Ekstatischen Konfessionen*«. Und Böhme ist Realist genug, um sich seiner geistigen Schau zu vergewissern. Er geht hin-

aus »ins Grüne«, wo der Erleuchtungszustand jedoch un-
verändert anhält.

Zehn Jahre später, 1610, ergriff ihn eine weitere, noch
tiefer gehende Trance, die ihn endgültig erleuchtete:
»Alsbald nach etlichen harten Stürmen ist mein Geist
durch der Höllenpforte durchgebrochen bis in die innerste Geburt der Gottheit und allda mit Liebe umfangen
worden, wie ein Bräutigam seine liebe Braut umfängt.
Was aber für ein Triumphieren im Geiste gewesen, kann
ich nicht schreiben oder reden. Es läßt sich auch mit
nichts vergleichen als nur dem, wo mitten im Tode das
Leben geboren wird, und vergleicht sich der Auferstehung von den Toten.« (92)

Das Bild von Braut und Bräutigam ist charakteristisch
für die Erfahrung des Mystikers beziehungsweise der
Mystikerin. Immer wird Gott als Vater und Mutter zugleich beschrieben. Und den »Ort«, an dem man der
Gottheit gegenübertritt, schildert der Mystiker MEISTER
ECKHART folgendermaßen: »Die Dinge, die man hier dem
Wandel unterworfen sieht, die erkennt man dort als un-
wandelbar ... Was hier fern ist, das ist dort nahe, denn
alle Dinge sind da gegenwärtig. Was an dem ersten und
dem jüngsten Tag geschieht, das ist dort gegenwärtig.«
(93)

Dem hätte auch Jakob Böhme zugestimmt, denn gerade für ihn wird die Einheit der Gegensätze zum Haupt-
gedanken seiner Philosophie. Gut und Böse bedingen
sich gegenseitig, existieren zusammengefaßt in einer höheren Einheit (Gott). Denn Gott ist, wie Böhme es ausdrückt, »ein holder Teufel, der an der Grenzscheide
lebt«.

Im Unterschied zu herkömmlichen Philosophen wurden ihm seine Erkenntnisse in einer inneren Schau zuteil
und waren nicht das Ergebnis eines theoretischen Kon-
strukts. Böhmes Bildung wurde zu seiner Zeit von jedem
Lateinschüler übertroffen. Was er in den acht Bänden
(manche davon umfassen neunhundert Manuskriptsei-

ten) seines Werkes niederlegte, waren keine »Kopfgebur-
ten«, sondern visionäre Erfahrungen, die ihm nach dem
Öffnen des dritten Auges zuteil geworden waren. Er ver-
glich den Vorgang mit dem »Schauen der Sonne um Mitternacht«.

Selbstverständlich brachten diese Visionen und Ansichten dem Schuster viel Ärger mit Kirche und Behör-
den. Spötter und Kritiker stellten sich ein, die ihm vor-
hielten: Schuster, bleib bei deinen Leisten! Verhaftungen
und Verhandlungen begleiteten sein Leben. Noch auf
dem Sterbebett im Jahre 1624 wurde Böhme von ortho-
doxen »Seelsorgern« gepeinigt. Einer seiner Gegner hieß
GREGOR RICHTER, den Böhme, eingedenk der Einheit
aller Gegensätze, als »Treibhammer für sein Werk« an-
sah: »Sein Lästern ist meine Stärke und mein Wachsen gewesen.«

Ein gewaltiger Aufruf zur Wachheit

Jakob Böhmes Werk wurde von vielen seiner Zeitgenossen begierig aufgenommen, auch von den Rosenkreuzern. Als Pansophist wurde Böhme bezeichnet, der
Theosophie, Kosmosophie und Anthroposophie in eines
zusammenführte. Die Pansophie will das weltliche Wissen mit der Weisheit Gottes vereinen, wobei die Weisheit
– *Sophia, Chockma* oder *Sapientia* – weiblich definiert
wird (siehe *Salomo,* Seite 30). Durch ihre Kraft ist ihm,
wie Böhme bekennt, die »Himmelspforte« in seinem
Geiste aufgegangen. Doch »vermählt« sich die »Jungfrau
Sophia« nur dann mit dem Suchenden, wenn er den ganzen Prozeß Christi – von der Menschwerdung bis hin zur
Himmelfahrt – gegangen ist.

Gerade weil er seine Weisheit nicht vom Studium her-
hat und deshalb »keines Menschen Autorität anerkennen
muß«, bleibt Jakob Böhme als schauender Denker immer

konkret, will die »Freude an der Weisheit« lehren und die papiernen Götterbilder hinter sich lassen. *Geh auf eine Wiese, betrachte einen Baum und besinne dich*, rät Böhme allen Suchenden. Und was sie erwartet, schildert er ohne irgendwelche intellektuellen Schnörkel: »Der Geist ging hindurch als ein Blitz und sah in den Grund der Ewigkeit, oder gleichwie ein Platzregen vorübergeht, was er trifft, das trifft er.« (94)

Sein Werk ist in der Tat »ein gewaltiger Aufruf zur Wachheit, eine Meditation über den aus der Dunkelheit des Seelenschlafes zur Weisheit erwachten Menschen«, um ALFONS ROSENBERG zu zitieren. Jeder Mensch, so läßt Böhme uns wissen, hat die Möglichkeit, sich seines »ersten Vaterlandes«, seiner göttlichen Abstammung zu erinnern. Der Weg zu diesem Ziel führt allerdings geradewegs durch die Hölle und endet im Himmel, der für den ungebildeten Schuster in der Einsicht der Liebe und der Weisheit, die zugleich das Gegensätzliche in sich enthält, gipfelt.

III

Eingeweihte, Magier und Erleuchtete der Neuzeit

»Wir sind Schatzkästlein, die Wunderkräfte bergen«, sagt der amerikanische Mystiker PRENTICE MULFORD. Und das große Astronomiegenie unserer Tage – STEPHEN HAWKING – ist davon überzeugt, daß »eine ungeheure Wahrscheinlichkeit gegen ein Universum, welches wie das unsere Leben hervorbringen kann«, spricht. Paradox? Verwirrend? Jedenfalls ist der Mensch da, wundert sich und stellt Fragen über sich und über das Universum. Dabei hat sich die Art der Fragestellung seit der Mitte des 17. Jahrhunderts gewandelt, ein gravierender Bruch mit früheren Zeitaltern ist festzustellen. Zugleich wurde ein verhängnisvoller Einschnitt in der ideengeschichtlichen Entwicklung des Problems der Wechselbeziehung zwischen Geist und Materie vollzogen. Die Methoden der Alchemie wie der gesamten Hermetik vertrugen sich immer weniger mit dem Geist der Aufklärung und mit den sich etablierenden modernen Naturwissenschaften, vor allem der Chemie und der Physik. Der Hermetiker verlor den empirischen Boden unter den Füßen, und die Naturwissenschaften unterteilten sich in immer neue Disziplinen, die die Erde und das Leben auf ihr bruchstückhaft wahrnehmen und studieren.

Was durch diesen Bruch verlorenging und was heute mehr denn je not tut, ist, wie es GUSTAV THEODOR FECHNER Mitte des letzten Jahrhunderts forderte, eine naturwissenschaftliche Lehre, »welche uns die Anschauung der Erde als ein einheitliches, uns selbst nach Leib und Seele mit einbegreifendes Ganzes« gewährt.

Nicht von ungefähr steht EMANUEL SWEDENBORG am Anfang der Reihe der Persönlichkeiten, die als Eingeweihte der Neuzeit vorgestellt werden sollen. Lange bevor die Psychologie sich einen Namen machte, hatte Swedenborg bereits schwindelerregende Bewußtseinszustände beschrieben. Doch auch die Geschichte des modernen Okkultismus beginnt mit ihm. Es wird aber auch von der *Theosophischen Gesellschaft* der Madame BLA-VATSKY die Rede sein, die die *Akasha-Chronik* wiederentdeckte. Aus ihr schöpften der als »schlafender Prophet« bekannt gewordene Amerikaner EDGAR CAYCE, der viele Menschen in Trance heilte, ebenso wie das deutsche Landmädchen FRIEDERIKE HAUFFE, die fremden Besuchern deren Vergangenheit »auf dem Kopf zusagen« konnte. Woher bezog wohl der unbekannte französische Prophet aus dem Elsaß sein Wissen über die Zukunft? Mitten im Ersten Weltkrieg weissagte er deutschen Soldaten in einem Kloster bei Colmar den Lauf der Welt bis zum Ende des Jahrtausends – mit exakten Jahresangaben. Noch von vielen anderen, außergewöhnlichen Persönlichkeiten wird gesprochen werden, wie dem Musikmedium ROSEMARIE BROWN, der längst verstorbene Komponisten wie LISZT, DEBUSSY oder BRAHMS erscheinen. Der Magier ALEISTER CROWLEY war ein Leben lang von der Maxime »Tu, was dir gefällt« fasziniert, und CARLOS CASTANEDA ist der moderne Schamane, der den alten Menschheitstraum vom Fliegen neu definiert hat.

Was sich in der Vielgestaltigkeit wie ein großes Panoptikum ausnimmt, zeigt eigentlich nur, daß Mulford mit seinem »Schatzkästlein« recht gehabt hat. Wie das Unglaubliche aber mit der wissenschaftlichen Erkenntnis unserer Welt zusammengehen soll, ist ein anderes Thema. Da gibt es viel Sturheit und Angst auf der einen Seite und manchmal auch zuviel Leichtgläubigkeit auf der anderen. Trotzdem scheint diese Welt eine Doppelnatur zu besitzen. Daß beide Teile ein komplementäres Ganzes bilden, ja, daß das Paranormale geradezu die Basis für das Rationale zu sein scheint, dämmert manchem aufgeklärten Wissenschaftler erst allmählich. Denn aus der Welt der Bilder und Symbole entstand die Ratio. Letztere kann aber nur einen Teil des *Ganzen* erfassen. Den Eingeweihten ist diese Erkenntnis zu allen Zeiten zugänglich gewesen.

22
Emanuel Swedenborg
Geisterseher, Astronom und Physiker

»Es lebt zu Stockholm ein gewisser Herr Swedenborg
ohne Amt oder Bedienung von seinem ziemlich ansehnli-
chen Vermögen. Seine ganze Beschäftigung besteht darin,
daß er, wie er selbst sagt, schon seit mehr als zwanzig Jahren mit Geistern und abgeschiedenen Seelen im genaue-
sten Umgange steht, von ihnen Nachrichten aus der anderen Welt einholt und ihnen dagegen welche aus der
gegenwärtigen erteilt.« (95)
IMMANUEL KANT

Er war zu seiner Zeit so etwas wie ein Universalgelehrter,
der Techniker und Theosoph EMANUEL SWEDENBORG.
1688 kam er als Sohn eines Theologieprofessors und Bi-
schofs in Stockholm zur Welt. Sein Vater stand in perma-
nenten Auseinandersetzungen mit den kirchlichen Auto-
ritäten, vertrat er doch den Standpunkt, daß unmittelbare
religiöse Erfahrung wichtiger sei als abstrakte Glaubenssätze. Sein Sohn Emanuel interessierte sich wenig für
theologische Fragen, ihn zog es vielmehr zu Forschung
und Technik. Mit dreißig machte der junge Stockholmer
Bergassessor im Jahre 1718 erstmalig von sich reden: Als
die norwegische Festung Frederickshall belagert wurde,
schaffte er sieben Schiffe mittels Rollen »fünf Stunden
weit über Berg und Tal«.
  Später schrieb er einem Freund, daß seine fünfunddrei-
ßig Jahre während Tätigkeit als Naturwissenschaftler
die ihm von Gott zugebilligte Vorbereitung für den

»Empfang der Geheimnisse des Lebens nach dem Tode«
gewesen sei. Seine Leistungen als Astronom und Physi-
ker waren beispiellos. Er machte wichtige Entdeckungen,
die der Erforschung der Phosphoreszenz, des Magnetis-
mus und des Atoms dienten. Als Mediziner leistete er
Vorarbeiten für die moderne Wissenschaft der Neurolo-
gie – speziell durch die schematische Darstellung von
Hirnzellen, Großhirnrinde und Rückenmark.

Eine außergewöhnliche Vision

Im Jahre 1745 stellte der angesehene Akademiker von
einem Tag auf den anderen seine wissenschaftliche Tätigkeit ein. Daß er sich von nun an mit okkultistischen Fragen beschäftigte, erstaunte Swedenborgs Zeitgenossen
um so mehr, als bisher nichts darauf hingewiesen hatte,
daß er sich je für derartiges interessieren, geschweige
denn begeistern könne. Dem Ganzen war ein Erlebnis in
London vorausgegangen. Swedenborg hatte in einer Vision die Öffnung des dritten Auges erfahren. Er zählte
siebenundfünfzig Jahre und »sah die Himmel offen«.
Gott hatte ihm, wie er es ausdrückte, für immer »freien
Zugang zu der geistigen Welt, ihren Bewohnern« gestat-
tet, denn »nach dem Hinübergang bilden Himmel und
Erde eine Einheit«.
Swedenborg widerfuhren in nächster Zeit spontane
paranormale Phänomene, er verfügte plötzlich über die
Fähigkeit des Hellsehens oder führte »Gespräche mit
Geistern und Engeln«. Einer der meistzitierten und auf-
sehenerregendsten Fälle von spontanem Hellsehen stellt
seine Vision des großen Brandes von Stockholm im Jahre
1759 dar. Während er zu Besuch in Göteborg weilte,
»sah« er das fünfhundert Kilometer entfernte Stockholm
in Flammen stehen. Swedenborg konnte genaue Details
der Feuersbrunst schildern, beschrieb, daß sein eigenes

Haus zwar bedroht sei, aber nicht zu Schaden kommen
würde, und erklärte um acht Uhr abends, daß man das
Feuer nun im Griff habe. »Gottlob, der Brand ist ge-
löscht, die dritte Tür von meinem Hause.«

Der ganze Verlauf dieser Vision weist einige Parallelen
zu einem Fall von spontaner Hellsichtigkeit bei APOLLO-
NIUS VON TYANA auf, der »unmittelbar«, aber aus großer
Entfernung miterlebte, wie der römische Kaiser NERO zu
Tode kam.

Der »Einbruch« der Anderswelt in das Bewußtsein
brachte für den schwedischen Wissenschaftler erschrek-
kende, besessenheitsartige Zustände mit sich. Aber nach
dem übereinstimmenden Zeugnis aller, die Swedenborg
kannten, ist er trotz der Überfülle seines medialen Erle-
bens bis ins hohe Alter von vierundachtzig Jahren im Besitz seiner vollen Geisteskraft geblieben.

Mit Emanuel Swedenborg setzt darüber hinaus die Geschichte des modernen Okkultismus ein. Unsere heutigen Vorstellungen vom Jenseits, in denen verschiedenar-
tige Bewußtseinszustände eine Rolle spielen, sind von
Swedenborg beeinflußt.

HANS BENDER faßt dieses Verständnis für sich zusammen: »Ich glaube, daß wahrscheinlich jeder das Jenseits
erfahren wird, das er sich vorstellt. Daß also das, was bei
ihm Bilder der Anschauung sind, sich in irgendeiner
Form dann später, wenn er auf dem anderen Plan ist, irgendwie realisieren wird, anschaulich.« (96)

Mit dem Tod läßt der Mensch seine Probleme nicht zurück

Radikal lehnte der »Geisterseher« die Meinung ab, die
Toten würden nur dadurch edler, weil sie eine höhere
Sphäre erreichten.

»Unser Häkelmuster von dem abstrakten Edelsinn der

Geister erfährt auf der ersten Stufe eine schwere Erschütterung. Die Seelen unserer Väter sind in keiner Weise besser dran – weder weniger schlecht noch weniger körperlich, und ihre Beschäftigungen sind oft unwürdiger als
unsere eigenen ... Wir brauchen sie nicht zu verehren –
sie verdienen es nicht ... Alles ist hier recht prosaisch,
der Tod bedeutet keine Veränderung von Wesentlichkei-
ten. Die gleichen Probleme erheben sich, und der Mensch
hat sie zu lösen. Nichts gedeiht außer Tugend und Wahrheit. Jenseits des Grabes gibt es keine Ruhe, außer im
Frieden Gottes, der auch schon vorher Ruhe bedeutete.«
(97)
    Swedenborg spricht auch von einem »fegefeuerähnli-
chen« Zustand, in dem sich Verstorbene läutern können,
um die nächsthöhere Stufe zu erlangen. Die Reinkarna-
tionslehre lehnt er entschieden ab, weil seiner Ansicht
nach der Mensch nur einmal auf der Erde geboren werde.
Als Beweis für die Richtigkeit seiner Aussagen bekennt
er: »Später wurde mir das Auge meines Geistes noch oft
erschlossen, so daß ich mitten am Tage sehen konnte, was
in jener Welt vor sich ging, und ich mit den Geistern wie
mit Menschen zu sprechen vermochte.« (98)

Der Einfluß der Jenseitigen

Emanuel Swedenborg selbst kann, wie bereits gesagt, als
früher Pionier der Erforschung der Medialität gelten,
lange vor der Entstehung der spiritistischen Bewegung
(ab 1850). Bisher wenig beachtet wurden interessante Ansätze wie seine Lehren von dem *Einfluß* und des Einge-
bundenseins des Menschen in eine Hierarchie geistiger
Wesenheiten.
    Nach Swedenborg wird jeder *Einfluß* durch die Form,
in die er jeweils strömt, verwandelt, immer wieder vari-
iert und umgemodelt. Jedes geistbegabte Wesen stellt

folglich eine Form oder Umschaltstation dar, ein individuelles geistiges Zentrum, das Einflüsse aufnimmt, sie in
seiner eigenen Weise umformt, sie neu aufbereitet und
wieder an die ihm am nächsten gelegenen Zentren – seine
Nächsten – weitergibt. Dadurch schöpft das Leben ständig aus der Fülle. Jeder Mensch kann es reicher machen,
jedes Lebewesen ist wichtig und hat seinen Platz in der
Welt.

Für Swedenborg wie für alle Eingeweihte ist der
Mensch nicht nur in der natürlichen, sichtbaren Welt zu
Hause, sondern zugleich auch in der unsichtbaren, geistigen Welt. Unbewußt lebt er sowohl im Diesseits wie auch
im Jenseits, dabei befindet er sich in der geistigen Welt in
unmittelbarer Nachbarschaft zu jenen, die ihm gesin-
nungsmäßig am engsten verwandt sind.

»Diese geistigen Wesenheiten teilen seine Entwick-
lungsstufe, teils stehen sie auch ein wenig darüber oder
darunter. Doch diese Verhältnisse sind einem ständigen
Wandel unterworfen. Durch seine innere Entfaltung im
Laufe des Lebens gelangt der Mensch in immer neue geistige Gesellschaften, ohne sich dessen bewußt zu sein.
Auch sein Tod ändert nichts daran.« (99)

Jede Seele nimmt teil am Ganzen

Während nun der *Einfluß* höherer Wesenheiten auf den
Menschen sich immer nur in zarter und sanfter Weise
auswirkt, drängen sich die niedrigeren mit aller Macht
auf. Aber kein *Einfluß* ist wirklich zwingend. Bestimmt
werden können von diesen »Dämonen« nur Stimmungen
und Neigungen, der Verstand aber bleibt unbeeinträch-
tigt. Der amerikanische Psychologe WILSON VAN DUSEN
hat sich lange mit dieser Lehre Swedenborgs beschäftigt.
Seiner Meinung nach nimmt die Seele eines jeden Menschen teil an Himmel und Hölle, das heißt im Ganzen.

»Meine Vermutung ist, daß Swedenborg systematisch die gleichen Welten erforscht hat, in welche sich die Geisteskranken versetzt sehen, und diese Welten sind Himmel und Hölle.«

Darüber hinaus postuliert er, die Halluzinationen der Geisteskranken gäben in verzerrter Weise eine Situation wieder, in der sich eigentlich jeder normale Mensch befinde. Wir alle würden nämlich von Geistern beeinflußt, die selbst nur ein schwaches Bewußtsein besäßen. Dem Menschen bleibe aber immer die Freiheit der Wahl, welchen Einflüssen er nachgeben, welche er sich selbst zu eigen machen wolle.

Insofern entstammen die »Dämonen«, tiefenpsychologisch betrachtet, dem Umfeld all der Seelenzustände, die es uns verwehren, wirklich selbständig zu leben. In uns beginnt die Stimme des Vaters, der Mutter, des Lehrers zu sprechen. »Jeder von uns trägt in seiner Seele fertige Magnetophonbänder seiner Kindheit, die immer wieder, und zwar durcheinander reden und es ihm nicht erlauben, ›ich‹ zu sagen, oder dies nur an den falschen Stellen zulassen« (100), meint der Theologe Eugen Drewermann.

Letztlich könnte also die Lehre Swedenborgs, genau durchdacht und richtig angewendet, zu einem echten Schlüssel werden für die Lösung einer Vielzahl von Fragen aus der Normalpsychologie, der Psychiatrie und Parapsychologie, auch das scheinbar nicht zu bewältigende Phänomen der Besessenheit ließe sich damit vielleicht besser erklären.

23
Der Baalschem
Magischer Begründer des
Chassidismus

»Der Rabbi sah, daß der Meister (Baalschem) ganz im
weißen Lichte stand. Aber über seinem Haupte ruhte
oben ein verborgenes Licht, das war alles irdischen An-
blicks bar und nur im Geheimnis offen dem Schauen-
den.« (101)
Aus der »Offenbarung« von MARTIN BUBER

In der Einleitung zu den »Erzählungen der Chassidim«
hat BUBER 1949 den BAALSCHEM charakterisiert: ». . . er
zieht seine Kraft aus einem ungewöhnlichen Bund zwischen spiritualen und tellurischen Mächten, Himmellicht
und Erdfeuer, nur daß das Obere es ist, das die von unten
her gespeiste persönliche Gestalt bestimmt: Das Leben
dieses Menschen ist eine stete Aufnahme und Einwand-
lung des Feuers ins Licht.« (102)
    Wer ist diese außergewöhnliche Persönlichkeit, dessen
Wesen und mystisches Leben bis heute nicht nur Juden
fasziniert? Baalschem-Tow (»Mann der Güte«) lautet der
Ehrenname des Rabbi ISRAEL BEN ELISIER, des Begrün-
ders des Chassidismus. Der Chassidismus als religiöse Bewegung des Ostjudentums gründet sich auf den Glauben,
daß die natürliche und die übernatürliche Welt miteinander in steter Wechselbeziehung stehen. Der Schöpfer
weilt dauernd in seiner Schöpfung, die nur das Gewand

der Gottheit darstellt. Das Wort aus der Kabbala »Kein Ort ohne ihn« bildet folglich den Ausgangspunkt der chassidischen Lehre, in der Gott und Mensch einander ins Auge sehen.

Geburt und Herkunft

Um 1700 n. Chr. wurde Israel ben Elisier in der Stadt Okopy nahe der alten polnisch-türkischen Grenze als Sohn eines Rabbis geboren. Seine Eltern starben, als Israel noch ein Kind war, doch die Menschen seines Wohnortes sorgten für ihn. Es wird berichtet, der Junge sei aufgeweckt gewesen und in der Schule gut mitgekommen. Allerdings hielt er sich lieber im Wald auf, als über den Büchern zu sitzen. Was mag er im Wald – einem klassischen Ort der Initiation – für sich erfahren haben? Unter Umständen das, was WILLIAM BLAKE in einem Gedicht einmal so ausdrückte: »Woher wißt ihr, ob nicht ein jeder Vogel, der im Fluge die Luft durchschneidet, eine unermeßliche Welt des Entzückens ist, euch mit euren fünf Sinnen verschlossen?« (103)

Nachts allerdings studierte er eifrig die heiligen Schriften der *Kabbala*, jener mystischen Richtung des Judentums, die im 13. Jahrhundert aufgekommen war und verschiedene philosophische wie auch esoterische Richtungen, zum Beispiel die Gnosis, den Pythagoreismus, den Neuplatonismus, in sich vereinigt. Die beiden wichtigsten Bücher der Kabbala sind der *»Sohar«* (*»Buch des Glanzes«*) und der *»Jezirah«* (*»Buch der Schöpfung«*). Im Zentrum der Kabbala stehen *der Lebensbaum* und sein System der *zehn Sephiroth* oder göttlichen Emanationen. Die Kabbala ermöglicht es dem Eingeweihten, den Grund aller Dinge zu schauen und sie zu verstehen. Die Kabbala lehrt, daß man im Leben einen mittleren Weg zwischen den Gegensätzen finden und die Extreme meiden müsse – ein Gedanke, wie wir ihn auch im Hinduismus oder Buddhismus finden.

In diese mystische »Welt« also versenkte sich der junge Israel in nächtlicher Stille und empfing aus ihr tiefreichende Anregungen.

Nach einigen Jahren verließ er schließlich seine Heimatstadt und wurde Lehrer in einer jüdischen Gemeinde in Ostgalizien. Hier heiratete er die Tochter eines angesehenen Rabbis, der sich jedoch seines armen Schwiegersohnes so sehr schämte, daß er das junge Brautpaar in ein fernes Karpatendorf verbannte. Israel arbeitete dort als Schankwirt; aber das brachte nicht viel ein, und so lebten die Eheleute sieben Jahre lang in bitterer Armut. In dieser Zeit jedoch reifte Israel durch intensive Studien und tiefe Meditationen zum Heiler und Magier heran. Er erhielt Einblick in den Zusammenhang der Dinge, und Weisheiten wurden ihm zuteil; er erlangte Wissen und die Sehergabe.

Der Meister

Mit dem Jahre 1735 begann ein neuer Abschnitt in seinem Leben. Israel ben Elisier hatte beschlossen, nicht wie bisher ein »Verborgener« zu bleiben, sondern sich als Baalschem zu offenbaren. Er trat öffentlich auf, predigte und wirkte viele Wunder. Sehr schnell gelang es ihm, das Vertrauen der Menschen zu gewinnen. Seine Lehre ergriff fast das ganze jüdische Volk in den damaligen Grenzgebieten von Rußland, Polen und Österreich. Sein Ansehen wuchs – es ging ein Strahlen von ihm aus, und seine Kraft war unerschöpflich groß. Er heilte Kranke und wurde zum geistig-religiösen Führer der *Chassidim* (der *»Frommen«*).

»Als der Baalschem einst das Leben eines todkranken Knaben retten wollte, hieß er ein reines Wachslicht gießen, nahm es in den Wald, heftete es an einen Baum und entzündete es. Dann sprach er einen langen Spruch. Das Licht brannte die ganze Nacht. Am Morgen war der Knabe genesen.« (104) Rabbi RIZINER hat uns dieses Beispiel für eine Wunderheilung überliefert.

Die Einstellung der Chassidim zu Glauben und Leben zeigt am besten folgendes Zitat: »Wer ein starkes Verlangen hat zu fasten, soll sich von seinem Willen nicht abbringen lassen, obschon er wissen muß, daß es viel besser ist, dem Herrn aus freudigem Herzen ohne Kasteiung zu dienen, da diese traurig stimmt.« (105)

Jeglicher Trübsinn wird von ihnen »bekämpft«, der Chassidismus will eine religiöse Lehre der Freude sein, und jeder Mensch soll sich darauf besinnen, daß er nur ein Gefäß ist, daß seine Gedanken und seine Worte wahre Welten sind, die sich ausbreiten. Damit der Mensch Gott wählen kann, dafür ist diese Welt geschaffen worden; ihr materielles Sein ist einzig dazu da, daß der Mensch bis in den Kern eindringe. Der Baalschem sagt, »daß man alle Wesen zu ihrer Wurzel zurückführen und heiligen kann«.

Mystischer Seelenflug

Als wirkungsvolles Mittel, um die Welten zu durchdringen und Gott zu schauen, lehrt der Baalschem den mystischen Seelenflug.

»Am Neujahrstag 1746 stieg meine Seele durch Beschwörungen, wie du sie kennst, empor, und ich schaute wunderbare Dinge ... Und Schrecken ergriff mich, und ich gab wirklich meine Seele hin, denn es ist sehr gefährlich, in die oberen Welten aufzusteigen; seit ich denken kann, hatte ich solche hohen Aufstiege nicht gemacht.« (106)

Zugleich erklärt der Baalschem, daß dieses besondere

Mittel der Ekstase noch immer das beste sei, um Menschen zu bekehren. Erst wenn alle ihre Seelen aufsteigen lassen, werden sie begreifen, daß in jedem Buchstaben oder Gedanken »Welten, Seelen und die Gottheit« enthalten sind. Erst dann werden die Wesen und Dinge einander und in ihrer kosmischen Verbundenheit den Willen des Schöpfers erkennen.

Eine letzte Episode soll zeigen, wie stark der Baalschem von seinen Jüngern verehrt wurde, und läßt uns auch ein wenig vom Geist eines echten Angehörigen der Chassidim spüren. Rabbi Löb erzählte: »Daß ich zum Baalschem fuhr, war nicht, um seine Lehre von ihm zu hören: nur um zu sehen, wie er die Filzschuhe aufschnürt und wie er sie schnürt.« (107)

Im Jahre 1760 ist der Baalschem gestorben. An seinem Todestag sagte er zu seinen Jüngern: »Um mich selbst mache ich mir keine Sorgen, denn ich bin gewiß, daß, sobald diese Schwelle hinter mir ist, ich über eine andere treten werde.« (108)

24
Der Graf von Saint-Germain
Vom Geheimnis der Unsterblichkeit

»Wie Prometheus raubte er das Feuer, durch das die Welt
besteht und durch das alles atmet; die Natur gehorcht seiner Stimme und bewegt sich. Wenn er nicht Gott selber ist,
gibt ihm ein mächtiger Gott seine Eingebungen ein.« (109)
Text unter einem großen Kupferstich
aus dem 18. Jahrhundert mit der
Abbildung des GRAFEN VON SAINT-GERMAIN

Er ist sicherlich die geheimnisvollste, rätselhafteste und
schillerndste Persönlichkeit, die in diesem Buch vorgestellt wird. Der GRAF VON SAINT-GERMAIN, wie er sich
unter anderem nannte, war schon zu »Lebzeiten« – zwischen Mitte und Ende des 18. Jahrhunderts – zur Ziel-
scheibe wirrer Verdächtigungen und Vermutungen geworden. An seinem ungewöhnlichen Mythos dürfte er
aber auch selbst mitgestrickt haben, denn er bestach zum
einen durch die fesselnde Art, wie er sich zu äußern
pflegte, und zum anderen verbreitete er durch seine magischen Künste und beunruhigenden Prophezeiungen
einen geheimnisvollen Nimbus um sich. Hinzu kam, daß
er die Fähigkeit besaß, vor anderen als das zu erscheinen,
was er ihnen suggerieren wollte. Seine Reisen, seine universalen Fähigkeiten, sein Reichtum, der aus unbekannten Quellen stammte, seine Klugheit, die immer wieder
zum Kern aller Dinge vorstieß, sein geistreiches Wesen
und sein Witz riefen vielfach Beklommenheit, Unruhe
und Mißtrauen hervor. Man nannte ihn einen Abenteurer

und Betrüger, und doch war Saint-Germain zweifellos ein hochgeschätzter Ratgeber und Freund von Herrschern, Philosophen, Gelehrten und Künstlern. VOLTAIRE charakterisierte ihn als einen Mann, »der alles weiß und niemals stirbt«.

Aber auch FRIEDRICH DER GROSSE, Madame DE POMPADOUR, ROUSSEAU, HORACE WALPOLE und andere, die ihn kannten, wetteiferten miteinander, das Geheimnis seiner Herkunft zu ergründen. An vielen europäischen Höfen, in vielen Städten wollte man den geheimnisvollen Grafen getroffen oder gesehen haben, häufig unter verschiedenen Namen, als *Marquis de Bellamare*, als *Graf Surmont* oder in Moskau gar als *General Welldone*. Oftmals soll er sogar gleichzeitig an verschiedenen Orten gewesen sein. Es war also kein Wunder, daß Saint-Germain schnell in den Salons und in der Öffentlichkeit zum allgemeinen Gesprächsthema wurde. Man glaubte auch, daß nur er allein wirklich in den Besitz des *Steines der Weisen* gelangt sei. Allerdings soll er ihn nicht zur Herstellung von Gold, sondern von Diamanten verwendet haben.

Herkunft und Person

Der Graf von Saint-Germain hatte es sich offenbar zum Prinzip gemacht, alles in dieser Welt sein zu wollen, was er sich vorstellen konnte und was ihm Spaß machte. Darin ähnelt er den meisten Hochstaplern. Viele behaupten deshalb auch, er sei einer gewesen, mehr noch, sogar ein genialer Scharlatan. Saint-Germain selbst trug leider wenig dazu bei, solche Vermutungen zu widerlegen. An einem Tag deutete er an, ein unehelicher Sohn der Witwe KARLS II. zu sein, einen Tag später bezeichnete er sich als den ältesten Sohn des siebenbürgischen Fürsten FRANZ II. RÁKÓCZI. Ein andermal nannte er seine

Mutter eine edle Nomadin, die sich einem Zigeuner-
stamm angeschlossen hätte.

In einem kleinen Kreis von Wissenden gestand er allerdings, daß ihm die geheimen Wissenschaften Vater und
die Mysterien Mutter gewesen seien – eine Antwort, die
all das beinhaltet, was ein echter Adept von sich sagen
kann.

»Die Pariser Schafsköpfe glauben, ich sei fünfhundert
Jahre alt, und ich bestärke sie in dieser Meinung, weil ich
sehe, daß sie ihnen soviel Vergnügen macht, nicht, daß ich
nicht wirklich viel älter sei, als man nach meinem Aussehen denken sollte.« (110)

Besonders mit Äußerungen über sein angeblich hohes
Alter vermochte Saint-Germain immer wieder seine Zu-
hörer zu verblüffen. So behauptete er in einem anderen
Fall, über zweitausend Jahre alt zu sein. Als Beweis ent-
hüllte er intime Details von der Hochzeit zu Kanaan, bei
der er Petrus zu einem mäßigeren Lebensstil geraten
habe, und, wie später der Korrespondent der *»Berliner
Morgenpost«* ärgerlich bemerkte, »gar bald unserem
Herrn Christus allerlei Rat in Absicht seines Verhaltens
gegeben hatte«.

Madame BLAVATSKY erklärte später Saint-Germain zu
einem der großen geheimen tibetischen Meister. CASA-
NOVA wiederum neidete ihm seinen Erfolg so sehr, daß er
behauptete, Saint-Germain sei in Wirklichkeit ein italie-
nischer Geigenspieler namens *Catalani* – was den Grafen
dazu verleitete, vor dem englischen Schriftsteller HO-
RACE WALPOLE zu singen und dann so exzellent Geige zu
spielen, daß die Zuschauer begeistert klatschten.

Minuten später schon berichtete er vom Hofe FRANZ
I., als ob er selbst zugegen gewesen wäre, beschrieb das
Aussehen des Königs, ahmte seine Stimme nach – oder
machte genaue Angaben über die Könige von Babylon
und über Ereignisse, die hundert, fünfhundert oder mehr
als tausend Jahre zurücklagen.

War also Saint-German doch nur ein Salon-Phänomen

seiner Zeit, ein Spieler, ein harmloser Narr? Ganz so einfach ist die Sache vielleicht doch nicht.

Saint-Germain hielt sich für unsterblich, behauptete gar, im Besitz des Lebenselixiers zu sein. Ob beides nun zutraf, wissen wir nicht. Bekannt ist, daß er seine Mahlzeiten stets unter Ausschluß der Öffentlichkeit, in den eigenen vier Wänden zu sich genommen hat. Dies hat einigen Anlaß zu Spekulationen gegeben. Ernährte er sich vielleicht vegetarisch, oder nahm er spezielle Präparate zu sich, die er als ausgezeichneter Chemiker, der er ja war, selbst hergestellt hatte? Präparate, die ihm das Leben verlängerten? Oder sollte das alles nur das Geheimnis um seine Person vertiefen, damit seine Zeitgenossen noch mehr ins Grübeln kamen? Als Eingeweihter wird er gewußt haben, daß nur die äußere Gestalt vergeht und es darum keinen wirklichen Tod gibt. Aber selbst Jesus hat Tote immer nur in das uns bekannte Leben zurückgerufen.

Auch soll es schon wenige Jahre nach seinem Ableben am 2. März 1784 in Eckernförde ehrbare und glaubwürdige Zeugen wie Madame DUBARRY oder bestimmte Rosenkreuzer gegeben haben, die Saint-Germain gesehen und sogar gesprochen haben wollen.

1972 kam es im französischen Fernsehen zu einer Sensation. Dort »verwandelte« ein junger Mann namens RICHARD CHANFRAY auf einem Campingkocher Blei in Gold. Angeblich konnten ihm dabei keine Taschenspielertricks nachgewiesen werden. Das Unglaubliche jedoch war, daß er von sich behauptete, der unsterbliche Graf von Saint-Germain zu sein. Sprach's und verschwand auf Nimmerwiedersehen. Ein Hochstapler?

»Gescheite Leute wissen ganz genau, daß Zeit nur eine Art Raum ist«, läßt H. G. WELLS den Zeitreisenden in seinem Buch *»Die Zeitmaschine«* sagen. Auf die Frage, wie gescheit der Graf von Saint-Germain nun wirklich war, werden wir leider keine Antwort erhalten.

25
Friederike Hauffe
Die Seherin von Prevorst

»Es machte ein Kind vor ihr Seifenblasen. Sie sagte mit
großer Verwunderung: ›Ach Gott, ich sehe alles Entfernte, an das ich denke, in diesen Seifenblasen, aber nicht
klein, sondern so groß, als wie es lebt und ist, aber ich
fürchte mich davor.‹« (111)

Viele halten FRIEDERIKE HAUFFE (1801–1829) für eine
Vorläuferin der modernen spiritistischen Medien, mit der
bereits Phänomene wie die Bewegung von Gegenständen
ohne erkennbare Einwirkung, das Auftreten von Tönen
unbekannten Ursprungs und von Phantomen in Zusammenhang gebracht werden. JUSTINUS KERNER, der die
junge Frau jahrelang beobachtete, schrieb die sehr lesens-
werte Biographie »Die Seherin von Prevorst« über dieses
bedeutende Medium und versuchte darin, der ungewöhnlichen Frau näherzukommen.
    Zweierlei macht uns ihre kurze Lebensgeschichte
deutlich: einmal, zu welch unglaublichen Leistungen ein
Ausnahme-Medium imstande sein kann, und zweitens,
mit wieviel persönlichem Leid, mit wie vielen Krankheiten und körperlichen Schmerzen eine solche »Himmels-
gabe« mitunter verbunden ist.

Wer war Friederike Hauffe?

Friederike Hauffe kam 1801 im württembergischen Prevorst zur Welt, einem kleinen Ort südöstlich von Heilbronn. Ihr Vater war Revierförster, über ihre Mutter ist wenig bekannt. Wie ROSEMARY BROWN oder EILEEN GARRETT (siehe Seite 218 ff. und Seite 211 ff.) nahm auch Friederike schon im Kindesalter die Geister von Verstorbenen wahr. Auch wußte sie verlorene Sachen zu finden oder mit der Wünschelrute unterirdische Wasseradern aufzuspüren. Trotz dieser nicht alltäglichen Begabungen wirkte das Mädchen stets ausgeglichen und heiter. Kerner zeichnet ein anschauliches Bild von ihr im Erwachsenenalter: »Sie war klein, ihre Gesichtszüge orientalisch, ihr Auge hatte den Stechblick eines Seherauges, der durch den Schatten langer, dunkler Wimpern und Augenbrauen noch gehoben wurde. Sie war eine Lichtblume, die nur noch von Strahlen lebte.« (112)

Mit neunzehn Jahren zog Friederike Hauffe nach Oberstenfeld, einem Nachbarort. Zu dieser Zeit beschlossen ihre Eltern, sie zu verheiraten, was in der jungen Frau eine, wie Kerner sich ausdrückt, »unerklärliche Schwermut« auslöste. Diese Schwermut wich merkwürdigerweise erst wieder von ihr, als sie mit zur Beerdigung eines Bekannten ging. Aber genau von diesem Zeitpunkt an begann auch ihr sonderbares Leben als Medium.

Und das gestaltet sich alles andere als schön und angenehm: An einem Tag im Frühjahr 1822 fällt sie von einer Minute zur anderen in Bewußtlosigkeit, liegt da wie tot. Die Ärzte sind ratlos. Aderlaß, heiße Bäder und Kräuteraufgüsse helfen wenig. Allein das Handauflegen lindert ihre Schmerzen. Dennoch verläßt Friederike Hauffe für die nächsten achtzehn Wochen nicht mehr ihr Bett. Als sie wieder gehen kann, wird sie verheiratet. Monate danach ist sie schwanger, und ihr Leiden fängt von neuem an. Kerner schreibt: »Es fanden Zerreißungen, heftige

Blutflüsse, Kindbettfieber und Jammer jeder Art statt, und sie kam dem Tode sehr nahe. Zweiundzwanzig Wochen lang blieb sie im fieberhaften Zustand, und als dieser nachließ, traten dagegen wieder die heftigsten Brustkrämpfe ein.« (113)

Ihr Kind kommt auf die Welt und stirbt bereits nach wenigen Wochen. 1824 erfährt Friederike Hauffe, daß ihre Leiden noch lange nicht vorbei sind, sondern sich sogar auf eine seltsame Art und Weise steigern lassen.

»Einmal sprach sie drei Tage lang nur in Versen, und ein andermal sah sie drei Tage lang nichts als eine Feuermasse, die durch ihren Körper lief wie auf lauter dünnen Fäden. Dann hatte sie wieder drei Tage lang die Empfindung, als tröpfelte ihr ein Tropfen kalten Wassers nach dem andern auf den Kopf, und hier erschien ihr auch das erste Mal außer sich ihr eigenes Bild.« (114)

Friederike sieht sich weißgekleidet auf dem Bettrand sitzen. Sie will schreien, aber es gelingt ihr nicht. Aber nicht nur die außerkörperliche Wahrnehmung zeugt von den Veränderungen, die sich mit ihr abspielen. Sie beginnt heftig auf Eisen zu reagieren, so daß jeder einzelne Nagel im Zimmer entfernt werden muß. Sonnenlicht verursacht ihr Kopfschmerzen, lieber will sie im halbdunklen Raum liegen. Dann bewegen sich Gegenstände in ihrer Nähe, Löffel »gehen ganz langsam durch die Luft«, und Friederike sieht ihre verstorbene Großmutter im Zimmer stehen. Diese wird ihr später zur geistigen »Führerin« und zum Schutzgeist. Friederike erblickt auch andere Verstorbene und schildert genau deren Aussehen und Kleidung. Ein Detail dazu am Rande: Tote scheinen keine Haare mehr zu besitzen.

Aber das Leiden der jungen Frau soll in diesem Leben nicht mehr enden: Sämtliche Zähne fallen ihr aus; Krämpfe, Fieberanfälle und Durchfall wechseln sich ab. Hinzu kommt ein ständiges Menstruieren. Friederike Hauffes Körper ist schwach und abgezehrt. Justinus Kerner erlebt sie als jemanden, der mehr Geist als Mensch ist:

»Sie war ein im Augenblicke des Sterbens, durch irgendeine Fixierung zwischen Leben und Sterben zurückge-
haltener Mensch.« (115)

Fast jede Stunde verfällt sie in Trance. Drückt man die
Finger gegen die ihren, so erhebt sie sich aus dem Bett,
scheint schwerelos zu sein. Nach und nach wird ihr nun
in diesem Zustand die Gabe des Hellsehens zuteil, sie sagt
den Tod von Menschen voraus, und genau wie EDGAR
CAYCE ein Jahrhundert später kann sie Heilmittel gegen
Krankheiten benennen. Sie beschreibt die Toten im Jenseits und entwickelt eine interessante Theorie über Seele,
Geist und Zahlen. Man kann, sagt sie, nach dem Tode in
einer einzigen Zahl das ganze Leben überschauen. Diese
Vorstellung kommt der Lehre des PYTHAGORAS sehr
nahe, die sie mit Sicherheit nicht kannte. Auch spricht sie
jetzt mitunter in einer seltsamen Sprache, die orientalisch
klingt:

Elschaddai gebraucht sie für Gott. *Schmado* heißt der
Mond, *Alentana* das Frauenzimmer. *Nochiane* ist die
Nachtigall. *Dalmachan* harrt noch der Übersetzung. Mit
Emelachan bezeichnet sie allerdings eine Person (einen
Geist?), wobei ihr der Name allein vollkommenen Auf-
schluß über den Wert und die Eigenschaften dieses We-
sens gibt. Ähnlich äußert sich auch JOHN DEE über die
»Engelsprache« (siehe Seite 121 ff.).

Ihr Zustand verbessert sich auch in den letzten Jahren
ihres Lebens nicht mehr. Friederike Hauffe ist täglich
dem Tode nahe, stirbt aber nicht. Geistererscheinungen
häufen sich nun, die sie aber nur zum Teil trösten können. Am 7. August 1829 trennt sich endlich ihre Seele
vom Körper – mit einem Freudenschrei, wie berichtet
wird.

Die richtige Zahl drückt das ganze Wesen Gottes und jedes Menschen aus

Alle Wörter ihrer unbekannten Sprache, die für einige Forscher Ähnlichkeiten mit dem Arabischen und Hebräischen aufweist, waren ihr immer mit Zahlen verbunden. Sogar Gottes »Tiefe« wurde ihr nur durch die entsprechende Zahl neben dem Namen deutlich. Friederike Hauffe behauptete in Trance, daß die Sprache der Engel dergestalt sei, was zum einen an die Kabbala, aber auch gerade an John Dees »Monas-Hieroglyphe« erinnert. Beide Lehren aber dürfte die Seherin von Prevorst nicht gekannt haben. Ihre »normale« Sprache, wie jede andere auch, hielt sie für »laut, mit wenig Ausdruck darin«.

Noch phantastischer wird es, wenn sie darüber spricht, daß jedem Menschen eine bestimmte Zahl, eine Wurzelzahl, gegeben sei. Mehr noch: Das Universum überhaupt gleiche einem Zahlensystem, in welchem jedem Ding sein Wert mit der Ziffer und durch die Stelle angewiesen sei, die es in diesem System einnehme. Wie wichtig für jeden Menschen die ihm unbekannte Wurzelzahl ist, erfahren wir auch: »Wem diese Zahl durch gar nichts gestört wird, der erreicht das höchste Alter ...« (116)

Daneben wird der Mensch tagtäglich unbewußt bewertet – durch Zahlen. Diese steigen gegen seine eigene Wurzelzahl an oder nehmen wieder ab. Diesen *Tageszahlen* liegen gute oder schlechte Taten zugrunde, aber auch Einflüsse von außen. Wird die persönliche Wurzelzahl deshalb »durch äußere arge Einflüsse« übertroffen, so muß der betreffende Mensch sterben. Das beste ist es, wenn die betreffende Ziffer immer unterhalb der Wurzelzahl verbleibt. Nach dem Tode liegt einem dann aufgrund der Differenz zwischen erreichter Zahl und Wurzelzahl das ganze Leben vor Augen, »und dann ist der eigene Geist des Menschen sein Richter«.

Was uns Friederike Hauffe da mitteilen will, ist, daß jedes Ereignis des Alltags ohne eigenes Zutun bewertet wird. Dies führt zu Tages-, Monats- und schließlich Jahresbilanzen. Jeweils sieben Jahre bilden einen Zyklus, und danach wird abgerechnet. Die erreichte Zahl setzte sie sowohl in einen *Sonnenkreis* für das Leben als auch in einen *Lebenskreis* für das Jenseits.

Justinus Kerner, der ihr immer wieder mit Staunen zuhörte, bedauert, daß Friederike Hauffes System der Zahlen, durch das jeder Mensch bewertet werden kann, unverständlich blieb, weil sie darüber nur in Trance sprechen konnte. Tiere leben ihrer Meinung nach in einem *Traumkreis*, der sich mit dem *Sonnenkreis* eines Dichters oder Sehers überschneiden kann. Unmittelbar hinter dem *Traumkreis* befindet sich das Jenseits, von Hauffe auch *Mittelreich* genannt.

Daß sich Friederike Hauffe dies alles nur zusammenphantasiert hat, wie Kritiker einwenden, dieser Behauptung wird man dann zustimmen, wenn man schnell mit dem Phänomen Hauffe fertig werden will. Denn es bleibt die Tatsache bestehen, daß sie esoterisches Wissen besaß und dieses nicht aus Büchern oder von lebenden Menschen erfahren haben konnte, weil sie weder auf das eine noch das andere zurückzugreifen in der Lage war. Wie sollte es ihr auch möglich gewesen sein, da sie doch die meiste Zeit ihres Lebens in Trance im Bett zubrachte?

26
Eliphas Levi
Die Suche nach den verlorenen
magischen Schlüsseln

»Kein Teil von mir stammt nicht von den Göttern.«
»Ägyptisches Totenbuch«

»In der Natur lebt eine Kraft, die nicht stirbt, und diese
Kraft verwandelt die Wesen andauernd, um sie zu erhal-
ten.« (117)
ELIPHAS LEVI

Abbé ALPHONSE-LOUIS CONSTANT (1809–1875), der sich
später ELIPHAS LEVI nennen sollte, gilt als der führende
Okkultist des 19. Jahrhunderts. Er gehört neben ALEI-
STER CROWLEY (siehe Seite 185 ff.) zu den herausragen-
den Magiern der Neuzeit.

Zu Levis Zeit erlebte der Materialismus seine erste
Blüte, und Menschen, die sich mit der Erforschung der
magischen Wissenschaften befaßten, standen bei ihren
Zeitgenossen in einem schlechten Licht. Doch Eliphas
Levi ließ sich durch Spott nicht beirren. Es ging ihm
darum, die Geschichte der Magie zu schreiben. In seinem
Werk *»Dogma und Ritual der Magie«* geht er bis auf den
Ursprung der hermetischen Philosophie zurück und ent-
hüllt alle bis dahin verschlossenen Lehren. Mehr noch:
Der ehemalige katholische Priester will aufzeigen, daß
das Symbol in antiker Zeit die Synthese von Wort und
Bild jener Gesetze bildete, die einem Wissensbereich zu-

grunde liegen, also daß die magische Symbolsprache
einstmals als eine legitime Fachterminologie gedient
habe.

»Die okkulte Philosophie scheint in den Zeitaltern, in
denen sie ausschließlich der Erziehung der Priester und
der Könige diente, die Amme oder Patin aller geistigen
Kräfte, der Schlüssel zu allem göttlichen Dunkel und die
unumstrittene Königin der Gesellschaft gewesen zu
sein.« (118)

Mit großem Ernst ging der Abbé an seine Aufgabe, das
Wissen der Vorzeit wiederzubeleben. Das war ihm nur
dadurch möglich, daß er in sich hineinschaute, um die
Schätze des Unbewußten an »des gegenwärtigen Tages
Licht« heben zu können. Eliphas Levi nahm dabei eine
Art emotionsloser Selbstbetrachtung vor, die manches
von der FREUDschen Psychoanalyse vorwegnimmt.

»Um als Sieger die Erscheinung des Todes zu bekämp-
fen, muß man mit der Wirklichkeit des Lebens überein-
stimmen.« Diese Übereinstimmung kann unter anderem
auch durch magische Praktiken erreicht werden, wobei
sich Levi entschieden gegen das »Tischerücken« und den
Spiritismus aussprach. Als »Kinder, die mit brennenden
Zündhölzern auf einem Faß voll Pulver spielen« bezeichnete er einmal bestimmte selbstsüchtige Medien.

Worum es ihm vielmehr ging, war, den *magischen
Schlüssel* wiederzufinden, durch den ihm alle Geheimnisse der Welt aufgeschlossen würden. Als erster überhaupt setzte er daher die zweiundzwanzig Tarotkarten
mit dem hebräischen Alphabet und der Kabbala in Beziehung. Später hat ALEISTER CROWLEY diese Methode
noch ein wenig erweitert (siehe Seite 191).

Levi lehnte Geisterbeschwörungen auch deshalb ab,
weil er eigene schlechte Erfahrungen damit gemacht
hatte. Bekannt geworden ist seine Beschwörung des Geistes des APOLLONIUS VON TYANA durch das *Pentagrammritual* im Juni 1854, wobei ihm der berühmte Magier des ersten nachchristlichen Jahrhunderts (siehe Seite

50 ff.) als abgezehrter, bartloser, traurig aussehender
Mann in einem grauen Gewand erschienen war. Levi
spürte nach eigenem Bekunden eine große Kälte, die von
dem »Gespenst« ausging, und nach der Beschwörung
brachte ihn eine Schwäche in allen Gliedern an den Rand
einer Ohnmacht.

»Die Erscheinung hatte zwar nicht mit mir gesprochen, aber es schien mir, als hätten die Fragen, die ich ihr
stellen wollte, sich gewissermaßen in meinem Innern
selbst beantwortet ... Ich selbst wollte wissen, ob eine
Annäherung und Versöhnung zwischen zwei Menschen,
an die ich gedacht hatte, möglich wäre, und dasselbe innere Echo antwortete unerbittlich: Beide tot!« (119)

Eliphas Levis Weg bestand darin, die geistigen Kräfte
in sich zu stärken, wie es später Aleister Crowley tat.
Kurz vor dem Lebensende schwor Levi jedoch seinen
magischen Schriften ab und kehrte reumütig in den Schoß
von Mutter Kirche zurück. Denn, wie es in seinem Buch
über die Magie heißt: »Durch das vernünftige Wort wird
der Mensch der Eroberer des Lebens, und er siegt über
den Tod.«

Das vernünftige Wort aber ist nur deshalb allmächtig,
weil es mit dem Willen Gottes übereinstimmt.

27
Helena Petrovna Blavatsky
»Entschleierte Isis« und Königin der Theosophie

»Es bedarf der richtigen Wahrnehmung der objektiven Tatsachen, um zuletzt zu entdecken, daß die einzige wirkliche Welt eine subjektive ist.« (120)

Sie besaß eine vielschichtige und starke Persönlichkeit und war maßgeblich an der Gründung der *Theosophischen Gesellschaft* beteiligt. Heute erinnert man sich an HELENA PETROVNA BLAVATSKY auch als Vorläuferin der *Channeling*-Bewegung. Man hielt sie zu ihrer Zeit für ein ausgezeichnetes Medium, in »deren Gegenwart die Geister auftauchten, wo und wann sie es wollte«. Klopfgeräusche hätte sie von allen Zimmerwänden widerhallen lassen, erklärten ihre Anhänger, die in ihr so etwas wie eine orientalische Hohepriesterin sahen. Aber ihr Verdienst ist es vor allem, erkannt zu haben – und dies in einem Jahrhundert, als die Religionen in einem noch viel stärkeren Maße als heute gegeneinander kämpften –, daß dieser mitunter blutige Streit der einzige Grund für die »Verdunklung« der Wahrheit ist. Somit hat der einzelne die Freiheit, unabhängig von traditionellen Bindungen, die verschiedenen religiösen Systeme zu studieren, um in ihnen und zugleich über sie hinaus endlich zur Wahrheit, sprich, zu Gott zu finden.

»Madame« Blavatsky, wie sie genannt wurde, war weit gereist und hatte in Indien eine brahmanische Lehre ent-

deckt, die sie von tibetischen Meistern inspiriert sah. Aus
dieser entwickelte sie eine »Geheimlehre«, die eine Mischung aus gnostischem, buddhistischem und hinduisti-
schem Gedankengut darstellt. Madame Blavatsky behauptete zeitlebens, daß sie ihr Wissen aus einem *»Buch
von Dyzan«* entnommen habe, dessen erloschene Sprache auch der Fachwelt ihrer Zeit nicht mehr bekannt gewesen sei.

Jüngst hat jedoch der amerikanische Kabbalaexperte
GERSHOM SCHOLEM herausgefunden, daß die wirkliche
Quelle der Hohepriesterin wohl eine soharische Schrift
aus dem 17. Jahrhundert gewesen ist, die dann also der jüdischen Kabbala zugerechnet werden müßte. Daher
könnte man nun mit gutem Recht annehmen, daß die Blavatsky ihr geheimnisvolles Quellenwerk nur erfunden
habe – womit jedoch eine Frage unbeantwortet bliebe,
nämlich, ob sie durch diese Tat ihre Leser betrügen
wollte. Antwort darauf können uns nur ihr Leben und
ihre Ideen geben.

Wer war Madame Blavatsky?

Sie entstammte einem der ältesten und angesehensten
russischen Adelsgeschlechtern, dem der DULGORUKOVS.
Ihre Großmutter HELENE PAVLOVNA war vielseitig begabt und erlangte mir ihren naturwissenschaftlichen Forschungen den Respekt der Gelehrtenwelt. Am 31. Juli
1831 kam Helena Petrovna im Haus ihrer Großeltern zur
Welt, zu einer Zeit, als die Cholera im Lande grassierte.
Jedes Neugeborene schwebte also in Lebensgefahr. Der
Priester, der herbeigeholt worden war, um die Nottaufe
an Helena vorzunehmen, mußte miterleben, wie plötzlich sein Gewand in Flammen aufging, was manche als
schlechtes Vorzeichen deuteten.

Helena kränkelte zwar als Kind, zeigte jedoch von Anfang an eine unbändige Willenskraft, die sich früh darin äußerte, daß sie vor allem die Leibeigenen im Haus durch ihre hypnotischen Kräfte terrorisierte. Sie trieb schließlich den Schabernack so weit, daß ihre Eltern das Mädchen mehrfach exorzieren ließen, weil sie glaubten, Helena sei vom Teufel besessen. Der Erfolg blieb allerdings aus, Helena besserte sich nicht. So schien es ihnen das beste, die Tochter so schnell wie möglich zu verheiraten.

1849 ehelichte Helena NIKOFOR BLAVATSKY. Bei der Eheschließung wollte ihr der Priester das Versprechen abnehmen, daß sie ihren Ehemann ehren und ihm gehorchen werde. »Mit Sicherheit werde ich das nicht tun, soll sie geantwortet haben.« (121)

Helena verweigerte sich denn auch Nikofor in der Hochzeitsnacht. Überhaupt behielt sie zeitlebens eine äußerst skeptische Einstellung zur Sexualität bei. Madame wünschte sie nämlich zum »Hades« und empfahl, den »tierischen Appetit« auszuhungern. Sie entfloh ihrem Ehemann zunächst nach Konstantinopel, wenig später nach Ägypten. Helena begann zu rauchen, vor allem Haschisch, eine Droge, die, wie wir heute wissen, ungefährlicher als Alkohol ist, dafür aber wesentlich inspirierender. Madame benahm sich nicht immer ladylike. Die Angehörigen ihrer Familie verachteten sie, gingen ihr aus dem Weg, und mehrmals dachte Helena an Selbstmord. Aber Helena Petrovna Blavatsky wollte nicht zugrunde gehen. Sieben Jahre lang reiste sie durch viele Länder der Welt: Kanada, die USA, Ceylon, Indien und schließlich Tibet, das damals für Ausländer nahezu unzugänglich war.

Im Jahre 1858 kehrte sie nach Rußland zurück, ließ sich dort von ihrem Ehemann aushalten, der immer noch hoffte, mit Helena eine Familie gründen zu können. Sie aber nahm sich einen Liebhaber, wurde von ihm schwanger und schenkte 1862 einem Jungen namens JURI das Leben. Das Kind war verkrüppelt. Helena sah dies als ein Zeichen, daß sie ihr Leben ändern solle. Sie verleugnete

den Jungen nicht und zog mit ihm und dessen Vater ME-
TROVICH zusammen. Juri starb fünf Jahre später – sein
Tod brachte Helena schwere seelische Wunden bei.

Nach diesem Schicksalsschlag stürzte sie sich in den
italienischen Freiheitskampf, focht an der Seite GARIBAL-
DIS und wurde verwundet. Metrovich erhielt währenddessen ein Engagement an der Oper in Kairo. Helena
ging mit ihm. Aber die Überfahrt von Italien nach Ägypten endete in einer Katastrophe. Das Schiff explodierte,
von vierhundert Passagieren überlebten nur siebzehn,
darunter befand sich Helena. Metrovich ertrank.

Trotzdem reiste sie nach Kairo weiter. Dort stieg sie
rasch zum Mittelpunkt eines spiritistischen Zirkels auf.
Von Ägypten aus gelangte sie über Paris nach Amerika,
nach New York. Hier lernte sie den Anwalt HENRY
STEEL OLCOTT kennen und lieben.

Sie warnte Olcott: »Noch ist Zeit, die Verbindung ab-
zulehnen. Wenn du den Brief, den ich dir geschickt habe,
annimmst und das Wort Neophyte akzeptierst, wirst du
gekocht, mein Junge.« (122)

Er wollte »gekocht« werden. Zusammen mit ihm
gründete sie die Theosophische Gesellschaft. Helenas erstes Werk »*Die entschleierte Isis*« entstand in kürzester
Zeit. Danach wollte sie 1878 unbedingt nach Bombay reisen, um »als altes westliches Nilpferd« – Madame brachte
gut zweihundertfünfundvierzig Pfund auf die Waage –
die Inder in die Geheimnisse ihrer eigenen esoterischen
Kultur einzuweihen.

Jahre später geriet ihre Gesellschaft in Mißkredit. Man
beschuldigte Madame der Manipulation bei ihren Séan-
cen, worüber sie sich zutiefst gekränkt zeigte. 1885 kehrte
Helena Blavatsky wieder nach Italien, Neapel, zurück
und ließ sich am Fuße des Vesuvs nieder. Sie verfaßte
viele Briefe zur Verteidigung ihrer Person und Lehre.
Würzburg wurde daraufhin ihr nächster Wohnort; sie
mietete sich eine Suite. Es begann die Zeit, da sie mehr
und mehr vereinsamte. Den Neujahrstag 1887 verbrachte

sie zum erstenmal in ihrem Leben allein. Freunde bewegten sie schließlich, aus ihrer Isolation auszubrechen und nach London zu gehen.

Im Herbst des Jahres 1888 erschien ihr Hauptwerk »*Geheimlehre*«, in dem sie die Geschichte der Menschheit aus theosophischer Sicht behandelt. Zwei Jahre später, am 8. Mai 1891, starb Helena Petrovna Blavatsky an einem grippalen Infekt.

Die Theosophie

Drei Aufgaben nennt Madame Blavatsky in ihrem »*Schlüssel zur Theosophie*« (1889): die Bildung einer überkonfessionellen Bruderschaft der Menschheit, das Studium der östlichen Weltanschauungen und das Studium des Okkultismus.

Alle Religionen sind gleich wahr und führen zu demselben Ziel. Die Theosophie versteht sich dabei nicht als eine neue Religion, sie schafft eine synkretistische Lehre – eine Zusammenschau von allem. Die »*Geheimlehre*« beschäftigt sich mit der Entwicklung der *Weltalter (yugas)*, der *Wurzelrassen (Atlantis-Mythos)* und der *Karmalehre*. Verborgene »Supermeister« und eine »geistige Hierarchie« führen die Menschheit in ihrer spirituellen Evolution, denn jede Zeit hat ihren eigenen *Avatar* oder »göttlichen Sendboten«. Problematisch an Madame Blavatskys Auffassungen ist die Verbindung von Rassenlehre, Reinkarnation und Karma, wodurch die Vorstellung vom »Untermenschen« anklingen kann – auch wenn sie es persönlich nicht intendiert haben mag.

Die Entstehung der Anthroposophie RUDOLF STEINERS, die immer wieder in Zusammenhang mit der Theosophischen Gesellschaft gesehen wird, kann man jedoch als eine Gegenreaktion auf bestimmte okkulte Elemente innerhalb der Theosophie verstehen. Die heutigen Theoso-

phen zählen sich häufig zur *New-Age-Bewegung*, wie
EILEEN und PETER CADDY und DOROTHY MACLEAN, die
Begründer von Findhorn, durch die auch das sogenannte
Channeling berühmt wurde.

Channeling und die Akasha-Chronik

Channeling oder *Kanalisieren* soll eine Weiterentwicklung und Intensivierung der Kontaktaufnahme zwischen
den Menschen dieser Welt und der »Anderswelt« sein.
Eine wichtige Vertreterin dieser Technik ist JANE RO-
BERTS, eine für außersinnliche Wahrnehmungen (ASW)
zuhöchst begabte Sensitive, die ihre erste Channeling-
Begegnung mit ihrer Trance-Persönlichkeit SETH 1963
hatte. Bis zu ihrem Tod im Jahr 1984 blieb die Verbindung bestehen (siehe Kapitel Seite 230 ff.). Findhorn – der
blühende Garten in einer unwirtlichen Gegend Schott-
lands – soll durch die Kommunikation und Zusammenar-
beit mit Naturgeistern erschaffen worden sein. Und
FRITJOF CAPRA behauptet sogar, alle seine Bücher seien
»gechannelt«, weil Kreativität immer von woanders sich
herleite. Auch Madame BLAVATSKY gab an, daß ihr »diktiert« worden sei, und nannte als »Autor« einen verstorbenen indischen Meister. Im übrigen entdeckte sie die
Akasha-Chronik in alten Sanskrit-Schriften für den Westen wieder neu: *Akasha* bedeutet *Raum-Äther* und bezeichnet eine feinstoffliche Substanz, die über das ganze
All verteilt ist. Akasha ist aber auch das, »was hinter den
Kulissen geschieht, während vorn auf der Bühne jemand
spricht«. Wobei das Sichtbare vom Unsichtbaren ab-
hängt.
  Für die Inder ist *Akasha* eine religiöse Bezeichnung.
Bei PARACELSUS finden wir schon die Vorstellung einer
Anima mundi – einer Weltseele. C. G. JUNG prägte den
Begriff vom *kollektiven Unbewußten* und zeigte, daß in

den tiefen Schichten unserer Psyche eine große Zahl von Bildern angelegt sind *(Archetypen)*, die universellen Charakter haben und sich vor allem in den Mythen und Träumen der Menschheit widerspiegeln. Nach Jung sind diese Archetypen autark, funktionieren unabhängig vom menschlichen Bewußtsein. Es mag also sein, daß besonders fähige Medien, wie Madame Blavatsky, EDGAR CAYCE, EILEEN GARRETT, ROSEMARY BROWN oder auch FRIEDERIKE HAUFFE (siehe Seite 162 ff.), in ihren Trancen bis zu dieser Schicht des kollektiven Unbewußten vorstießen, wo alle gemeinschaftlichen Erfahrungen der Menschheit angesiedelt sind. Insofern könnte man von einem *Akasha-Universum* sprechen, einem »Sammelbekken«, das die Beispiele und Impulse menschlicher Verhaltensweisen enthält und aus dem auch Hilfe, wie im Fall von Cayce, in medizinischen Fragen erwartet werden kann.

Interessanterweise sorgte nämlich vor einigen Jahren der Biologe RUPERT SHELDRAKE in Fachkreisen durch sein Modell der *morphogenetischen Felder* für große Aufregung. Bislang konnte seine umwälzende Theorie vom »Gedächtnis der Natur« nicht widerlegt werden. Sheldrake wies anhand von Tests beeindruckend nach, daß in der Natur ein formgebendes Feld existiert, das Informationen und Verhaltensweisen immateriell – Sheldrake spricht hierbei von »Resonanz« – überträgt. Diese These impliziert das Vorhandensein einer Art von kosmischer Datenbank.

Es hat den Anschein, daß das *Akasha-Universum* oder das »höhere Selbst« für jeden aktiv zu werden beginnt, der sich anschickt, auf dieses Selbst hin zu wachsen. Die Erkenntnis des eigenen Geistes und Inspirationen sind die ersten unmittelbaren Informationen. Um diese zu erlangen, muß man kein Medium sein, und es ist auch keine Voraussetzung, daß man an die Existenz von Geistwesen glaubt, weil, wie der Psychologe CHARLES TART sagt, Sterben nicht unbedingt gescheiter macht. Außerdem sollte niemand Verantwortung für sich und die Welt nach außen, an jemand anderen (Geistwesen und so weiter) delegieren. Wer sich auf vermeintlich höhere Wesen beruft, bringt sich in Abhängigkeit, wird einseitig, intolerant und lernt es niemals, selbstverantwortlich zu handeln und zu leben. Oder wie GEORG GURDJIEFF meint: »Vertraue nur der eigenen Sicht der Welt, niemals der Sicht, wie sie andere haben. Und traue auch deiner eigenen Sicht nur für einen kurzen Moment lang.« (123)

28
Georg Iwanowitsch Gurdjieff
Die Schule des Augenblicks und der
Kampf gegen den Schlaf

»Denke niemals das, was andere denken!« (124)

Auf alle, denen GEORG GURDJIEFF begegnete, machte er einen tiefen Eindruck, sogar auf J. B. WATSON, dem Begründer des Behaviorismus, einer sozialpsychologischen Forschungsrichtung, die sich allein auf Fakten stützt und jeglichen Subjektivismus strikt ablehnt.

Gurdjieffs Methode selbst zeichnet sich dagegen durch ständigen Wechsel der Ansätze und Offenheit für neue Varianten aus, weil der Meister seine Ideen immer in der Entwicklung und damit unvollendet hielt. Eine Aufgabe, wie beispielsweise das Gedankengebäude des *Enneagramms* aufzubauen, überließ er seinen Schülern. Seine Methode, plötzlich an einer Stelle abzubrechen oder einen Sachverhalt von heute auf morgen völlig anders zu erklären, erinnert stark an die Vorgehensweise von Zen-Meistern. Ständig experimentierte er mit neuen Ansätzen und Übungen, galt bald als »Meister des Augenblicks«, der die eigene Selbstbeobachtung über alles stellte.

Zentraler Bestandteil seiner Methode sind die *heiligen Tänze*, von denen Gurdjieff insgesamt dreihundert komponiert hat. Durch sie und durch bestimmte Atemtechniken soll eine Harmonisierung von Körper, Gefühl und Intellekt bewirkt werden.

Sein Biograph JAMES MOORE schreibt: »Gurdjieff verwandelt und integriert die subtile Essenz einer uralten
Überlieferung und vermittelt sie dem modernen Menschen als Aufforderung aufzuwachen und als Unterstüt-
zung seines Strebens nach wirklichem Sein«. (125)

Wer war Gurdjieff?

Georg Iwanowitsch Gurdjieff wurde 1873 in Alexan-
dropol im Kaukasus geboren. Angeblich hatte ihm sein
Vater, ein Grieche, immer wieder das Gilgamesch-Epos
vorgetragen, das jenen mythischen Helden aus grauer
Vorzeit besingt, der zwischen Diesseits und Jenseits
hin- und herwechseln konnte. Aus diesem Mythos hatte
er geschlossen, es gebe ein geheimes Wissen, das durch
die Jahrhunderte nur Eingeweihten überliefert worden
sei. Besonders bemerkenswert wird dieses Detail nämlich dadurch, daß Gurdjieffs Vater den Gilgamesch-Text
selbst nur aus Berichten kannte. Das Epos war anscheinend immer wieder innerhalb der Familie von einer Ge-
neration auf die andere weitergegeben worden. Es exi-
stierte also eine mündliche Erzähltradition, lange bevor
Archäologen die Heldendichtung als geschriebenen
Text unter dem Schutt von Jahrtausenden entdeckt hatten.

Die Frage, wer eigentlich Gurdjieff initiiert hat, wurde schon recht früh von Anhängern gestellt. Sein
Schüler J. G. BENNETT behauptet in seinem Buch *»Is
there Life on Earth?«*, daß Gurdjieff von einer namenlosen mystischen Vereinigung eingeweiht worden sei, deren Ursprung gut zweitausendfünfhundert Jahre vor unserer Zeitrechnung in Babylon zu suchen sei. Allgemein
nimmt man heute an, daß Gurdjieff von Sufis erzogen
worden ist, also von Meistern, die einem mystischen
Zweig des Islam angehören. Zusammen mit Madame

BLAVATSKY und ALEISTER CROWLEY zählt Gurdjieff zu den »großen Drei des Okkultismus« in unserem Jahrhundert.

Recht früh schon wurde Gurdjieff mit der Tatsache konfrontiert, daß er bei Menschen willentlich Gefühlsregungen hervorrufen konnte, die sich zum Beispiel in Gelächter, dem Zeigen von Trauer und der Neigung zur Boshaftigkeit äußerten. Er hatte folglich Macht über sie. Diese Fähigkeit interessierte ihn jedoch nur am Rande. Vielmehr wollte er erforschen, warum sich Menschen wie »Maschinen« verhielten, warum ihr Leben im Grunde nichts weiter war als das automatisierte Vollziehen bestimmter vorgegebener Reflexe. Und die zweite Frage, die sich ihm stellte, lautete: Können wir uns von auferlegten Mechanismen frei machen? Können wir aufwachen, oder in der Sprache der Verhaltenspsychologie, können wir uns rekonditionieren?

1909 begann Georg Gurdjieff seine Arbeit in Taschkent, ging von dort später nach St. Petersburg und Moskau. Mit seinem glattrasierten Schädel, dem mächtigen schwarzen Schnauzbart und den durchdringenden Augen zog er seine Zeitgenossen in Bann. Wie sehr, zeigt ein Zitat der Frau des Physikers KENNETH WALKER: »Der Haupteindruck, den ich von ihm hatte, war der einer ungeheuren Vitalität und geballten Kraft. Ich hatte das Gefühl, er sei nicht etwa ein Mensch, sondern ein Magier.« (126)

Zweifellos besaß Gurdjieff magische oder psychische Kräfte. So sprach sich schnell herum, daß er Menschen von Erschöpfungszuständen heilen konnte, indem er seine Energie auf sie übertrug. Aber Gurdjieff ging es nicht um Showeffekte; er wollte diese inneren Kapazitäten allen Menschen aufschließen, die sich dafür interessierten.

PJOTR D. OUSPENSKY (1878–1947) schloß sich in Moskau Gurdjieffs Gruppe an, und er war es auch, dem später eine maßgebliche Rolle bei der Verbreitung wichtiger

Teile von dessen Lehre in Westeuropa zufallen sollte.
1919 kam die Eurhythmie-Lehrerin und Anthroposo-
phin JEANNE DE SALZMANN in Tiflis mit Gurdjieff in Kontakt. Sie trug das Ihre zur Erweiterung der *heiligen Tänze*
bei und wurde Gurdjieffs »rechte Hand« als Vermittlerin
seiner Lehren in Paris. Jeanne de Salzmann avancierte zu
seiner Nachfolgerin, sie starb 1990 im Alter von einhun-
dertundeinem Jahr. Ihr Sohn MICHAEL führt in Paris das
Gurdjieff-Institut weiter – eine Traditionspflege also, die
nicht mehr eine »lebendige Schule des Augenblicks« sein
kann. Ein anderer, der sich intensiv mit Gurdjieffs Lehre
befaßte, war TIMOTHY LEARY, dem es ebenfalls darum
ging, »kein Blatt zu sein, das vom Wind umhergetrieben
wird«, sondern der Kontrolle über das eigene Leben zu
gewinnen trachtete (siehe Seite 223 ff.).
    Georg Gurdjieff starb am 29. Oktober 1949 in Paris.
Die Prieuré nahe Fontainebleau, jahrelang das Zentrum
seiner Bewegung und Anlaufstation für zahllose Kranke
und Suchende, war 1933 geschlossen worden. 1935 hatte
Gurdjieff sein letztes Buch »*Das Leben ist nur wirklich,
wenn ich bin*« halbfertig liegengelassen. Er war mehrfach
in Autounfälle verwickelt gewesen, die ihm gesundheit-
lich schwer zugesetzt hatten. Durch die Wassersucht waren ihm die Beine stark angeschwollen. Ungewöhnlich
wie Gurdjieffs Leben waren auch die Umstände seines
Todes. So soll die Stirn des großen Lehrers noch vier
Stunden nachdem ein Arzt den Totenschein ausgestellt
hatte, warm gewesen sein. Er wirkte eher lebendig als tot,
so daß seine Freunde glaubten, Gurdjieff erlaube sich
einen letzten Scherz mit ihnen. Bei der Autopsie der Lei-
che standen die Ärzte vor einem Rätsel: »Gurdjieffs Eingeweide waren in einem solchen Zustand des Verfalls und
der Zersetzung, daß er eigentlich seit Jahren hätte tot sein
müssen.« (127)

Methode und Weltbild

Georg Gurdjieff wollte herausfinden und vermitteln, was »Sinn und Zweck des menschlichen Daseins auf der Erde ist«. Den Menschen selbst definierte Gurdjieff als ein Wesen, das so lange Roboter bleiben, also mechanisch funktionieren wird, bis sein wirkliches Ich erwacht ist. Um dies zu erreichen, muß sich zuallererst die Einstellung des Menschen gegenüber dem Leben ändern. Er soll sich nicht die Schöpfung »untertan machen«, sondern selbstbewußt und verantwortungsvoll teilhaben am großen Schöpfungsplan, worin auch seine Pflicht gegenüber der Natur besteht. Ein wesentliches Mittel, um dieses Ziel zu erreichen, stellt die Liebe dar. Aber diese muß erst frei sein von aller bewußtseinstrübender Emotionalität und »objektiv« werden. In der Geschichte der Menschheit nämlich gab es seiner Meinung nach von jeher ein Zuviel an Heuchelei, Habgier, Selbstsucht und an Illusionen bezüglich der eigenen Person.

Um eine Harmonisierung der voneinander geschiedenen Bereiche des Menschen, Gefühl, Intellekt und Körper, zu bewirken, sind die *heiligen Tänze* notwendig.

Dies alles »weckt« den inneren Menschen auf, sein göttliches Ich, das fortan »bewußt arbeitet«, was mit »Mühe und Opfer« verbunden ist. Es geht Gurdjieff »um einen Dienst an der Zukunft«, um die »gegenseitige Erhaltung alles Existierenden«.

Gott oder die intelligente, sich selbst organisierende Schöpfung ist zwingend auf die Mitwirkung des Menschen angewiesen. Der Kontakt zu dieser geistigen Quelle wird durch Gurdjieffs drittes Element, nach *bewußter Arbeit* und *freiwilligem Leiden (Opfer)* die *bewußte Wahrnehmung*, gewährleistet. Die bewußte Wahrnehmung bezeichnet Gurdjieff auch als Gewissen, ohne das wir uns in eine Sackgasse begeben.

Das wirklich Bahnbrechende an Gurdjieffs Methode

kommt in folgender Einsicht zum Ausdruck, die nach
und nach auch durch die moderne Astrophysik bestätigt
wird: »Das Grundprinzip des realen Universums ist das
Prinzip der Erhaltung der Information in der Gesamtna-
tur des Universums.« (128)

Dieser Grundsatz ist bedroht durch Entropie, die gegenseitige Auslöschung von Materie und Energie. Das intelligente, sich selbst organisierende Universum geht zugrunde, wenn es nicht einen ständigen, sich selbst
erneuernden Prozeß gibt, der einerseits durch die Intelligenz des Schöpfers, aber andererseits im gleichen Maße
auch durch alle Geschöpfe des Universums aufrechter-
halten wird. Dem entspricht auf einer mythischen Ebene
der Kampf zwischen »Gut« und »Böse«.

Neben Gott muß also der Mensch mit in die Welt eintreten, um diese vor ihrem Ende zu bewahren. Das Universum, so bestätigen Astrophysiker, ist eben nicht mo-
nistisch aufgebaut, sondern dynamisch vitalistisch mit
niemals gleichen Strukturen. Nach Gurdjieff besteht die
Aufgabe des Menschen letztlich nur darin, diese »Welt zu
einem lebendigen, unsterblichen System zu machen, in
dem der Schöpfer arbeiten kann ... Inneres Wachstum,
eine Wandlung des Seins hängt nur von der Arbeit ab,
und die muß der Mensch an sich selbst tun.« (129)

29
Aleister Crowley
Okkultismus als Lebensphilosophie

»Es gibt kein Gesetz außer: Tu, was du willst ... Sei
stark, Mensch, und voller Lust. Genieße alles Sinnliche
und Wollüstige und fürchte nicht, daß ein Gott dich dafür straft«. (130)

Er selbst hat sich gern als den gottlosesten Menschen unseres Jahrhunderts bezeichnet und zudem behauptet, den
Teufel persönlich auf seiner Seite zu haben. Vor allem
aber hat dieser Schwarzmagier und Okkultist wohl zu jenen gezählt, die andere provozieren wollen und die, wie
es nicht selten bei Leuten dieses Schlages vorkommt, deswegen häufig gründlich mißverstanden werden.

»Jeder Mann und jede Frau ist ein Stern«, sagt ALEI-
STER CROWLEY und meint damit, daß in uns allen die
Göttlichkeit vorhanden ist und diese grundsätzlich nur
dann erfahren wird, wenn wir in unseren Handlungswei-
sen im Einklang mit uns selbst und mit der Welt sind.
Erst dann haben wir zu unserem wahren Willen gefunden
und werden, bildlich gesprochen, zu einem Stern, einem
leuchtenden Kraftfeld.

Crowleys Weisung »Tu, was du willst« bedeutet also
nicht, wie man ihm oft unterstellt hat, »Bahn frei! Jetzt
komm' ich, und zwar ohne irgendwelche Rücksichten!«
Gemeint ist vielmehr, daß man den einen wahren Punkt
in sich suchen soll, wo eigene Überzeugung und eigenes
Handeln deckungsgleich sind mit den tiefsten Bedürfnis-
sen.

Crowleys Biographie

Edward Aleister Crowley, der Antichrist par excellence,
kam 1875 in einem kleinen englischen Ort nahe Stratford
upon Avon, dem Geburtsort SHAKESPEARES, zur Welt.
Sein Vater war ein reicher Braumeister, seine Mutter »eine
hirnlose Frömmlerin«, wie er später vermerkte. Die Eltern
erzogen ihren Sohn puritanisch streng, seine Lieblingslek-
türe wurde daher die »*Offenbarung des Johannes*«.
Zwei Dinge fesselten ihn an diesem eschatologischen
Text: die aufreizende Hure Babylon in Purpur und
Scharlach gekleidet – später fühlte er sich immer wieder
zu Frauen hingezogen, die diese Farben trugen – und die
aus dem Meer steigende Bestie 666, das Tier der Apokalypse – mit dem er sich selbst identifizierte! –, das die
Macht besaß, Krieg gegen alle Heiligen zu führen und sie
auch zu besiegen.
Crowleys Vater starb früh an Zungenkrebs. Die Mutter gab ihren Sohn als verlorenen Sünder auf, als sie ihn
einmal mit einem Dienstmädchen überraschte. Mit zwanzig Jahren begann Crowley in Cambridge Geisteswissen-
schaften zu studieren. Er schrieb Gedichte, wurde ein be-
geisterter Bergsteiger und lernte noch während seiner
Studienzeit den Geheimbund *Golden Dawn* kennen,
einen Ableger der Rosenkreuzer, dem unter anderem
auch der irische Dichter WILLIAM BUTLER YEATS ange-
hörte. Die Ausübung von magischen Praktiken fesselte
den Dreiundzwanzigjährigen stark: So gab es im Golden
Dawn unter anderem das sogenannte *Pentagrammritual,*
das die Beschwörung von Geistern, ihre Anrufung und
Bannung vorsah. Mit derselben Methode hatte auch ELI-
PHAS LEVI – als dessen Wiedergeburt sich Crowley verstand, weil er im Todesjahr des Meisters geboren worden
war – einstmals versucht, sich die Elementargeister untertan zu machen (siehe Seite 168 ff.).
Der junge Crowley mietete eine kleine Wohnung in

London und übte sich dort in spirituellen Exerzitien –
auch unter Zuhilfenahme von Drogen –, um den
»Schleier der Isis« zu lüften. Er nannte sich nicht nur
einen Magier, er wollte auch einer sein, mit all dem Un-
heimlichen, das diesem Namen zu eigen ist. Und so wird
berichtet, daß er Menschen dazu gebracht habe, auf allen
vieren zu gehen und wie Hunde zu heulen.

1900 zog sich Crowley nach Schottland zurück, um in
der Einsamkeit gefährliche magische Rituale an sich zu
erproben. Diese Erfahrung verlor ihren Reiz bereits einige Monate später: Ende desselben Jahres reiste Aleister
Crowley durch die Welt, besuchte Hawaii, Japan, Ceylon, Indien und gelangte über Ägypten 1902 nach Frankreich. In Paris lernte er W. SOMERSET MAUGHAM kennen,
der ihn zum Vorbild für seinen Roman *»Der Magier«*
nahm, was Crowley ungemein schmeichelte.

Auch Crowley begann zu schreiben, im Laufe der
Jahre erschienen insgesamt neunzehn Bände, in denen er
seine Erfahrungen mit Magie und Okkultismus darlegte.
Er heiratete, seine Frau ROSE gebar ihm zwei Töchter.
Eine Tochter, ihr Name war NUT MA AHATHOOR HE-
CATE SAPPHO JEZEBEL LILITH, starb sehr früh. 1907 gründete Crowley den *AA-Orden* und warb dafür achtund-
achtzig Mitglieder. In dieser Gemeinschaft wurden vor
allem magische Sexualpraktiken gelehrt, und der »Magier« selbst war bald in allen Spielarten des Eros gleichermaßen versiert. 1909 ließ sich Crowley von seiner Frau
Rose scheiden.

O.T.O.

Um diese Zeit herum kam er mit den magischen Riten des
Ordo Templi Orientis (O.T.O.) in Berührung, einer Ge-
heimgesellschaft, die den alten Templerorden weiterfüh-
ren wollte. In den Riten dieser Gemeinschaft war auch

das tantrische Element vertreten. Der *Tantrismus,* eine
alte indische Erlösungsbewegung, macht, verkürzt gesagt, das Erlebnis der Erleuchtung, das den verborgenen
Gott im Menschen enthüllt, im Vollzug der »Liebe mit
Bewußtsein«, des bewußt erlebten Orgasmus, zum Kern
seiner Lehre. Wobei das *Tantra* als Lehrsystem auf die
Transmutation (Verwandlung in einem alchemistischen
Sinne) der menschlichen Persönlichkeit abhebt. Dadurch
werden im Menschen Kräfte freigesetzt, die ihn befähigen, sich gegen alles in dieser und in der jenseitigen Welt
erfolgreich zur Wehr zu setzen.

Aleister Crowley sah den Menschen allzuhäufig zum
Opfer übermächtiger Dämonen werden. Dagegen galt es,
seiner Meinung nach, ihn zu stärken. Er wollte ein neues
Zeitalter *Aion* schaffen, seinen Beginn datierte er auf das
Jahr 1904. GEORGES GURDJIEFF setzte für dieses Ereignis
das Jahr 1940 an, was allerdings kabbalistisch aufge-
schlüsselt, das heißt in der Quersumme, denselben Zah-
lenwert ergibt.

Die Abtei von Thelema

Etwa 1920 gründete Crowley in Cefalù auf Sizilien die
Abtei von Thelema. Hier sollten sich Männer und Frauen
auf die Suche nach ihrem wahren Willen begeben. »Tu,
was du willst!« lautete das einzige Gesetz dieser Gemeinschaft. Crowley hatte insgeheim im Sinn, den esoterischen Orden des PYTHAGORAS wieder ins Leben zu rufen
(siehe Seite 45 ff.), in dem bereits die verschiedenen Geschlechter gemeinsam gelebt, geschlafen, körperlich gear-
beitet und an der Vervollkommnung ihrer Seele gearbei-
tet hatten. In der Abtei von Thelema wurde die Magie als
Methode zur Entwicklung des höheren Selbst eingesetzt.
Der innere Willen sollte ebenfalls durch unterschiedliche
Praktiken – auch sexualmagische – geweckt werden. Je-

der Mensch sei ein Stern, meinte Crowley und verstand
dies fast in einer Weise, wie LEIBNIZ seine *Monadentheo-
rie* begriffen hatte: Niemand kollidiert mit dem anderen,
jeder ist für sich allein.

Crowley gab Anzeigen in der New Yorker Presse auf,
in denen er nach buckligen, einäugigen, lahmen Frauengestalten suchte, um sie in Thelema in wohlgeformte,
schöne Frauen zu verwandeln. Dahinter stand der Gedanke, daß in jedem Menschen zwei Seiten – Schönheit
und Häßlichkeit – angelegt seien. Auf diese Weise kam
Crowley zu einigen seiner Geliebten, den, wie er sie titu-
lierte, »scarlet women«, die ihm trotz oder gerade wegen
seiner sadomasochistischen Veranlagung fast ein Leben
lang zugetan waren. Auf Anordnung von MUSSOLINI,
dem die Abtei zu skandalträchtig schien, mußte Crowley
Thelema im Mai 1923 aufgeben.

Kabbala und Mantras

Die Kabbala stellte für Crowley und sein *Magick-System*
einen wichtigen Leitfaden bei der praktischen Arbeit dar.
Mit Hilfe der zahlenmystischen Analyse vermochte der
Magier die in der Trance geschauten Symbole, Namen
und Formeln genau einzuordnen. Für jeden, der die Magie gebraucht, ist es wichtig zu wissen, mit welcher Kraft
man es dabei zu tun hat. Frauen setzte Crowley als spiri-
tistische Medien ein, um seine Erkenntnisse zu überprü-
fen. Eines seiner interessantesten Bücher trägt den Titel
»Liber LXV« – im Lateinischen steht das Zahlenzeichen
LXV für die Ziffer 65 – und führt als Unterzeile: *»Das
Buch des von der Schlange umgürteten Herzens«.*

In ihm versucht Crowley, die griechisch-ägyptische
Magie wiederzubeleben, wobei das angesprochene Herz
auf das emotionale Leben und die Schlange auf die Kraft
der *Kundalini* hinweist (siehe *Mystiker,* Seite 128).

Eine weitere Methode, die dazu dient, die quecksilbrigen Bewegungen des Geistes zu verlangsamen, ist besonders im Fernen Osten unter dem Namen *Mantra* bekannt. Im katholischen Ritus stellt die Aussage »Der Herr ist mein Hirte, es wird mir an nichts mangeln« durchaus ein solches Mantra dar, das als heilige Formel gebraucht werden kann.

Wer diesen Satz oder diese Affirmation immer wieder ausspricht, bewirkt an sich selbst einen Akt der Konzentration, durch den er sich Gott besser zuwenden kann. Auch Aleister Crowley verfügte über ein eigenes Mantra, das er aus dem altägyptischen *»Buch des Gesetzes«* entliehen hatte. Es besitzt einen sonoren Rhythmus, und seine Übersetzung lautet:

> »Erwiesen ist letzte Einheit.
> Ich bewundere die Macht deines Atems,
> Höchster und furchtbarer Gott,
> Der du die Götter und den Tod
> Vor dir erzittern machst:
> Ich, ich bete dich an.« (131)

Aber auch jeder beliebige Kinderreim eignet sich als Mantra, wenn er einen bestimmten Rhythmus hat. Wird dann noch in leidenschaftlicher Hingabe das Mantra ständig wiederholt, so kann man dadurch seine Konzentrationsfähigkeit immens steigern. Wozu kann diese Technik dienen? In erster Linie, sich ein Fundament zu schaffen, damit man überhaupt in der Meditation »aufsteigen« kann, und um den Geist zu zwingen, bestimmte Teile des eigenen Körpers zu empfinden und andere nicht.

Die letzten Jahre

Nachdem er Thelema verlassen hatte, reiste Crowley zunächst nach Tunis, um dort seine Autobiographie zu schreiben. Doch es zog ihn bald wieder nach Europa zurück. In Gurdjieffs »Schule« nahe Fontainebleau bei Paris versuchte er, sein Suchtproblem in den Griff zu bekommen. Gurdjieff war bekannt dafür, daß er Drogenabhängige von ihrer Sucht heilen konnte. Aber er und Crowley kamen nicht gut miteinander aus. So fuhr Crowley nach Deutschland, wo er 1929 in Leipzig Maria Teresa Ferari heiratete, mit der er nach Berlin zog. Aber auch dort hielt es ihn nicht lange. Crowley ging nach England, versuchte sich als Maler – die Leute kamen, um ihn zu sehen: kahlrasierter Schädel, fett, wunderliche Kleidung, stechender Blick, von einer Parfümwolke umgeben. 1935 wurde in Deutschland der Orden O.T.O. verboten. 1944 – drei Jahre vor seinem Tod – entwickelte Crowley zusammen mit der Künstlerin Frieda Harris einen Tarotkartensatz, der sich noch heute großer Beliebtheit erfreut. In ihm wird die Null oder der Narr zur höchsten Karte, weil nach Crowleys Überzeugung alle Möglichkeiten nur in dem liegen können, was nicht festgelegt, also gleich Null ist.

Seine letzten Jahre verbrachte der Magier als Gast eines exzentrischen Lords in Hastings. *666 – das große Tier* war alt geworden und verbraucht. Crowley rauchte, trank, nahm Heroin zu sich und schrieb: »Mein Fleisch überließ ich der Fäulnis, mein Blut dem Gift, meine Nerven den Qualen der Hölle, meine Gedanken den Hexen.« (132)

Seine Schüler sollten die Ewigkeit nicht am falschen Platz suchen, lautete ein später Rat. Die letzten Worte dieses genialen, überdrehten Magiers sollen aber gewesen sein: »Ich bin überrascht!«

30
Edgar Cayce
»Schlafender Prophet« und
Mystiker

»Um nicht an Krebs zu erkranken,
empfehle ich ›drei Mandeln täglich‹.« (133)

Warum ausgerechnet Mandeln bei einer derartig schweren Erkrankung helfen sollen, werden wir niemals mehr
erfahren. Und zwar deshalb, weil niemand je EDGAR
CAYCE danach gefragt hat. Er hätte eine richtige Antwort
auch nur in Trance geben können, da er in diesem Zustand medialen Zugang zu einem scheinbar universalen
medizinischen Wissen hatte.

Wer war Edgar Cayce?

1877 wurde er auf einer Farm bei Hopkinsville in Ken-
tucky geboren. Sein Vater LESLIE CAYCE war in der Gegend Friedensrichter. Eine weitere mediale Veranlagung
in Edgar Cayce's Familie besaß vermutlich nur der Groß-
vater, der als Wünschelrutengänger Wasseradern aufge-
spürt hatte. Cayce, der in seinem ganzen Leben sehr reli-
giös gewesen ist, besuchte als Junge lieber die presbyte-
rianische Christ-Church, als mit seinen Freunden zu
spielen.
Angeblich soll er bereits mit sieben Jahren eine erste

Vision gehabt haben. Auf seiner Lieblingslichtung war ihm damals eine weiße Gestalt erschienen und hatte zu ihm gesagt: »Deine Gebete sind erhört worden. Was willst du, daß ich dir geben soll?«

Und Edgar hatte geantwortet, ohne groß verwirrt zu sein: »Einfach, daß ich anderen nützlich sein kann.«

»Schlafe, und wir werden dir helfen!« (134)

Vergleichbar sind solche inneren Erfahrungen mit Marienerscheinungen. Auch der »brennende« Dornbusch, den Moses in der Wüste als Anwesenheit Gottes erlebte, gehört zum Bilderreichtum der Seele, die von sich aus aktiv wird, um mit uns zu sprechen. Und es scheint wirklich so zu sein, daß, wenn wir nur »recht kindlich« – so drückt sich jedenfalls die Mystikerin JULIANA VON NORWICH aus – in uns hineinschauen und voll und ganz auf unsere Kräfte vertrauen, alles, was wir erbitten, möglich wird. Cayce war ein lebender Beweis dafür. Er lernte den Inhalt von Büchern, indem er sie nachts unter sein Kopfkissen legte. Allerdings wußte er solches Wissen nicht zu nutzen, weil seine Intelligenz nicht sehr hoch war. Selbst den Abschluß der Volksschule schaffte er nicht, so daß er nach der sechsten Klasse die Schule verlassen mußte.

Alle Versuche, einen rechtschaffenen, einfachen Beruf zu ergreifen, scheiterten. Eine Weile arbeitete er als Fotograf – mit mäßigem Erfolg. Mit dem »wachen« Cayce konnte man also wenig anfangen. War er aber einmal in Trance versunken, schien er auf alle ihm gestellten Fragen, die bestimmte Krankheiten oder die Erd- und Menschheitsgeschichte betrafen, kluge Antworten parat zu haben.

Er konnte heilen und Prophezeiungen aussprechen, weil er auf das lauschte, was als notwendige Medikamentierung oder universales Wissen in ihm »auftauchte«. Nach seinem unrühmlichen Schulabgang arbeitete er eine Zeitlang auf einer Farm, danach in einem Schuhgeschäft, wo er sich jedoch äußerst ungeschickt anstellte. Seine erste große Liebe und spätere Ehefrau, GERTRUDE EVANS, ermutigte ihn zum Bibelstudium und zum Besuch der Sonntagsschule. Edgar Cayce wollte Geistlicher werden, dazu fehlten ihm aber sowohl die intellektuelle Qualifikation wie auch vor allem das Geld fürs Studium.

Besucher schilderten in späteren Jahren Cayce als einen gelehrt wirkenden Mann von schlanker Statur, mit leicht gebeugter Haltung, mildem Blick, sanfter Miene und leiser, schleppender Stimme. »Cayce erinnerte mich an den Pfarrer einer ruhigen Landgemeinde«, sagte der Psychotherapeut HAROLD J. REILLY, der nach dem Tod des Heilers 1945 als »Cayce-Praktiker« Menschen nach den *Readings*, den protokollierten Trancediagnosen, behandelte.

14246 Readings in dreiundvierzig Jahren

Mit den Jahren erkannte Edgar Cayce, daß er ein Heiler war. Allerdings sollte er sich als ein recht ungewöhnliches Talent herausstellen. Sein erstes *Gesundheits-Reading* fand 1901 statt. In den Jahren danach wurde er immer häufiger um Rat gebeten, und jedesmal stellte er die richtige Diagnose. Ärzte und Heilpraktiker wurden schon bald auf ihn aufmerksam. Einer von ihnen, Dr. WESLEY H. KETCHUM, setzte Cayce bald als medialen Diagnostiker ein. Es schien, als könne er während seiner Trance in kranke Körper hineinsehen, als würde ihm gleichzeitig die jeweilige Krankengeschichte wie in einem Film präsentiert. Dies war auch dann möglich, wenn der Patient Hunderte von Kilometern entfernt war. Cayce nannte oft Rezepte und Behandlungsmethoden, die ungewöhnlich und unbekannt waren. Sie alle stellten sich jedoch als wirksam heraus – selbst bei völlig hoffnungslosen Fällen.

Die »Mumienspeise«

Am 12. Februar 1937 sah Edgar Cayce in einem Traum die ägyptischen Pyramiden. Auf einem Stein mit uralten Inschriften stand etwas geschrieben, das ihm wichtig erschien. Aber er vermochte es nicht zu entziffern. Da »erwachte« plötzlich eine Mumie zum Leben und half ihm, den Text zu lesen. Es handelte sich um ein Rezept gegen Depressionen:

»Man nehme zu gleichen Teilen getrocknete Feigen und entkernte Datteln. Sie werden fein zerkleinert, mit Wasser in einem Topf bedeckt und zum Köcheln gebracht. Dabei streut man über die Datteln zwei Eßlöffel Maismehl oder geschroteten Weizen. Eine Viertelstunde lang köcheln lassen und dabei häufig umrühren.« (135)

Das ist allemal besser als die Einnahme von Psychopharmaka, und, weil es überhaupt kein Risiko für die Gesundheit darstellt, auf jeden Fall einen Versuch wert.

Heilmittel Gold

Schon die mittelalterlichen Ärzte, unter ihnen Nostradamus, sahen im Gold das Prinzip der Beständigkeit und Lauterkeit. Gold rostet nicht, und nach dem Verständnis der Urmedizin steckt in allem, was existiert, auch in Steinen und Metallstückchen, ein geheimes geistiges Lebensprinzip, eine dynamische Lebenskraft – ein *Arkanum*. Je edler der Stoff ist, um so stärker muß auch das Arkanum in ebendiesem Stoff vorhanden sein. Gold war und ist ein besonders reines Metall. Edgar Cayce sagt über Gold als Heilmittel – und drückt sich dabei fast genauso aus wie Nostradamus, dessen Schriften er mit Sicherheit nicht kannte: »Die landläufige Meinung über die Anwendung von Gold ist falsch. Wenn es dem Gehirn

aber direkt, und zwar in geeigneter Form zugeführt
würde, könnte es die momentane Lebensdauer nahezu
verdoppeln . . .« (136)

Speisen, die größere Spuren von Gold als andere enthalten, sind nach Cayce Muscheln, Krebse und gelbe Rü-
ben. Der Prophet empfahl, gezielt diese zu essen. Nostradamus schlug vor, Speisen nur in Eisenkesseln oder in
Goldgefäßen zu kochen. Cayce lehnte Aluminiumge-
schirr ab und bevorzugte Emailletöpfe. Goldgeschirr sei
zwar am besten, aber zu teuer. Müdigkeit könne man ver-
treiben, indem man ein Goldmedaillon an einem Wollfa-
den um den Hals trage, meint Nostradamus. Anscheinend waren beide Propheten davon überzeugt, daß Gold
positive Energie in einen erschöpften Körper fließen
lasse.

1965 testeten einige amerikanische Ärzte die Kraft von
Gold an ihren Patienten. Zu ihrer Verblüffung erzielten
sie überdurchschnittliche Heilerfolge bei schweren näs-
senden Brandwunden, Hautgeschwüren und Abschür-
fungen. Gold beschleunige die Wundheilung, berichtete
die »*Washington Star*« am 5. September 1965.

Weil du glaubst, kann ich dir helfen

Im Oktober 1911 wurde Ketchum aufgefordert, vor der
American Association for Clinical Research in Boston
einen Vortrag über Cayce zu halten. Ketchum, der ständig mit dem »schlafenden Propheten« zusammenarbei-
tete, wurde eingehend über das Zustandekommen von
Cayce's »Werk« befragt. Er erklärte: »Da alle Naturphä-
nomene bestimmten Gesetzen unterliegen, ist es nur natürlich, dies auch vom Wirken des Mediums anzunehmen. Im Laufe meiner Untersuchungen habe ich nur
eines entdeckt, das absolut unerläßlich zu sein scheint:
daß der Patient auf irgendeine Weise in seinem besonde-

ren Fall Hilfe wünscht. Ansonsten sind die Ergebnisse
mager. Verschiedentlich, wenn mein ›ungewöhnlichster
Fall‹ Patienten zu helfen versuchte, die davon nichts
wußten, führte er weitschweifende Reden und traf sozusagen nur gelegentlich das Wesentliche.« (137)

Diese Äußerung ist in zweierlei Hinsicht bemerkenswert. Einmal macht sie deutlich, daß Edgar Cayce auf irgendeine Weise ein »Naturprinzip« verkörpert, das es für
alle Menschen zu entdecken gilt. Er arbeitet also nicht mit
Magie, die »neben der Welt« wirkt und alles, was wir bisher kennen, außer Kraft setzt. Zum anderen ist Hilfe nur
dann möglich, wenn die Menschen sie wirklich wollen
und glauben, daß sie möglich sei. Nur so konnte auch Jesus heilen. Denn der Körper stellt, wie Cayce immer wieder betonte, einen sich selbst heilenden Organismus dar,
der nur den richtigen Auslöser benötigt.

Edgar Cayce selbst litt an verschiedenen Krankheiten.
Deren Behandlung überließ er jedoch einem »Normal-
mediziner«, ROBERT WOODHOUSE, weil er im Wachzu-
stand keinerlei medizinisches Wissen besaß und sich
selbst deshalb nicht kurieren konnte.

In diesem Zusammenhang muß erwähnt werden, daß
sich Edgar Cayce im Alltagsleben nicht gerade gesund ernährte. Auf entsprechende Hinweise wußte er zu antworten, er verfüge im Wachen über keine besonderen
Kenntnisse über Diäten und andere Gesundheitsvor-
schriften und könne sich daher auch nicht danach richten.

Im Trancezustand aber stand ihm scheinbar die Weisheit aller Zeiten zur Verfügung. Er empfahl neben tausend Jahre alten Heilmitteln auch neuartige, die noch gar
nicht auf dem Markt waren.

»Cayce's Gesundheitsreadings«, sagte Dr. WILLIAMS
O. MACGAREY, »bringen einen auf den verblüffenden
Gedanken, daß jede Zelle ein eigenes Bewußtsein hat.
Cayce war offensichtlich in der Lage, sich hellseherisch
mit dem Bewußtsein der Zellen zu identifizieren und
vom Inneren des Körpers aus alle Drüsen, Organe, Blut-

gefäße, Nerven, Gewebe zu schauen.« Oder gibt es so etwas wie ein »Gedächtnis der Natur«, auf das der »schlafende« Cayce »Datenzugriff« hatte?

»Los Angeles, San Francisco werden unter denen sein, die zu ihren größten Teilen noch vor New York untergehen«

Sehr häufig war Edgar Cayce in seinen Voraussagen prä-
zise. Den Börsenkrach von 1929 prophezeite er fast auf
den Monat genau. Er warnte eindringlich vor dem Zweiten Weltkrieg, sagte HITLERS Tod vorher und die Er-
mordung zweier amerikanischer Präsidenten in diesem
Jahrhundert. Für ein bestimmtes Gebiet in Florida prophezeite er die Entdeckung von Erdöl, als man dort nur
an den Anbau von Grapefruits und Orangen dachte. Generell stellte er für die gesamte Erde gewaltige Umwälzungen und Zerstörungen in Aussicht. Und an diesem Punkt
werden seine Voraussagen zweifelhaft. Cayce postulierte,
Atlantis würde vor Bimini wieder auftauchen, Erdbeben
würden den gesamten amerikanischen Kontinent erschüttern, Städte wie New York im Meer versinken, die
Erdachse kippen und anderes mehr. Das Problem bei solchen Prophezeiungen ist immer der veranschlagte Zeitraum. Cayce selber hatte keinen Zweifel daran, daß sich
alles zwischen 1958 und 1999 ereignen würde. In einem
Traum erlebte Cayce einmal seine Wiedergeburt im Ne-
braska des Jahres 2100. Der ganze westliche Teil des Lan-
des war vom Meer bedeckt. Bereits in der Prophezeiung
des Zauberers Merlin heißt es: »Die Meere werden im Nu
anschwellen.« (Siehe Seite 85.)
    Wir, die wir am Ende des zwanzigsten Jahrhunderts le-
ben, ahnen, daß bei einem Anstieg der Meere, verursacht
durch den Treibhauseffekt, sich die Erdkarte dramatisch
verändern wird. Cayce prophezeite auch den Untergang

Japans – durch Erdbeben. Es gibt Geologen, die dies heutzutage nicht mehr ausschließen wollen. Die Frage ist nur, wann das alles geschehen wird und ob dann wirklich mit der behaupteten tödlichen Konsequenz. Den Zeitpunkt für derlei gravierende Zerstörungen hat Cayce jedenfalls nicht richtig angegeben, und das Ganze sollte deshalb mit großer Skepsis betrachtet werden. Jegliche Endzeitprophetie – von wem auch immer – hat bisher immer nur Möglichkeiten angesprochen, muß dementsprechend nicht notwendigerweise in Erfüllung gehen, auch wenn dies kollektiven Ängsten entsprechen mag.

»Ich werde am Freitag, dem 5. Januar, geheilt werden«

Mitte September 1944 gab Edgar Cayce sein letztes Reading. Es galt seiner eigenen Gesundheit, mit der es nicht zum besten stand, weil er durch seine häufigen Trancesitzungen Raubbau an den Lebensenergien betrieben hatte. In den Monaten vor seinem Tod erreichten ihn täglich fast eintausendfünfhundert Fragen von Menschen, die ihn baten, Diagnosen für sie zu erstellen. Die Postsäcke stapelten sich in seiner Wohnung, und Cayce wußte, daß viele von den Anfragern sterben würden, bevor er dazu gekommen war, ihnen eine Antwort zu geben. Diese ganzen Umstände hatten ihn erschöpft, ausgelaugt, deprimiert, zuletzt verweigerte ihm sein Körper den erholsamen Schlaf. Wie viele Therapeuten befolgte Cayce die Ratschläge, die er anderen gegeben hatte, nie.

Knapp zwanzig Jahre vor seinem Tod, im April 1926, war ihm als Traum eine symbolische Vision erschienen: In einer heißen Wanne hatte er sich tödliche Verbrühungen zugezogen. Das Leiden, das bei ihm schließlich zum Tode führte, diagnostizierten die Ärzte als Lungenödem. Cayce sollte durch Wasser im Gewebe ersticken. Aber

der »schlafende Prophet« betrachtete sein Ableben ziemlich gelassen. Am Neujahrstag 1945 verkündete er allen
Freunden, daß er am 5. Januar geheilt sein würde. Edgar
Cayce starb am 3. Januar und wurde zwei Tage später
beerdingt. Seine Frau Gertrude, die jahrelang die hypno-
tische Suggestion vorgenommen hatte, durch die er in
Trance verfiel, folgte ihm fast auf den Tag genau drei Monate später.

»Diese plumpe Welt aus einfachen Elementen zusam-
menzusetzen und sie jahraus, jahrein in den Strahlen der
Sonne zu rollen, hätte Gott sicher wenig Spaß gemacht,
wenn er nicht einen Plan gehabt hätte, sich auf dieser materiellen Unterlage eine Pflanzschule für eine Welt des
Geistes zu gründen«, schreibt GOETHE in seinem letzten
Lebensjahr. (138)

»Pflanzschule für eine Welt des Geistes« – Edgar
Cayce gehört zweifellos zu jenen Großen, deren Namen
die spirituellen Wände dieser Schule auf ewig zieren werden.

31
Padre Pio
Das Phänomen der Bilokation

»Wenn Gott einen Heiligen wie den heiligen
Antonius durch Bilokation an einen anderen Ort
versetzt, wird dieser solches gewahr?«
»Natürlich. In einem Augenblick ist er hier, im
nächsten dort.«
»Aber ist er wirklich an zwei Orten zugleich?«
»Ja.«
»Wie ist das möglich?«
»Durch Aussendung seiner Persönlichkeit.« (139)
Gespräch zwischen PADRE PIO und dem
Arzt Dr. SANGUINETTO

APOLLONIUS VON TYANA soll diese Fähigkeiten besessen
haben und auch der heilige ANTONIUS VON PADUA. Ja,
selbst von JOHANN WOLFGANG VON GOETHE wird berichtet, daß er einst sich selbst hoch zu Roß auf einer
Reise begegnet sei. Die Rede ist von Bilokationsphäno-
menen, bei denen Menschen an zwei Orten gleichzeitig
auftreten können. Einer, dem diese Gabe ebenfalls zugeschrieben wird, ist FRANCESCO FORGIONE, den man auch
PADRE PIO nannte. Wie MARIA WINOWSKA uns in ihrer
Biographie über den Franziskanermönch wissen läßt,
verfiel Pater Pio in der Kirche San Giovanni Rotondo im
italienischen Foggia, während er im Beichtstuhl saß, häufig in eine Art »Starre« oder besser Trance. Erst nach
einer ganzen Weile kehrte wieder Leben in sein Antlitz
zurück. Seine Mitbrüder hatten sich an solche »Absen-

zen« längst gewöhnt und erklärten, daß der Pater mal wieder »unterwegs«, an einem anderen Ort sei, um irgendeiner armen Seele beizustehen. So geschah es im Jahre 1942 mit dem Erzbischof von Montevideo, den Pio durch eine paranormale Botschaft zu Monsignore DAMIANI schickte, weil dieser im Sterben lag. Auf einem Zettel neben seinem Bett hatte der verwirrte Erzbischof angeblich die Nachricht »Padre Pio ist gekommen« gefunden. Aber der weilte zu jener Zeit Tausende von Kilometern entfernt in seiner eigenen Gemeinde. Und dieser »Ausflug« nach Südamerika sollte kein Einzelfall bleiben.

Wer war Padre Pio?

In den fünfziger Jahren unseres Jahrhunderts erschienen zwei bemerkenswerte Biographien über den ungewöhnlichen Franziskanermönch: *»Das wahre Gesicht des Pater Pio«* von Maria Winowska und *»Pater Pio – der stigmatisierte Mönch«* von CHARLES MORTIMER CARTY. Beide Autoren versuchen der Persönlichkeit des Paters nachzuspüren und müssen doch scheitern, weil dieser Mensch nicht mit normalen Maßstäben gemessen werden kann.

Francesco Forgione kam 1887 zur Welt. Kaum dreißig Jahre alt, wurde er stigmatisiert, das heißt, er bekam fünf tiefe Wunden, die den Wundmalen Christi entsprechen: je zwei davon an Händen und Füßen und eine fast sieben Zentimeter lange Verletzung in Form eines umgekehrten Kreuzes an der Seite. Das ausfließende Blut soll sehr wohlriechend gewesen sein. Die Wundmale selbst wurden eingehend von GIORGIO FESTA, einem Arzt, untersucht und beschrieben: »Von Zeit zu Zeit löst sich die Kruste, zuerst vom äußeren Rand, und dann, nach und nach gegen das Zentrum zu, vollständig ab: Und dann erscheint die Verletzung in allen ihren Einzelheiten; rotbraun und immer blutend.« (140)

Francesco Forgione tritt dem Orden der Franziskaner in Foggia bei und nennt sich fortan Padre Pio. Er ist ein Heiler, der in der Stadt sein eigenes Krankenhaus unterhält. Auch Fernheilungen sind von ihm bezeugt. Die Menschen lieben ihn, kommen in die Kirche San Giovanni Rotondo und lassen sich gern von ihm die Beichte abnehmen, obwohl der Pater sie mitunter auch auf unausgesprochene Sünden hinweist.

Aber nicht nur das: Berichtet wird auch, daß er Unbekannten ihr ganzes Leben erzählt habe, von der Vergangenheit, über die Gegenwart bis in die Zukunft.

Das Erstaunlichste aber sind seine Bilokationen. Ein Beispiel aus dem Buch von Carty zeigt dies recht anschaulich:

»Hier die Kurzfassung des Falles Mario D. aus Viareggio: 1940 hatte der damals 24jährige einen Arbeitsunfall. Defekt der Lendenwirbelsäule mit nachfolgender Atrophie des Kreuzbeins. Mit Gipskorsett war er beschränkt arbeitsfähig, bis er 1950 bei einer körperlichen Anstrengung zusammenbrach. Danach bestand vollständige Lähmung und Anästhesie der Beine. Der Patient war an das Bett gebunden. Hinzugezogene Fachärzte stellten weder eine exakte Diagnose, noch konnten sie helfen. Am 17. März 1951 stand ihm wegen einjähriger Krankheit die endgültige Entlassung aus seinem Arbeitsverhältnis bevor. Am Nachmittag brachte seine Frau ein Buch über Pater Pio mit nach Hause und bat ihren Mann, die Hilfe des Paters anzurufen. Der Patient hatte eine Abneigung gegen alles Religiöse im allgemeinen und gegen Geistliche im besonderen und sagte, nachdem er das Buch beiseite gelegt hatte, ohne Überzeugung: ›Wenn du schon so viele Wunder gewirkt hast, dann hilf doch auch mir.‹

Im selben Augenblick sah er, wie sich die Tür seines Zimmers öffnete und ein Kapuzinermönch in einer Kutte ins Zimmer trat, auf ihn zukam und sagte: ›Steh auf, dir fehlt nichts mehr!‹

Der Mann wurde geheilt.« (141)

Was die Fähigkeiten des Paters in Bilokation angeht, so
berichten viele Menschen, daß sie ihn beim Erwachen
oder in »Hellträumen« wahrgenommen hätten. Somit
handelt es sich bei den Bilokationen in den meisten Fällen
um Astralkörperaustritte, die besonders häufig beim Erwachen in der Nacht oder im Morgengrauen beobachtet
werden können.

Padre Pio selbst bezeichnete diesen Vorgang als Aussendung seiner Persönlichkeit. Was den Sachverhalt tref-
fend umschreibt. Denn vielleicht materialisierte sich ja
nicht der Leib des Paters an einem anderen Ort, sondern,
wie es die Schamanen ausdrücken, die »Grenzen« der
Person, des modernen, »abgekapselten« Individuums er-
weiterten sich, sein Bild, seine Seele also, »berührte« sich
mit dem eines anderen Individuums.

Pater Pio starb 1968 im Alter von einundachtzig Jahren.

32
Der prophetische Franzose
Name unbekannt

»Sie sind ein abgrundschlechter Mensch.
Sie kommen aus dem Krieg nicht mehr heim.
Ihr Fleisch werden die Raben zerhacken.« (142)

Anfang und Mitte der fünfziger Jahre unseres Jahrhunderts erschienen in einer Missionszeitschrift unter dem Titel *»Der prophetische Franzose«* Berichte über einen ungewöhnlichen Menschen, der Ende August 1914 vor allem detaillierte Voraussagen über Deutschland bis zum Jahre 2000 gemacht haben soll. Verfasser dieser Artikel war der Benediktinerpater FRUMENTIUS RENNER, der sein Wissen über den prophetischen Franzosen aus zwei Feldpostbriefen des bayerischen Soldaten ANDREAS RILL bezog. Dieser war als junger Armeeangehöriger für wenige Tage im August 1914 in das Kapuzinerkloster in Sigolsheim bei Colmar einquartiert worden. Dort begegnete er zusammen mit Leutnant ADOLF LEEB, Unteroffizier G. und weiteren vier Kameraden einem alten, geheimnisvollen Franzosen, der sich als Gast im Kloster aufhielt. Am Abend saßen alle beisammen. Die Deutschen scherzten und sagten, daß der Krieg bald vorüber sein würde und daß sie alle bis Weihnachten wieder zu Hause sein könnten. In diesem Moment schaltete sich der Franzose ein und erklärte: »Da werdet ihr euch bitter täuschen, der Krieg dauert über vier Jahre.«
Alle starrten ihn ungläubig an, und so »unterhielt« der seltsame Unbekannte die Männer, die dabei »viel zu la-

chen« hatten, mit weiteren beunruhigenden Prophezeiungen über die nahe und ferne Zukunft.

Aus den Briefen Rills spricht gleichermaßen ungläu-
bige Verwunderung und große Besorgnis. Denn das
wirklich Verblüffende an den Voraussagen des Franzosen sind seine teilweise präzisen Angaben:

»Dieser Krieg (1914–1918) sei für Deutschland bereits
verloren, er würde ins fünfte Jahr gehen, dann gäbe es Re-
volution. Aber dadurch würde nichts besser werden. Das
Volk wäre zwar plötzlich reich, jeder besäße so viel Geld,
daß er es bedenkenlos zum Fenster hinauswerfen könnte,
und niemand würde es aufheben.« (143)

Auch der Zweite Weltkrieg wurde von dem hellsichti-
gen Franzosen vorhergesagt, dazu die Schreckensherr-
schaften von STALIN und HITLER, der Tod des deutschen
Diktators im Jahr 1945, die Teilung Deutschlands, der
sich anschließende Wiederaufbau und ein »drittes Weltgeschehen«, einen großen Krieg: Rußland überfällt
Deutschland im Süden, wird aber besiegt.

Wer war der geheimnisvolle Franzose?

Der Unbekannte hat seinen Namen nicht genannt, und
falls doch, so konnte sich offenbar keiner der deutschen
Soldaten mehr daran erinnern. Der Parapsychologe HANS
BENDER befaßte sich eingehend mit den Prophezeiungen.
Er hatte sich mit dem Eifer des Erschrockenen darauf gestürzt und jede noch so kleine Spur verfolgt, um Informationen über den geheimnisvollen Franzosen zu bekommen. Die Einmaligkeit und die Qualität der Voraussagen
bewiesen, daß sowohl Einzelpersonen wie auch ganzen
Völkern ein unausweichliches Schicksal bevorzustehen
scheint. Bei den Prophezeiungen von NOSTRADAMUS
blieb noch genügend Raum für Interpretationen, in diesem Fall jedoch waren die vorausgesagten Ereignisse klar

formuliert. Daran gab es nichts zu deuteln. Das war
selbst für Bender neu, und er stellte fest, daß der Soldat
Andreas Rill vermutlich nicht alles wortgetreu aufge-
zeichnet hatte, so daß sich vielleicht nur durch ihn bestimmte Ungenauigkeiten eingeschlichen hatten. Dadurch wurde für Bender die Sache noch unheimlicher:
denn es bestand eine gewisse Wahrscheinlichkeit, daß
der prophetische Franzose in seinen Voraussagen per-
fekt gewesen war und nur durch Rill Fehler hinzuge-
kommen waren.

Über den namenlosen Propheten fand Deutschlands
berühmtester Parapsychologe folgendes heraus:

Der unbekannte Visionär hatte nach eigenem Beken-
nen der Freimaurerloge von Colmar angehört, bevor er
beschlossen hatte, seinen Lebensabend im Kloster zu
verbringen. Er behauptete, früher mehrfacher Millionär
gewesen zu sein, dann aber alles verschenkt zu haben.
Sieben Sprachen habe er gesprochen. Im Kloster bei
Colmar sei er unter der Bezeichnung FR. LAIC. TERT. als
Laienbruder geführt worden. Zwei, drei Jahre nach dem
Gespräch mit Rill und seinen Kameraden sei er verstorben. Vorher hatte er noch Unteroffizier G., den er für
einen »abgrundschlechten« Menschen hielt, ein schreck-
liches Ende prophezeit, das knapp einen Monat darauf
auch so eintrat. Der zerfetzte Leichnam des Offiziers
sollte allerdings erst ein halbes Jahr später aufgefunden
werden. Es zeigt sich also, daß der Franzose auch über
hellseherische Kräfte verfügte, die sich auf das Schicksal
einzelner Menschen bezogen.

Professor Bender versuchte, über die Mitgliederliste
der Colmarer Freimaurerloge *Zur Treue* den Namen
des Franzosen herauszubekommen. Aber sowohl aus
dem Verzeichnis der zwischen 1911 und 1914 ausgetre-
tenen Mitglieder als auch aus den Sterbelisten des Klosters von Sigolsheim war der Name nicht zu erschließen. Was höchst seltsam ist. Bender vermutet, daß der
Visionär kurz vor dem Tod in seinen elsässischen Hei-

matort zurückgekehrt sei. Somit bleibt die Identität des
ungewöhnlichen Visionärs im dunkeln.
Daß nun überhaupt keine weiteren Informationen
über ihn bekannt geworden sind, stimmt nachdenklich.
Hat der Unbekannte denn wirklich nur einmal, und zwar
vor dem 24. August 1914, anderen Menschen von seinen
spektakulären Visionen erzählt? Das scheint wenig
glaubhaft. Aber dennoch berichten weder die Kloster-
brüder noch Personen, die ihm zweifellos nahegestanden
haben müssen, etwas von ihm.
Merkwürdig ist auch, daß über sein Ableben in den
Klosterlisten nichts verzeichnet steht. Denn Ende 1917
hatte Andreas Rill das Kloster noch einmal besucht, um
den Franzosen zu treffen. Da soll ihm der Pförtner (!) gesagt haben, der Mann sei verstorben, aber alles sei wahr,
was dieser erzählt habe. Eine merkwürdige Ungereimt-
heit, und es verwundert, daß sie Bender nicht auffällt. Der
Parapsychologe entdeckt, daß über den Tod des Unbekannten in den Klosterakten nichts vermerkt ist. Also
schließt er, daß der Franzose dort nicht gestorben ist.
Bender vermutet, daß der Visionär in seine Heimatstadt
zurückgekehrt sei, um dort zu sterben. Aber warum
sollte er das tun, wenn er sich doch entschlossen hatte,
sein Leben als Laienbruder in einem Kloster zu beenden?
Und zweitens, wenn nichts über seinen Tod vermerkt
ist, woher wußte dann ausgerechnet der Pförtner, daß der
unbekannte Franzose verstorben war? Hatte ihn jemand
benachrichtigt? Und wenn ja, wer ist dies gewesen?
Warum wurde er überhaupt informiert, und welchen Namen hat er dabei erfahren?
Ungereimtheiten und Merkwürdigkeiten gibt es in diesem Fall äußerst viele, so daß der Eindruck entsteht, der
geheimnisvolle Franzose – ehemals Millionär und
Sprachgenie – wollte einfach nicht, daß man mehr von
ihm erfuhr. Daß jemand sein ganzes Geld weggibt, um
sich der Religion zu widmen, deutet auf ein tiefgreifendes
Erlebnis, einen markanten Einschnitt in seinem Leben

hin. Dies wiederum dürfte seiner Umwelt nicht verborgen geblieben sein. Journalisten haben sich von jeher auf derartige Themen gestürzt. Aber in der Presse findet man nichts in dieser Zeit, was auf unseren Mann schließen ließe. Und wann und weshalb hat er eigentlich sieben Sprachen gelernt? Ausgerechnet sieben! Eine magische Zahl, die der Visionär selbst noch einmal ins Spiel bringt: »Und die Zahl Sieben hat eine große Bedeutung ...« Unheil droht der Welt seiner Meinung nach von dunklen Männern, »die sind in der ganzen Welt verteilt, an der Zahl sieben«. (144)

Ein »klassischer« Eingeweihter und das Rätsel der Zeit

Je länger man über diese beiden Dinge nachdenkt – den Reichtum, der verschenkt wird, und das Beherrschen von sieben Sprachen, was wiederum an ausgedehnte Reisen und Studien denken läßt –, desto eher gewinnt man die Überzeugung, es mit einem »klassischen« Eingeweihten zu tun zu haben: mit einem, der dem Leben und allen Bindungen entsagt, umherreist und studiert – wie CHRISTIAN ROSENKREUTZ etwa, der zwar nur mythisch existiert, aber von seiner angeblichen Biographie her als beispielhaft für den westlichen Weg der Suche nach Erleuchtung betrachtet werden kann. Oder APOLLONIUS VON TYANA, der den Orient und Indien besuchte, mehrere Sprachen lernte und sich einweihen ließ.

Der unbekannte Visionär »tauchte« zu einem bestimmten Zeitpunkt, nämlich am Anfang des Ersten Weltkriegs, auf, als Deutschland noch im Siegestaumel steckte, und verkündete Unheil. Bender zeigt, daß er in seinen Voraussagen, vor allem, was das »dritte Weltgeschehen« betrifft, auf Tradiertes, auf andere Prophezeiungen zurückgriff. Er muß sich also vorab schon mit

Esoterik befaßt haben. Nach seinem »Auftritt« verschwand der Prophet wieder dorthin, woher er gekommen war, und versank in der Anonymität. Seine Vorher-
sagen waren so konkret, daß sie stutzig machen müssen.
Wenn man aber nun einmal davon absieht, daß es sich bei
ihm vielleicht um einen Zeitreisenden handelte, wie manche Autoren glauben, oder um den geheimnisvollen
GRAFEN VON SAINT-GERMAIN, so bleibt die Person eines
geheimnisvollen Propheten, der uns mit der beklemmen-
den Tatsache konfrontiert, daß die Zukunft kein »unbe-
schriebenes Blatt« ist, daß Ereignisse vorherbestimmt
sind.

»Zeit ist eine Illusion. Im Unbewußtsein sind Vergangenheit und Zukunft gegenwärtig«, meinte EDGAR
CAYCE. Offensichtlich erstreckt sich die Zeit von der Gegenwart aus nicht in eine Art Vakuum, eine unbestimmte
Zukunftsleere, sonst gäbe es keine so präzisen Voraussagen wie die des Franzosen aus dem Elsaß. Was er uns sagen will, ist, daß Ereignisse nicht eintreten, sondern bereits existieren und wir uns lediglich auf sie zubewegen.
Nach Cayce wiederum befindet sich unsere Psyche außerhalb des gängigen Raum-Zeit-Kontinuums und kann
auf diesem Weg zu allen Informationen gelangen, die sie
haben will.

33
Eileen Garrett
Die Reisen des Astralleibs

»Ich hatte das nebelhafte Leben meines älteren Jungen (2 Jahre) schweben und sich von seinem Körper fortwinden sehen, als ich ihn in meinen Armen hielt. Wie wenn unsichtbare Finger einen Seidenfaden spinnen, ringelte sich die fließende Emanation und bewegte sich rhythmisch fort, bis sie aus meinem Gesichtskreis entschwand.« (145)
EILEEN GARRETT

Wir besitzen in unserer westlichen Zivilisation keine Kultur für außersinnliche Erfahrungen, und daher können wir der Feststellung wenig abgewinnen, daß unser Geist – oder unsere Seele – in der Lage ist, auf Reisen zu gehen. Dabei erhält die Seele die Gelegenheit, über den »Zaun«, den Bereich des »Unscharfen«, der »Dämmerung« zu schauen, der unsere zivilisierte Welt umgibt. Es ist interessant, daß die alten Griechen den Hades, die Unterwelt, von der übrigen Welt durch einen »ehernen Zaun« getrennt sahen. *Hag* bedeutet »Hexe« im Englischen. Im Mittelalter stand *Hagasuzza* für die »Hexe, die auf dem Zaum reitet«. Und Hexen »flogen« bekanntlich – auch durch Einnahme bewußtseinserweiternder Drogen –, weil, wie der Mystiker SEBASTIAN FRANCK zu sagen pflegte: »Item man laufft nit mit den fussen auss der welt.«

Daß man auch ohne Drogen »aus der Welt herausreisen« kann, wird seit Jahrhunderten von Heiligen und Eingeweihten in aller Welt immer wieder bekräftigt, genauso übrigens von vielen Kranken, die sich während einer Operation plötzlich außerhalb ihres Leibes befanden und dabei fast immer religiöse Erfahrungen machten. Sensitive wie EDGAR CAYCE sprechen von einer *Aura*, die den Menschen umgibt. Sie können aus dieser »Umrandung«, je nach deren Farbe und Konsistenz, auf die Stimmung des Menschen schließen.

Auch PARACELSUS nahm an, daß im »Fleisch« ein sogenannter *Sternenkörper* lebe, ein Energieleib, der sich im Tod von der Materie löse. EILEEN GARRETT hat zeitlebens, ohne daß sie es unbedingt wollte, diesen Astralleib bei Menschen in ihrer Umgebung wahrgenommen, so auch bei ihrem sterbenden Sohn, dessen Leichnam in ihren Händen zurückblieb. Aber Eileen Garrett empfand häufig Widerwillen gegen ihre Medialität, was auch daran lag, daß sie ohne »Vorwarnung« an jedem passenden oder unpassenden Ort in Trance sinken konnte. Diese Beschneidung ihres freien Willens mißfiel ihr, weil sie eine sehr tatkräftige und nach Erkenntnis drängende Frau war. Aber Eileen Garrett zeichnet vor allem aus, daß sie ihre besondere Veranlagung als Ansporn nahm, wissenschaftlich nachzuforschen, was da jedesmal so unvermittelt mit ihr vorging. In der Beurteilung der Fakten behielt sie stets einen klaren Kopf, und sie stand ihren außersinnlichen »Erlebnissen« skeptisch und distanziert gegenüber. Sie gab sich daher nicht mit vorschnellen und populärwissenschaftlichen Erklärungen zufrieden.

»Dabei wurde mir klar, daß ich – auch wenn es möglich wäre, eine andere Dimension oder Lebensebene zu erreichen – immer auf den Gebrauch meiner eigenen Bilderwelt und Symbole beschränkt bin, und deshalb fragte ich mich, ob ich beim Kontakt mit einer fremden Intelligenz je ganz begreifen könnte, was diese übermitteln will?« (146)

Die Biographie Eileen Garretts

Eileen Garrett wurde Ende des letzten Jahrhunderts in Irland geboren und starb 1970 im Alter von siebenundsiebzig Jahren. Ihr Vater war Spanier, die Mutter besaß irische und französische Vorfahren. Eileen wuchs nach eigenem Bekunden recht einsam auf und soll von Anfang an eine Fülle von paranormalen Erfahrungen gehabt haben, die sie alle in ihrem Buch »*Adventures in the Supernormal*« beschreibt. Sie nahm die Dinge anders wahr als ihre Mitschüler, die sich, wie auch die Lehrer, über sie mokierten und sie »der Lüge zeihten«. Aber Eileen »hielt sich weiter an ihr Wissen, das über ihr Wahrnehmungsvermögen [das der anderen] hinausging«.

Zwei paranormale Erfahrungen will ich kurz herausgreifen:

Zum einen lernt sie drei Spielgefährten kennen, die nur sie allein sehen kann. Ähnliches erlebte als Kind auch ROSEMARY BROWN (siehe Seite 218 ff.).

»Ihre Körper waren weich und warm. Und doch waren sie anders. Ich sah alle Körper von einem Lichtschein umgeben, aber die ›Kinder‹ waren wie von Gaze. Ihre Substanz war von Licht durchdrungen.« (147)

Diese »Kinder« spielen mit ihr, zeigen ihr Blumen, Tiere oder Plätze, wo Pilze und Beeren besonders üppig wachsen. Gegen Wasserläufe haben sie allerdings eine heftige Abneigung, was das Mädchen nicht verstehen kann. Als Eileen in die Pubertät kommt, nimmt sie die »Kinder« nicht mehr wahr.

Erst viel später dachte sie über diese Erscheinungen nach. Waren sie vielleicht nur Phantasieprodukte einer vereinsamten Kinderseele gewesen oder doch Naturgeister, Feenwesen? Letzteren Gedanken lehnte Eileen Garrett allerdings ab, weil sie, wie sie betont, in ihrem weiteren Leben niemals mehr mit solchen Kräften in Berührung gekommen sei.

Ein zweites Beispiel zeigt, wie in Eileens moralischem Empfinden durch die paranormale Wahrnehmung eine Veränderung bewirkt wird: Klein Eileen hatte nämlich einmal aus Wut die Entenküken ihrer Tante in einem Teich ertränkt. Erschrocken muß sie nun beobachten, wie die Astralkörper sich spiralförmig von den toten Entchen lösen und in der Höhe eine neue Form annehmen.

Als sie älter wird, begegnen ihr Verstorbene aus der Verwandtschaft. Sie hört Stimmen, die ihr Ratschläge erteilen: »Mach das Beste aus deinem Glück – es wird nicht anhalten.«

Kurz darauf stirbt ihr Verlobter an einer Lungenentzündung, während sie mit Blinddarmreizung im Krankenhaus liegt.

Und dann fällt sie zum erstenmal mitten in einer Gesellschaft in Trance. Später wird ihr von den Umstehenden berichtet, daß sich eine fremde Wesenheit namens *Uvani* durch ihren Mund gemeldet habe. Uvani habe mitgeteilt, daß der Mensch seinen Tod überlebe und er dafür Beweise beibringen wolle.

Eileen Garrett zeigte sich alles andere als begeistert. Was aber beherrschte sie zeitweise und ließ sie Dinge sagen, von denen ihr Wachbewußtsein keine Ahnung hatte? Sie unterzog sich einer Untersuchung durch HEWAT MCKENZIE, dem Begründer des *British College of Psychic Science*, der sie zum Medium ausbildete.

Spukphänomene

Menschen mit latenter medialer Begabung sind immer irgendwann einmal spukartigen Erlebnissen ausgesetzt. Das galt für C. G. JUNG oder auch HANS BENDER, der mit derartigen Phänomenen beim Tode seiner Mutter zu tun hatte. Die Frage bleibt jedoch bis heute unbeantwortet, was da eigentlich als Spuk wirkt. Mitunter kann auch die eigene Seele, sobald sich zu starke »Spannungen« in ihr aufbauen, Auslöser für solche Erscheinungen sein. Oder schizophrene Persönlichkeitsspaltungen bei bestimmten Personen äußern sich »extern« als Spuk, wie der Psychologe NANDOR FODOR vermutet.

Eileen Garrett kam zeitlebens immer wieder mit Spukerscheinungen oder sogenannten Poltergeistphänomenen in Kontakt. Ihrer Meinung nach liegt in den entsprechenden Fällen ein fast übermächtiger Komplex von starken Emotionen einer verstorbenen Person vor, die selbst durch den Tod nicht aufgelöst werden konnten. Zu heftigen Gemütsbewegungen führen schwere Schockerlebnisse vor dem Tod, nicht eingehaltene Versprechen oder Ungerechtigkeiten, die der Verstorbene anderen zugefügt hat. Diese Auslöser für den Spuk ziehen sich wie ein »Kontinuum gleichbleibender Motive« durch alle bekanntgewordenen Fälle. Eileen Garrett stellte fest, daß die angesprochenen Phänomene überraschenderweise aufhören, sobald der »Verstorbene« sich frei aussprechen kann, was meist erst durch liebevolles und geduldiges Zureden möglich wird. Sie erkannte richtig, daß Spuk ein allgemeines Rätsel der Menschheit ist und eigentlich in den Bereich der Anthropologie fällt. Die gleiche Meinung vertritt auch die Autorin FANNY MOSER in ihrem Buch *»Spuk«*.

Astralreisen

»Solange ich mich im Zustand der Projektion befinde, kann mein Double offensichtlich über die normale Aktivität aller fünf Sinne verfügen, die mein physischer Körper besitzt. Beispielsweise kann ich an einem Tag, an dem es schneit, in meinem Arbeitszimmer sitzen und trotzdem während der Projektion fähig sein, einen Ort zu besuchen, wo gerade die Sonne aufs hellste scheint. In dem

Augenblick kann ich mit allen meinen fünf Sinnen das
Aussehen der Blumen und des Meeres wahrnehmen, ich
kann die Vögel singen und die Wellen ans Ufer schlagen
hören« (148), schreibt Eileen Garrett in ihrem Buch
*»Mein Leben als ein Bemühen um die Erklärung des me-
dialen Phänomens«.*

Die Authentizität dieser »Reisen« ließ sich bestätigen.
Eileen Garrett beschrieb Dinge und Menschen an weit
entfernten Orten so genau und mit einer solchen Detail-
kenntnis, als habe sie sie mit eigenen Augen gesehen. Das
überzeugte und veranlaßte viele Parapsychologen, mit
Eileen Garrett zusammenzuarbeiten. Unter ihnen befanden sich auch Professor Hans Bender und Professor
RHINE, der »Vater« der telepathischen Versuchsanord-
nungen. Aber das mittlerweile sehr berühmt gewordene
Medium forschte auch selbst und gründete dazu Anfang
der fünfziger Jahre die *Parapsychology Foundation* in
New York.

Garrett wollte vor allem im wissenschaftlichen Sinne
mehr über die »Ebene«, die natürliche Umwelt des
»zweiten Körpers« herausfinden, von der sie fasziniert
war: »Ich kann diese Erfahrung nur vergleichen mit
einem kurzen Besuch in einem Land von großer Schönheit, wo Sitten und Sprache völlig fremd sind.« (149)

Daß das Erleben dieser Sphäre in starkem Maße abhängt von der inneren Einstellung, der psychischen Konstitution, Religion, Weltanschauung, Ausbildung, der
Kontaktfreudigkeit des jeweiligen Astralreisenden, darin
stimmen alle Menschen, die entsprechende Erfahrungen
selbst gemacht haben, überein. Auch ROBERT A. MON-
ROE, ein Fachmann für Kommunikationstechnik und
Elektrophysik aus Virginia, bestätigt dies. In seinem 1971
erschienenen Buch *»Der Mann mit den zwei Leben«* berichtet er über seine Astralreisen, in die er anfangs noch
ohne eigenes Zutun »hineingeschlittert« sei. Später stellte
er sich, ähnlich wie Eileen Garrett, der parapsychologi-
schen Forschung zur Verfügung.

Monroes Erkenntnisse scheinen symptomatisch für Seelenreisen außerhalb des eigenen Körpers zu sein: Gleiches zieht Gleiches an. Ängste, Affekte und Emotionen bilden die Grundlage für den jeweiligen Erlebnishorizont. Nach Monroe gelangt der »Reisende« nur dorthin, wo er auch die nötigen Anstöße für seine persönliche Entwicklung finden kann. Person und vorgefundene Umgebung sind dabei im hohen Maße aufeinander abgestimmt: »Einige der Ankunftsorte, die sich so ergeben, hatten alle Aspekte der Hölle für mich. Andere könnte man vielleicht als Himmel auffassen, und einige unterschieden sich praktisch kaum von unseren Tätigkeiten im Jetzt und Hier.« (150)

Seine Aussagen decken sich letztlich mit den Erfahrungen von Schamanen und besitzen inhaltliche Parallelen zu CASTANEDAS erster »Reise« auf die Ebene der »Dämonen und Hexen« (siehe Seiten 235 ff., 241).

Auf einer Seelenreise kann anscheinend jeder die Art von Jenseits erleben, die er sich vorstellt und die ihm gleichzeitig zusteht, weil hier nur noch das Eigentliche als das innerste Eigene existiert. Diese Erlebnisse auf Denkmodelle der heutigen Welt zu übertragen, wird immer wieder an unseren endlichen Begriffen scheitern, wie Eileen Garrett und Robert A. Monroe feststellten.

34
Rosemary Brown
Musikmedium und Mittlerin zwischen den Welten?

»Alle [verstorbenen] Komponisten, die mich besucht haben, wurden beim ersten Mal von Liszt begleitet... Wenn ich zu Hause bin, geben sie mir jedenfalls reichlich zu tun.« (151)

Zu den ungewöhnlichsten Medien unserer Zeit zählt sicherlich Rosemary Brown, und wer zum erstenmal hört, welche Fähigkeiten sie sich zuschreibt, hält sie wohl für eine Lügnerin. Denn die Hausfrau aus dem Londoner Vorort Balham erhält seit Jahren »Besuch« von den ganz Großen der Musikgeschichte wie Liszt, Chopin, Beethoven, Bach, Schumann, Brahms, Debussy und vielen anderen.

Sie »sieht« diese Verstorbenen und, was in ihrem Fall so bemerkenswert ist, sie »hört« sie auch sprechen und ihr Kompositionen diktieren. Über vierhundert davon hatte sie schon in den ersten sechs Jahren seit dem Einsetzen der Erscheinungen 1964 gesammelt. Kritiker bemängeln zwar, daß es den aufgezeichneten Werken an musikalischem Genie fehle oder daß sie zumindest weit hinter dem zurückblieben, was die großen Meister an Bestem in ihrem Leben geschaffen hätten. Sie werfen Rosemary Brown allerdings nicht vor, sie sei eine Betrügerin oder ein Scharlatan. Frau Brown selbst verfügt über keine musikalische Vorbildung, kein angeborenes Talent, fast keine Ausbildung. Nicht einmal die Musik bedeutete ihr anfangs viel. Und dennoch sagt der englische Komponist RODNEY BENNET über sie:»Wenn Rosemary unecht ist, dann ist sie es auf eine brillante Weise. Sie müßte eigentlich eine jahrelange Ausbildung gehabt haben. Einiges von ihrer Musik ist miserabel, aber anderes ist wunderbar. Ich selbst hätte die Beethoven-Kompositionen nicht fälschen können. Es ist bislang eine relativ leichte Musik, typisch für die frühen Perioden der Komponisten und ohne umwerfende Konstruktionen – aber es scheint die richtige, undefinierbare Qualität zu haben, an der man jeden Komponisten erkennt.« (152)

Und der Parapsychologe W. H. C. TENHAEFF, der Rosemary Brown gründlichen Tests unterzog, urteilt über sie:»Unter den zahllosen Fällen, die mir im Laufe vieler Jahre zur Kenntnis gelangt sind, ist der Fall Rosemary Brown sicherlich einer der interessantesten.« (153)

Wer ist Rosemary Brown?

Als jüngste von drei Geschwistern wächst Rosemary Brown in eher bescheidenen Verhältnissen in London auf. Ähnlich wie EILEEN GARRETT erblickt auch sie Wesen aus einer anderen Seinsebene, die sie anfangs noch mit lebenden Menschen verwechselt. Im Unterschied zu vielen anderen Medien empfindet sie die »Geister« als genauso real wie ihre eigene materielle Umgebung. Ohne in Trance zu fallen, nimmt sie diese Erscheinungen wahr.

Mit sieben Jahren »begegnet« sie zum erstenmal FRANZ LISZT, der ihr vorhersagt, daß er eines Tages wiederkommen und ihr »Musik bringen« werde. Vor ihrer Heirat (1952) arbeitet sie als Sekretärin. Ihr Mann, ein Journalist, stirbt schon nach wenigen Jahren und läßt Rosemary Brown 1961 mit zwei kleinen Kindern mittellos zurück. Sie schlägt sich mehr schlecht als recht als Küchenhilfe

durch. In diesen Jahren beginnt sie innerlich Musik zu
hören – ein Phänomen, das häufig auch von anderen Sensitiven berichtet wird. Dann im Jahr 1964, nach einem
Krankenhausaufenthalt, erscheint ihr Franz Liszt erneut.
Sie »sieht« ihn neben sich stehen, während sie an einem
Klavier sitzt. Da passiert es: ». . . er schlüpfte gleichsam in
meine Hände, als seien sie ein Paar Handschuhe.« (154)
    Während sie so »ergriffen« wird, befindet sich Rose-
mary Brown aber nicht in Trance, sondern – wie auch
später – bei vollem Bewußtsein. Nach und nach bringt
Liszt andere Kollegen mit, die ihr ebenfalls Musikstücke
eingeben. Weil sie die Notenschrift nur rudimentär be-
herrscht, laufen diese »Übermittlungen« anfangs unter
großen Schwierigkeiten für beide Seiten ab. Rosemary
Brown spielt die Kompositionen; es fällt ihr aber schwer,
sie aufzuschreiben.
    »Wenn ich mit Chopin arbeite, sitze ich am Klavier
und höre die Musik nicht in meinem Kopf, sondern er
sagt mir die Noten und die Akkorde an, und wir versuchen sie dann auf meinem Klavier zu spielen . . . Wenn ich
meine Hände seiner Führung überlasse, kommen die
richtigen Töne.« (155)
    Es ist ein mühsames Erarbeiten eines unbekannten
Musikstücks – Note für Note –, Rosemary Brown gewinnt erst allmählich eine »gewisse Vorstellung« von
dem Gesamtwerk – ein in dieser Weise unter allen Sensi-
ven einmaliger Vorgang.

Schallplatten und ein Computertest

Zwischen 1970 und 1977 erschienen Bücher und zwei
Langspielplatten mit den »jenseitigen« Werken von acht
berühmtem Komponisten. Den entscheidenden Anstoß,
an die Öffentlichkeit zu treten, haben ihr die Verstorbenen, wie Rosemary Brown bekennt, selbst gegeben. Al-

lerdings hatte bereits im Herbst 1968 eine Rundfunksendung der BBC stattgefunden, die Rosemary Browns ungewöhnliches Talent bekanntmachte.

Selbst LEONARD BERNSTEIN beschäftigte sich nun mit den Kompositionen aus dem Jenseits. Insgesamt fielen die Urteile aber geteilt aus. 1971 führte STAN KELLY einen Computertest durch, der für verschiedene, bestimmten Komponisten zugeschriebene Werke eine hohe Übereinstimmung der Stilmerkmale ergab, besonders bei Chopin. Sogar das deutsche Fernsehen besuchte zusammen mit UDO JÜRGENS das berühmte Musikmedium im Jahre 1972. Rosemary Brown spielte eine neue Komposition von SCHUBERT, die den angereisten Schlagersänger sehr beeindruckte. In der späteren Sendung kam auch Sir GEORGE TREVELYAN, ein führender englischer Musikwissenschaftler, zu Wort: »Ich bin von ihrer Ernsthaftigkeit und Aufrichtigkeit überzeugt. Sie ist als Musikmedium ernst zu nehmen.«

Psychologen bescheinigen ihr ohnehin einen ausgeglichenen Geisteszustand, Geltungssucht spiele in ihrem Fall keine Rolle.

Rosemary Brown als Mittlerin zwischen den Welten?

Sogar der Bischof von Southwark, der ein Vorwort zu den Schallplattenproduktionen geschrieben hatte, bewies einiges Verständnis für Rosemary Browns »Arbeit« mit verstorbenen Komponisten: »Es wäre in der Tat eine seltsame Auffassung vom Jenseits, wenn jene, die in diesem Leben schöpferisch nach Ausdruck rangen, im anderen Leben nicht die Möglichkeit erhalten sollten, ihr Können weiter auszuüben.« (156)

Es mag sein, daß der Geistliche recht hat. Aber dann müßte es, etwas ketzerisch formuliert, auch einen jenseitigen Zirkel von Nachrichtenmoderatoren oder Stabhochspringern geben. Und es entspricht wohl ebenso nicht dieser Vorstellung vom Jenseits als einem »Ort« der persönlichen Weiterentwicklung, wenn Komponisten sich eine im Notenschreiben und Orchestrieren vollkommen ungeübte Frau wählen, um durch sie zweitklassige Werke abzuliefern. Denn besitzen die Musikstücke nicht in etwa den gleichen qualitätsmäßigen Rang wie die zu Lebzeiten des Künstlers geschaffenen Werke, bleibt ihr Nutzen zweifelhaft. Sie werden zu Randerscheinungen, Splittern aus einer anderen Welt, die ihnen kein wirkliches Leben einhauchen konnte.

Bemerkenswert ist, daß die Gruppe der Komponisten, die sich über Rosemary Brown an das Diesseits wenden, ihr unter der Führung des 1940 verstorbenen Musikers und Komponisten DONALD TOVEY eine Erklärung diktiert hat. Darin heißt es unter anderem: »Wir vermitteln unsere Musik nicht nur ..., um anderen Menschen Freude zu bereiten ..., sondern wir hoffen, daß sie ... Menschen veranlaßt, die unbekannten Bereiche des menschlichen Geistes und der Seele zu erforschen. Wenn der Mensch die geheimnisvollen Tiefen seines Bewußtseins erschlossen hat, wird er zu entsprechend großen Höhen aufsteigen können.« (157)

Daß »jenseitige Manifest« spricht also von der Seele und vom Bewußtsein, nicht aber von einem anderen Ort, von Verstorbenen, die zu entdecken sind. Und so scheint es eher zuzutreffen, daß Rosemary Brown in ähnlicher Weise wie EDGAR CAYCE, der Zugang zu einem scheinbar universalen medizinischen Wissen hatte, auf einen geheimen Schatz zurückgreifen konnte, nur eben im musikalischen Bereich. Womit wieder einmal deutlich wird, daß wir auf schier grenzenlose »Reisen« gehen können, wenn wir es zulassen, daß unsere »Ich-Grenzen« sich verflüchtigen (siehe auch *Castaneda,* Seiten 239, 242).

35
Timothy Leary
Ein Pionier der Bewußtseinsforschung

»Es steht außer Frage, daß, solange wir mit dem Gehirn arbeiten, das Modell des Universums neurologisch sein wird. Das Universum ist ein gigantisches Gehirn.« (158)

Er gilt als das Enfant terrible, der »Flippie« unter den modernen Adepten: TIMOTHY LEARY, der irisch-amerikanische Wissenschaftler, Dichter und Harvardprofessor, der durch seine weltweit Aufsehen erregenden Forschungen über die bewußtseinserweiternde Droge LSD in den sechziger Jahren für viele – besonders für die damaligen Hippies – zum Propheten und Lehrer wurde und für das amerikanische Establishment zum Erzfeind Nummer eins.

Timothy Leary, der 1993 verstarb, war angriffslustig, wenn es um die Individualität und Unabhängigkeit der Gedanken ging. So warf er den »weißen Männern in den Wechseljahren, die diesen Planeten regieren«, vor, daß sie auf jede nur erdenkliche Weise versuchten, mechanische Uniformität bei ihren Mitbürgern zu erreichen.

Learys revolutionäre Thesen voll und ganz zu begreifen ist nicht ganz einfach. Auf viele wirkt er abschreckend, weil er auch den Gebrauch von Drogen predigte, um damit dem Gehirn »auf die Sprünge« zu helfen. Insgesamt vermittelt Dr. Leary den Eindruck eines quirligen Einsteins der Bewußtseinsforschung. Sehr genau studiert hat er offensichtlich GURDJIEFFS System (siehe Seite 179 ff.), in dem ja ebenfalls versucht wird, den Menschen von seinen Zwängen zu befreien, um ihn nicht auf dem Stand eines

biomechanischen Roboters verkümmern zu lassen. Leary
behauptet deshalb in provokanter Weise, daß »unser Er-
ziehungssystem unserem Nervensystem direkt Schaden
zufügt«, und verheißt uns, daß wir unsterblich, frei und
rekonditioniert werden würden, wenn es uns gelänge, das
zellulare Wissen unserer DNS-Archive anzuzapfen.

Acht potentielle Schaltkreise

Aus acht potentiellen Schaltkreisen besteht laut Leary
unser Nervensystem:
    Vier dieser Schaltkreise befinden sich in der aktiven
linken Hirnhälfte und haben große Bedeutung für unser
Überleben, vier sind »außerirdischen« Ursprungs und
liegen in der ruhigen rechten Hirnhälfte. Sie werden
wichtig für unsere Evolution in der Zukunft.
    Bio-Überlebens-Schaltkreis (I), *Gefühls-Schaltkreis*
(II), *Geschicklichkeits-Symbolismus-Schaltkreis* (III) und
sozio-sexueller Schaltkreis (IV) stellen alle vom menschlichen Gehirn je aktivierten Netzwerke dar. Sie haben sich
aufgrund von Gravitation, Klima und Energie auf unserer Erde durch Jahrmillionen hindurch entwickelt und
rüsten den Menschen für das Überleben auf seinem Planeten aus: Vorwärts-rückwärts, rechts-links, oben-unten
sind die grundsätzlichen Parameter dieser Schaltkreise.
Leary bezeichnet diese mitunter auch als »Gehirne«, die
sich über Jahrmillionen hinweg von den wirbellosen Tieren über die Säugetiere, die Hominiden bis hin zum
Homo sapiens durch Prägung ausgebildet haben. Je weiter ein Organismus entwickelt ist, desto spezifischer gestalten sich auch seine »Schaltkreise«. Diese oben genannten vier Schaltkreise sind von der Biologie fast bis
ins letzte hinein erforscht worden und sollen hier deshalb
nicht weiter erklärt werden. Leary bezeichnet sie alle zusammen als »irdisch«.

Die vier sich entwickelnden zukünftigen Schaltkreise, die »außerirdischen«, sind:

Der neurosomatische Schaltkreis (V): Wenn er aktiviert wird, dann verwandelt sich der linear visuelle Raum in einen allumfassenden Sinnesraum. Für Leary, der ja auch als Drogenpapst verschrien war, wird dieser Schaltkreis durch den Gebrauch von Marihuana und den Einsatz von Tantratechniken (siehe *Crowley,* Seite 188) aktiviert. Bislang erlebt jeder diesen Zustand, wenn er »high« ist. Aber auch andere Stimulanzien, wie sie im Sport durch intensives Surfen, Skifahren oder Joggen hervorgerufen werden, können diesen Schaltkreis aktivieren.

Der neuroelektrische Schaltkreis (VI): Nach Timothy Leary wird dieser Schaltkreis auf chemischer Ebene durch Peyote beziehungsweise Meskalin (siehe *Castaneda,* Seite 240 f.) aktiviert. Charakteristisch für diese Ebene sind hohe Geschwindigkeit, beliebige Auswahl von Realitäten, Relativität des Vorhandenen sowie Spaltung und Vereinigung aller Wahrnehmungen. Das Nervensystem wird sich seiner selbst bewußt, arbeitet unabhängig von den Schaltkreisen I bis IV und durchschaut Manipulationen blitzschnell. Für den Bewußtseinsforscher stellt Schaltkreis VI auch den »universellen Übersetzer« dar, der Kommunikation mit nicht-irdischen Intelligenzen ermöglicht.

Der neurologische Schaltkreis (VII): Leary glaubt, daß er das *Akasha-Universum* anzapft, also dem Einzelbewußtsein alle kollektiven menschlichen Erfahrungen zugänglich macht. Auch Erinnerungen an frühere Leben stammen aus dieser Schicht. Leary hält LSD, aber auch Peyote für Auslöser dieses Schaltkreises, der eine Art von genetischem Archiv darstellt. In ihm hat man auch Zugriff auf den DNS-Code für die Zellalterung und kann diesen korrigieren.

Der neuroatomare Schaltkreis (VIII): Nach Timothy Leary ist dieser Schaltkreis ein quantenmechanisches Kommunikationssystem, das keinen »biologischen Behälter«, sprich, Körper mehr erfordert. Die Ebene der astralen Projektion, der Erfahrungen »außerhalb des eigenen Körpers«, ist erreicht. Denn in jedem einzelnen Atom steckt das Gehirn des gesamten Universums. (159)

Das Ziel dieses genialen Wissenschaftlers, der sich häufig wegen seiner unorthodoxen Ansichten und wegen seines Drogenkonsums in US-Gefängnissen aufhalten mußte, ist in seinem Buch *»Gottes sieben Zungen«* niedergelegt. Parapsychologie und Paraphysik sollen zur ersten wissenschaftlichen empirisch-experimentellen Theologie in der Geschichte vereinigt werden. Mit diesem Anspruch stellt sich Timothy Leary in die Tradition eines ELIPHAS LEVI: Er möchte aus dem Okkultismus und der Hermetik eine seriöse Wissenschaft machen, welche die Menschheit auf ihre nächste evolutionäre Stufe versetzt.

36
Joseph Murphy
Die Macht des Unterbewußtseins und des positiven Denkens

»Jedes Vorstellungsbild, das Sie gläubig und beharrlich Ihrem Bewußtsein einprägen, wird vom Unterbewußtsein verwirklicht.« (160)

Der uns diese Wahrheit so auffordernd entgegenhält, ist ein Mann gewesen, dessen philosophische Gedanken und dessen Schrifttum fast ein ganzes Leben lang um die Frage kreisten, wie man seine geistige Kraft aktivieren könne, die die Realität zu bestimmen und zu verändern vermag. *Positives Denken* wird diese Macht genannt, und einer, der daraus eine Schule der praktischen Lebenshilfe entwickelt hat, ist Dr. JOSEPH MURPHY gewesen.

Sein Standpunkt war stets, daß Tugend lehrbar sei. Er selbst hat damit das weiterentwickelt und fortgeführt, was vor über hundert Jahren der amerikanische Schriftsteller und Journalist PRENTICE MULFORD (1834–1891) als erster erkannt und ausgesprochen hat, daß nämlich Gedanken so real sind wie Wasser und Luft und daß sie innerhalb und außerhalb des Körpers wirken.

Gedanken, so schrieb Mulford sinngemäß, bauen und zerstören fortwährend unseren Leib. »Denn alles, was wir klar, wirklich, unverrückbar wollen, ist unser.« (161) Krankheit, Unglück, sogar Tod sind Folgen von Fehlern wider das verborgene Gesetz des Lebens. Wer

dieses geheime Lebensgesetz erkennt, dem fällt der
Schlüssel zur Macht des eigenen Unterbewußtseins zu.

Hier schließt sich der gedankliche Kreis, und wir kommen zu JOSEPH MURPHY zurück. Er hat die Gesetze, nach
denen wir wirklich glücklich und zufrieden leben können, erforscht und benannt: »Ihr Bewußtsein kann mit
einem Fotoapparat verglichen werden und Ihr Unterbewußtsein mit einem lichtempfindlichen Film, dem sich
die Bilder dauernd einprägen«, schreibt er in »*Die Macht
Ihres Unterbewußtseins*«.

Das Gesetz des Lebens ist identisch mit dem Gesetz
des Glaubens, und den Glauben definiert Murphy als
»Gedanken« oder »Geistesinhalt«. Wie wir denken, fühlen, glauben, so sind wir auch beschaffen. Das umwäl-
zend Neue an seiner Theorie ist die Vorstellung, daß wir
mit unserem Unterbewußtsein »arbeiten«, es uns sozusagen dienstbar machen können. So wie wir in unserem
Herzen denken, so sind wir auch, sagt Murphy. Das Bild,
das wir von uns haben, bewußt oder unbewußt, geht in
die Welt hinaus und wirkt dort positiv oder negativ. All
das kommt zur Geltung und schlägt im negativen wie im
positiven Fall wieder auf uns zurück. Was wir tagtäglich
denken und glauben, das werden und sind wir auch. Deshalb, schlägt Murphy vor, sollen wir doch so klug sein,
diesen Prozeß durch Autosuggestion, Visualisierung
oder das intensive Gebet bewußt selbst zu steuern.

Und er entwickelt Meditations- und Selbsthypnose-
techniken, mit denen wir das positive Denken und die
zielführenden Affirmationen innerlich aktivieren können. Insofern gleicht positives Denken einem Mantra,
einer Beschwörungsformel, wobei durch die ständige
Selbstversicherung (Affirmation) die dafür zu erlangende
Energie aktiviert und freigesetzt wird.

In seinen Büchern lehrt Murphy nichts anderes als prak-
tische Lebenshilfe. Mit Hilfe des positiven Denkens wer-

den bestimmte Zustände, Probleme, Situationen wie Furcht, Angst vor Mißerfolg, Lampenfieber oder sexuelle Schwierigkeiten überwunden. Zugleich werden Methoden beschrieben, wie ein Mensch glücklich im Einklang mit sich selbst und der Welt leben kann. Jeder soll sich ausschließlich auf das Leben konzentrieren und dabei nicht an den Tod als Schrecken denken, gemäß dem JESUS-Wort:»Laß die Toten ihre Toten begraben!«, womit keinerlei Verdrängung gemeint ist. Der Wille, etwas erreichen zu wollen, ist für Murphy schon die 51prozentige Basis dafür, daß das Gewünschte auch erlangt wird. Die verbleibenden 49 Prozent treten hinzu, wenn die Macht des Unterbewußtseins voll aktiviert ist.

Joseph Murphy, der in Laguna Hills, Kalifornien, lebte und wirkte, hatte neben Religionswissenschaften und Philosophie vor allem auch das fernöstliche Denken studiert, hierbei vor allem das *»I-Ging«*, das chinesische *Buch der Wandlungen* – ein Wahrsagebuch, das angeblich Kaiser FUCHI um 2950 vor Christus verfaßt haben soll. C. G. JUNG erkannte die Verbindungen des *»I-Ging«* zu den Archetypen – jenen autarken »Urbildern« im Unbewußten des Menschen, die die gesamten kollektiven Erfahrungen der Menschheit beinhalten und psychische »Kraftfelder« darstellen. Murphy griff diesen Ansatz Jungs auf, um einen Zugang zum Unterbewußten – zur eigenen »Schatzkammer« – auch durch das I-Ging-Orakel zu finden.

Seine Bücher wurden Bestseller, in viele Sprachen übersetzt und millionenfach verkauft. Joseph Murphy starb 1981 im Alter von 86 Jahren.

37
Jane Roberts
Die große Sensitive und die
Botschaften von Seth

»Seth diktierte das Buch durch mich, sprach durch meinen Mund. Die kreative Arbeit vollzog sich in solcher Di-
stanz von mir, daß ich in dieser Hinsicht das Produkt
nicht mein eigenes nennen kann.« (162)

JANE ROBERTS war und ist mit Abstand das bemerkens-
werteste Channeling-Medium unseres Jahrhunderts –
vergleichbar nur noch mit EDGAR CAYCE. Als sie 1984 im
Alter von nur 55 Jahren in Almira, New York, starb, hin-
terließ sie eine Fülle von Material und Aufzeichnungen,
die ihr allesamt von einem Wesen namens SETH in Trance
diktiert worden waren. Für Jane Roberts war die Erfahrung, plötzlich wie aus dem Nichts heraus Einfälle und
Ideen zu haben, zeitlebens nichts Ungewöhnliches gewesen. Als Dichterin kannte sie diesen kreativen Prozeß, mit
dem uns das Unbewußte Bilder zukommen läßt:
    »Aufgrund meiner schriftstellerischen Erfahrung bin
ich mir auch des Umwandlungsprozesses sehr wohl bewußt, der erforderlich ist, um unbewußtes Material in bewußte Realität zu übersetzen ... Das betreffende Gedicht oder der Einfall ist in diesem Augenblick das
einzige, das für mich in der Welt existiert. Das hohe Maß
an innerer Beteiligung, Arbeit und Spiel, während man
den Einfall ›entbindet‹, all das macht das Gedicht zu meinem eigenen.« (163)

Solche Erlebnisse waren ihr also von früher Kindheit
an vertraut. Jane Roberts schrieb Gedichte und Erzählungen wie andere auch und fühlte bei jedem Wort, das
sie niederschrieb, ihre eigene Kreativität. Bis sich eines
Tages etwas vollkommen Neues und Unerwartetes zeigte
– Erfahrungen, auf die sie überhaupt nicht vorbereitet gewesen war . . .

Man schrieb das Jahr 1963, und die junge Frau aus Sa-
ratoga Springs war Mitte Dreißig, als sie zusammen mit
ihrem Ehemann eigentlich nur aus Freude am Spiel und
mit der Neugierde einer Intellektuellen am *Ouija*-Brett
experimentierte. Sie hatte das Skidmore College mit Erfolg absolviert und hatte bis dato keinerlei ungewöhnliche Erfahrungen mit außersinnlichen Wahrnehmungen
gehabt.

Das Ouija-Brett stellt für Sensitive eine Erweiterung
des automatischen Schreibens dar. Auf diesem Gerät
werden Buchstaben auf einem Brett hin- und hergescho-
ben, so daß sich bestimmte Wörter bilden. Das Experi-
mentieren mit den Buchstaben unterliegt nicht mehr der
Kontrolle des eigenen Willens, geschieht also in einem
tranceähnlichen Zustand. Die dabei zustande gekomme-
nen Ergebnisse werden unterschiedlich beurteilt: Der
Spiritismus sieht die Ursachen in Geistwesen, die moderne Tiefenpsychologie und Parapsychologie im Unbewußten oder als Aktivität eines selbständig gewordenen
Persönlichkeitsteils.

Bei Jane Roberts »meldete« sich ein »Geistwesen« mit
überragendem Wissen: SETH – am besten als die Trance-
persönlichkeit der zuhöchst sensitiven, psychisch begab-
ten Jane zu definieren.

Bis zu ihrem Tod sollte die medial begabte Schriftstel-
lerin seine Botschaften erhalten und in mehreren Büchern
veröffentlichen: *»Das Seth-Material«*, *»Gespräche mit
Seth«*, *»Die Natur der Psyche«*, *»Individuum und Mas-
senschicksal«* und anderen.

»Gechannelte« Botschaften?

Unter *Channeling* oder »Kanalisieren« versteht man eine Weiterentwicklung des Kontaktes zwischen Menschen und höheren Bewußtseinsdimensionen. Hierbei fungieren Medien als »Kanäle«, die mit diesen höheren Bewußtseinsebenen in Kontakt treten. Anders als im Spiritismus sind die kontaktierten Geistwesen keine Verstorbenen oder gar Engel, sondern Personifikationen umfassender Bewußtheiten, die ihr Wissen an die Medien weiterleiten.

»Wir im New Age erkennen, daß wir gar nicht sterben« (164), schreibt SHIRLEY MACLAINE. Ziel des Channeling ist es, sich mit der ursprünglichen »Einheit« – die man sich als Gott vorstellen kann – wiederzuvereinigen. Und so steht das Channeling letztlich für den Dialog des Mediums mit seinem eigenen höheren Bewußtsein, denn in dem Maße, wie das höhere Selbst sich mit der Alltagspersönlichkeit verbindet, erscheint es nicht mehr weit weggerückt, »sondern wird zu einem integralen Bestandteil des ganzen Menschen«. (165)

Insofern könnte man die Botschaften von Seth – gesprochen durch den Mund von Jane Roberts – als Ausdruck eines Bewußtseins werten, das die engen Grenzen des Alltäglichen »gesprengt« hat und, wie uns vor allem die östlichen Lehren wissen lassen, endlich »aufgewacht« ist.

Seth

Für die alten Ägypter war SETH jener Gott, der OSIRIS zerstückelt und seinen Leichnam in einem verschlossenen Kasten ins Meer geworfen hatte. Seine Schwester und Gattin ISIS holte ihn jedoch wieder ins Leben zurück, wo er fortan zum König der Toten avancierte. Zusammen

mit Isis hatte er den Sohn HORUS gezeugt, und dies, als
Isis sich in Gestalt eines Falken auf seinem Leichnam niedergelassen hatte.

Seth jedoch war und blieb so lange der »Böse«, bis er
schließlich von Osiris besiegt wurde. Soweit der Mythos.

Im *Alten Testament* war SETH der dritte Sohn ADAMS,
der Stammvater der vorsintflutlichen Sethiten.

Für JANE ROBERTS wurde SETH zum Quell geheimen
Wissens. Er selbst bezeichnet sich als »Energiepersön-
lichkeitskern, der nicht mehr in der physischen Form
zentriert ist«. Für Seth ist die Seele des Menschen dessen
wahres Selbst, und er bezeichnet sie paradoxerweise zum
einen als »hochindividualisierte geistige Energie« und
zum anderen als »multidimensionales Selbst«. Seele wie
auch Bewußtsein sind unabhängig von Körper, Zeit und
Raum, aus welchem Grunde heraus sie mit Hilfe ihrer inneren Sinne über Traumbotschaften und intuitiven Ein-
sichten zu einem größeren Verständnis des Kosmos und
ihrer selbst gelangen können. Nach Seth gilt es vorrangig
für jeden Menschen, seine Fähigkeiten der »inneren«
Wahrnehmung zu wecken. Auch er spricht ähnlich wie
TIMOTHY LEARY von einem »höherpsychischen Netz-
werk«, durch das die Seele zugleich in mehreren Dimensionen existiert. Auf dieser Basis erscheinen in der Tat
Seths Botschaften zu den Themen Sterben, Leben nach
dem Tod, Reinkarnation, Gott, Jesus Christus, Kosmos
in einem neuen, faszinierenden Licht:

»Oftmals dringen Erinnerungen aus früheren Leben an
die Bewußtseinsoberfläche, ohne jedoch als solche erkannt zu werden, weil sie in Form von Phantasien oder in
Projektion als künstlerische Schöpfung auftreten.« (166)

In bezug auf eine dritte CHRISTUS-Persönlichkeit, deren Auftreten Seth für das 21. Jahrhundert prophezeit:

»Sie wird den Menschen hinter die Kulissen der Sym-
bolik führen, auf die sich die Religion durch so viele Jahrhunderte gestützt hat. Sie wird auf der individuellen, spirituellen Erfahrung und der Expansivkraft der Seele

bestehen und den Menschen lehren, die mannigfaltigen
Aspekte seiner eigenen Realität zu erkennen.« (167)
    Interessant ist auch folgende Aussage:
    »Die Seele steht sowohl innerhalb als auch außerhalb
der euch vertrauten physischen Lebensstruktur. Ihr seid
von den Tieren und dem Rest der Schöpfung nicht ver-
möge eures Besitzes eines ewigen inneren Bewußtseins
geschieden. Ein solches Bewußtsein ist in allen lebenden
Wesen vorhanden und in allen Seinsformen.« (168)
    Seth zufolge begreifen wir unsere Seele immer als eine
begrenzte Wesenheit. Er will jedoch deutlich machen,
daß die Tür der Seele weit offensteht und daß alle Erfah-
rungsdimensionen vor ihr ausgebreitet liegen. Es ist im
Grunde genommen so, wie Jane Roberts an Seth »gekommen« ist. Es ist die uralte Weisheit des Schamanen, der
immer und immer wieder erfährt, daß er die Grenzen seines Ichs mit den unendlichen des Kosmos verschmelzen
kann. Seth hat Jane Roberts ihre eigene psychische Unendlichkeit bewußtgemacht, denn nur, wenn man sich die
»Seele als etwas Andersartiges, Separates und somit Ab-
gesondertes denkt, gelangt man zu der Vorstellung eines
gesonderten Gottes – einer Persönlichkeit, die von der
Schöpfung getrennt zu sein scheint.« (169)
    Alles Sein ist mit dem Bewußtsein verwoben, und so
gelangt man durch das Seth-Material zu einer faszinierenden Vorstellung vom Kosmos, in dem Gott eine ständig
expandierende und überall gegenwärtige Energie ist, die
alles erhält und allem Ausdruck verleiht. Und weil diese
Energie – der Begriff ist mehr als ungenügend – in allem
waltet, ist sie sich sogar eines Sperlings gewahr, der vom
Dach fällt, »denn sie ist jeder Sperling.« (170)
    Eine fürwahr tröstliche Vorstellung!

38
Carlos Castaneda
Mystiker, Schamane und Ethnologe

»Die Sache mit dir ist, daß du die Dinge nur auf eine Art
verstehst. Du glaubst nicht, daß ein Mensch fliegt. Und
doch kann ein ›brujo‹ in Sekundenschnelle tausend Meilen zurücklegen, um zu sehen, was vor sich geht.« (171)
DON JUAN zum Ethnologen CARLOS CASTANEDA

1976 erschien in Amerika ein Buch mit dem Titel »Castaneda's Journey«. Sein Verfasser RICHARD DE MILLE
macht es sich darin zur Aufgabe, die Werke von CARLOS
CASTANEDA als großen Schwindel zu entlarven. Alles in
allem ist sein Buch eine einseitige Abrechnung mit Castaneda, und am Ende bleibt der Protokollant oder Schöpfer
der »Lehren des Don Juan« nach wie vor eine geheimnisvolle Gestalt. Castanedas zahlreiche Bücher lesen sich
wie Romane, dabei hebt der Autor aber selbst immer wieder hervor, Wissenschaftler zu sein. Ein besonderes Vergnügen an seinen Werken stellt sich auch deshalb ein,
weil Dichtung, Philosophie und Wissenschaft in ihnen
ununterscheidbar werden. Sein Kritiker de Mille wirft
ihm allerdings vor, sich nur angelesen zu haben, was er als
Feldforschung, als Studium vor Ort, verkauft. Aber der
Fall dürfte bei Castaneda nicht so einfach liegen. Vielleicht handelt es sich ja, zieht man zum Vergleich JOHANN
VALENTIN ANDREÄ heran, der die Bücher des CHRISTIAN
ROSENKREUTZ verfaßte und diesen als eine reale Person
darstellte, auch hier um eine Täuschung mit besten Ab-

sichten? Man könnte dies als durchaus legitim werten,
denn Castanedas Bücher entbehren nicht des Humors
und der Selbstironie, und sie setzen ähnlich wie Andreäs
»Rosenkreuzerbriefe« »ungeahnte Potenzen des Denkens« frei.

Castaneda selbst gebührt allein schon deshalb Dank,
weil er in spannender und informativer Weise aufzeigt,
wie die schamanistische Tradition heute noch gelebt werden kann. Und warum sollte es Personen wie DON JUAN
und dessen Freund DON GENARIO nicht geben, *brujos* –
Magier, die sich selbst so vervollkommnet haben, daß sie
unsere Wirklichkeit »wie auf Flügeln« durcheilen, und
Kräfte besitzen, die uns unheimlich oder wundersam erscheinen? Denn hierfür gibt es zahllose Vorbilder und
Hinweise im indianischen Schamanismus, der viel, viel
mehr ist als bloße effektvolle Magie.

Indianischer Schamanismus und Initiation

»Ihr achtet euch selbst nicht.
Ihr glaubt nur, was ihr in einem Buch nachlesen könnt.
Ihr müßt lernen, eure Augen zu benutzen.
Ihr müßt lernen, mit geschlossenen Augen zu sehen.« (172)
BEEVER LOGAN

Richtiges Sehen ist ein wesentlicher Bestandteil schamanistischer Einweihung oder Initiation. Um so weit zu
kommen, muß man allerdings in die »Anderswelt« gehen
und sich dort bestimmte Gaben erwerben. Der Schamane
hebt sich durch strenges Fasten und magische Riten von
seinem Tagesbewußtsein ab und schlüpft sozusagen in
die Innenseite der Dinge hinein. In tiefer Trance identifiziert er sich mit Tieren, vereinigt sich mit Geistern,
durchlebt die verschiedensten Krankheiten. Vor allem
aber erfährt er seinen eigenen Tod. Er erlebt, daß er zer-

stückelt oder aufgefressen wird. Seine bisherige Individualität wird zerstört, damit er mit einer neuen Identität wiederauferstehen kann. Nur so gelingt es ihm, sich Gaben aus der Anderswelt anzueignen.

Mit diesen Gaben *sieht* er in unserer Welt, wie er dort *sah*: Er erkennt die Manifestationen der anderen Seite auf dieser. Die Fähigkeit, wirklich zu sehen, verleiht dem Menschen eine glückliche Hand und gibt ihm augenblicklich Kraft, wenn die Situation es erfordert – etwa auf der Jagd oder im Krieg. Mancher Schamane erfuhr eine Einweihung, die es ihm ermöglichte, nicht nur zu sehen, sondern auch das Geschehen in seiner Umgebung zu lenken. Somit erwächst dem Heiligen, dem Schamanen, dem Magier, dem Adepten die nötige Kraft, um zum Beispiel Kranke zu heilen, sich unsichtbar zu machen, zu »fliegen« oder die Zukunft vorauszusagen. Wie weitreichend eine solche machtvolle Einweihung sein kann, verdeutlicht der Ausspruch eines Komantschen: »Der weiße Mann spricht über Jesus – wir sprechen mit ihm«. (173)

Wer eingeweiht worden ist, stellt keine Fragen mehr. Er ist wach, lauscht und wartet, daß die Antwort zu ihm kommt.

»Experten, die Vorträge halten, können nicht das Licht erzeugen, das in uns aufleuchtet, wenn wir ganz für uns allein plötzlich wissen«, erklärte mir vor Jahren ein Indianer in Kanada.

Um eingeweiht zu werden, sagen die Indianer Nordamerikas, muß man die Begegnung mit der Anderswelt suchen. Bei einigen Stämmen werden die ersten Versuche dazu schon im Alter von fünf Jahren unternommen, und fast überall muß es vor der Zeit des Heranwachsens geschehen. Bei den Beaver-Indianern im Mackenzie-Becken ziehen Jungen und Mädchen allein aus, um den direkten Kontakt mit der anderen Welt zu suchen. Tiere sind dabei ihre Mittler. Ojibwa-Knaben gehen in den Wald, um das »Sehen und Hören« zu lernen, um »ihre Leere zu fühlen«. Bei den Winnebagos in Wisconsin suchten Jungen und Mädchen auf einer Reihe von spirituellen Reisen den Segen einer Vielzahl von Wesen, unter ihnen befanden sich »die Geister der Erde, solche, die die Erde durchstoßen, und solche, die unter der Erde leben, die Geister des Wassers und die Geister neben der Erde«. In den Great Plains legen Frauen und Männer in ihrem Leben immer wieder Fastenphasen ein, um Visionen zu bekommen, und auch bei den Pueblo-Indianern gab es einen ähnlichen Brauch.

Eine wunderschöne Geschichte erzählen die *»Memoiren der Tschigeunegon-Prophetin«* (174): Ein Mädchen gelangt durch langes Fasten in die Anderswelt und wird dadurch zur Heilerin, Prophetin und Medizinfrau ihres Stammes. Generell gilt bei den Schamanen Nordamerikas und Asiens, daß ohne eigene Visionen kein Eingeweihter in höhere Ränge aufsteigen kann. Als Weg in die Anderswelt dient dabei oftmals der Weltenbaum, durch den man wie auf einer Leiter hochsteigt. Daß diese Vorstellung nicht nur auf die Schamanen Sibiriens und Nordamerikas beschränkt war, macht ein Zitat der Brabanter Mystikerin HADEWYCH aus dem 13. Jahrhundert deutlich. In einer Vision führte sie ein Engel zu einem verkehrt herum, mit der Krone nach unten stehenden Baum und sagte: »Meisterin, die du diesen Baum von Anfang bis zum Ende, zur tiefen Wurzel hinaufklimmst, verstehe, wie dies der Weg des Beginnenden zur Ausdauer des Vollendeten ist.« (175)

Womit sich der Kreis wieder schließt. Einweihung ist nun einmal universell.

Eine kurze Biographie Castanedas

CARLOS CÉSAR ARANA CASTANEDA wurde am 25. 12. 1925 in Peru geboren. 1951 ging er in die Vereinigten Staaten und studierte dort von 1959 bis 1973 Anthropologie. 1973 promovierte er mit einer Dissertation über die *»Lehren des*

Don Juan«, die 1960 veröffentlicht, jahrelang die internationale Bestsellerliste im Bereich Belletristik anführte. Castaneda ist verheiratet.

Der berühmte Autor bezeichnet sich selbst als Ethnologen, der ungewöhnliche Volksgruppen, ihre Sitten und Gebräuche vor Ort studiert. Richard de Mille kritisiert ihn sicherlich zu Recht, wenn er sagt, daß der Wissenschaftler Castaneda eben nicht, wie es sonst in seinem Fachbereich üblich sei, das Gehörte und Gesehene analysiere, vergleiche, interpretiere, sondern immer wieder nur Don Juan mit Hilfe von Don Juan beschreibe. Denn der *brujo*, als ein Schamane, Zauberer, Medizinmann und Heiler, hat Carlos als seinen Schüler auserwählt, um ihn in das religiös-magische System seines Stammes, der Yaqui-Indianer in Mexiko, einzuweihen.

Das »nagual« und das »tonal«

Zwei Übungen muß sich Castaneda zunächst unterziehen: Er soll seinen egozentrischen Standpunkt aufgeben und die Welt um sich her als eine Möglichkeit von vielen ansehen, das heißt seine Wahrnehmungen wieder offen machen für das, was ist. Durch unsere Erziehung lernen wir ja als Kinder unsere Wahrnehmungen mit denen der Erwachsenen in Übereinstimmung zu bringen. Zauberer wie Don Juan und Don Genario, von denen uns Castaneda berichtet, repräsentieren gewissermaßen das *nagual* auf der *Insel des tonal*. Das *tonal* ist unsere scheinbar so geordnete Welt, der wir in der Hauptsache rational »zu Leibe rücken«, das *nagual* dagegen ist der Einbruch des anderen in unsere Sphäre. Wobei es für das *nagual* eigentlich keine Beschreibung gibt oder, wie Don Juan erklärt, »keine Worte, keine Namen, keine Gefühle, kein Wissen«. Die Mystiker des Mittelalters hätten es nicht anders formuliert.

Diese Welt abstreifen, um nicht zur Beute zu werden

Der aus Los Angeles angereiste Ethnologe durchläuft bei Don Juan in Mexiko eine harte Schule. Seine bisherigen Sicherheiten erweisen sich als Illusion. Die Welt ist ihm zur Routine geworden, zu einer tödlichen Routine, weil er in ihr zur Beute anderer werden kann. Wie in den Mysterienkulten der Antike durchleidet er seine Einweihung. Er wird umgekrempelt, sein durch die Zivilisation geschädigtes Bewußtsein wird erneuert. Don Juan will aus ihm einen *Jäger* machen – jemanden, der sich an nichts klammert, der unerreichbar bleibt, der seine Welt liebevoll und dosiert benutzt, der sich selbst und andere nicht erschöpft.

»Der Tod«, erklärt ihm Don Juan, »ist unser ständiger Begleiter, er erinnert uns daran, daß wir keine Zeit haben, die wir nutzlos vertun könnten.« (176)

Der Weg zur Kraft

Daß die Welt der Schamanen alles andere als ein rosa Wolkenhimmel ist, erfährt Carlos Castaneda im weiteren Fortgang seiner Initiation. Es geht darum, Kraft aus sich selbst heraus zu gewinnen und sie auch einzusetzen.

Don Juan macht seinen Schüler mit der Wirkung halluzinogener Pflanzen wie des Peyotes, des Stechapfels und der heiligen Pilze *(niños santos)* bekannt. Er klärt seinen Schüler darüber auf, daß ihm durch die Macht dieser Pflanzen Verbündete erwachsen würden, derer er sich bedienen kann. Allerdings kann ihn das *Teufelskraut*, der Stechapfel, den schon die mittelalterlichen Hexen oder die antiken Magier zu benutzen wußten, auch zum Sklaven machen. Einen faustischen Pakt geht also der Mensch ein, der Macht über sich und andere sucht.

Der Rauch ist ein zweiter Verbündeter. Er erweist sich für alle gut, die sehen und beobachten wollen. Man bezeichnet ihn deshalb als Ratgeber und Wahrsager.

Castaneda probiert das Teufelskraut, und Don Juan erzählt, nach dem Genuß dieser Droge könne man Hunderte von Meilen durch die Luft jagen oder Feinden in der Ferne einen tödlichen Schlag versetzen. Im Rausch begegnet dem Schüler *Mescalito*. Später wird Castaneda nicht wissen, ob er ihn für real halten soll oder nicht. Nach und nach verliert der Nordamerikaner seine Hemmungen. Er versucht die Kraft des Rauches, verwandelt sich in eine Krähe und fliegt mit den Vögeln. Erst nach Tagen findet ihn Don Juan und holt ihn zurück. Aber Castanedas Ausflug war alles andere als ungefährlich. Don Juan offenbart ihm, daß er sich in einen Kampf mit einer Schwarzmagierin eingelassen habe, die aus einer anderen Welt stamme, »in der das Einfangen von Seelen eine Art Sport« darstelle. Offensichtlich hatte sich Castaneda durch die Kraft des Rauches Zugang zu einer Welt beziehungsweise Ebene verschafft, in der es von Hexen, Geistern und seltsamen »Verbündeten« nur so wimmelte.

Versuch einer Analyse

Nur am Schluß des ersten Bandes der *Don-Juan-Bücher* unterzieht der Autor das Erlebte einer Analyse. Er glaubt, daß die ganze Lehre des Don Juan darauf abziele, aus ihm einen Eingeweihten in den *Yaqui-Weg des Wissens* zu machen. Die Entscheidung darüber, was zu welchem Zeitpunkt zu lernen sei, liegt allein beim Lehrmeister. Der Schüler muß einen unbeugsamen Willen, Selbstvertrauen und Disziplin mitbringen, damit er sich den jeweiligen Aufgaben dieses Weges stellen kann. Aus dem *Jäger* wird ein *Krieger*. Ein Krieger aber hat keine andere Aufgabe, als nach Kraft zu jagen. Kraft, die er persönlich speichert. Dabei verhält sich der Krieger gegenüber allem, was ihm später auf seinen »transzendentalen Reisen« zustößt, so, als sei überhaupt nichts geschehen, »weil er an nichts glaubt, doch unbesehen alles akzeptiert«. Es ist ein Handeln, ohne zu handeln, das *wu-wei*, das Nicht-Tun der Taoisten.

Ein Durchschnittsmensch sorgt sich darum, ob die Dinge wahr sind oder falsch. Ein Krieger nicht. Nur dadurch entgeht er den alltäglichen Illusionen, von denen andere denken, daß sie das wirkliche Leben seien. Die herausragende Erkenntnis, die Carlos Castaneda während den letzten Jahren seiner Lehrzeit gewinnt, gipfelt darin, daß die Welt zweigeteilt ist. Wie seinerzeit HILDEGARD VON BINGEN (siehe Seite 86 ff.) kann er in einer Vision zu seiner Linken die Welt als normal erkennen, während sie zu seiner Rechten von einer sich ins Unendliche erstreckenden Nebelwand verhüllt ist. Ein *makelloser Krieger* ist, laut Don Juan, derjenige, der bei vollem Bewußtsein den *Durchgang zur Anderswelt* findet und auch beschreitet. Wie beim »Fliegen« wird das Ganze nicht in einem physischen Sinne aufgefaßt, sondern »Durchgang« meint die Bewußtwerdung und Akzeptanz einer anderen, parallelen Dimension unseres Selbst. Nach Don Juan sind nicht alle Menschen dazu in der Lage, diesen Schritt zu vollziehen – allein das Schicksal bestimmt, wer für diesen Bewußtseinsakt reif genug ist.

Können Hexen oder Schamanen wirklich fliegen?

Bereits bei der Karmeliternonne THERESIA VON ÁVILA (siehe Seite 113 ff.) finden wir den bemerkenswerten Ausspruch: »Wir haben auch von einigen Fällen gelesen, daß der Körper mit ihr, der Seele, fortgerissen wurde.«

Dies bedeutet zunächst einmal, daß Theresias Leib

während ihrer Ekstasen nicht davongeflogen ist. Anderseits wurde mehrfach bezeugt, daß sich Heilige in einem Zustand der Verzückung vom Boden gelöst haben sollen, und dies wirklich in physischer Hinsicht. Von dem Mystiker JOSEPH COPERTINO wird berichtet, seine Levitationen hätten so häufig den Gottesdienst gestört, daß man ihm Bleistiefel angezogen habe, um den Heiligen am Boden zu halten. Allerdings ohne Erfolg. Wenig später schon habe man den Priester und einen an ihm hängenden Meßdiener auf umständliche Weise vom Gesims der Kirche herunterholen müssen.

Von buddhistischen Mönchen oder Asketen ist bekannt, daß sie die magische Fähigkeit zu fliegen verloren, sobald ihr Blick auf ein schönes Weib fiel. Auch die altindische Volksüberlieferung kennt zahlreiche Berichte von magischen Edelsteinen, Zauberamuletten oder anderen Mitteln, die dem Menschen diese Gabe gewähren sollten.

Was ist nun davon zu halten? Ist Castaneda wirklich wie ein Vogel geflogen? MIRCEA ELIADE, Schriftsteller und Anthropologe, hat sich folgendermaßen dazu geäußert: »Fliegen können, Flügel haben wird zum Symbol für das Erreichen der ›Transzendenz‹; die Fähigkeit, sich in die Luft zu erheben, deutet auf das Erreichen der letzten Realität.« (177)

Haben wir es also nur mit einem Bild zu tun, das für den Zustand des Erwacht-, des Erleuchtetseins steht? Oder steckt doch mehr dahinter?

Don Juan verwendet zum »Fliegen« den Stechapfel, bezeichnet ihn als Teufelskraut. Im Stechapfel sind einige hochwirksame Alkaloide enthalten, vor allem Hyoszyamin, Atropin und Skopolamin. Hexen und Schamanen benutzten den Stechapfel bei Initiationsriten, wenn sie mit Geistern und Dämonen in Verbindung treten wollten. Der Göttinger Völkerkundler WILL-ERICH PEUKKERT hat ihn ausprobiert. Er schreibt: »Vor meinen Augen tanzten zunächst grauenhaft verzerrte Gesichter. Dann hatte ich plötzlich das Gefühl, als flöge ich meilen-

weit durch die Luft. Der Flug wurde wiederholt durch
tiefe Stürze unterbrochen. In der Schlußphase schließlich
das Bild eines orgiastischen Festes mit grotesken sinnlichen Ausschweifungen.« (178)

Er flog also nicht wie ein Vogel, sondern es flog die
Seele in ihm wie ein Vogel. Oder wie Don Juan sagt: »Er
fliegt wie ein Mensch, der das Kraut genommen hat.«

Stellt dieses Erlebnis nun eine Halluzination dar? Das
ist sicherlich falsch, wenn wir Halluzination als Fehllei-
stung der Wirklichkeitserfahrung verstehen. Das Problem liegt darin, daß unsere Wahrnehmung von Wirklichkeit durch das, was wir alltäglich erleben, »unterde-
terminiert« ist, daher vollkommen unzureichend, um die
Erfahrung des Fliegens, wie sie Hexen oder Schamanen
gemacht haben, als zutreffend oder falsch einzuschätzen.
Wirklichkeit als solche zeigt sich gewiß in unserer zivili-
sierten Lebensform; dagegen bleiben Erfahrungen immer
nur Erfahrungen in ihr, und sie reichen im Fall von Castaneda über den selbstgesetzten »Zaun«, der uns von der
»Wildnis« trennt, hinaus. Und dahin können oder wollen
wir nicht folgen.

Schlußwort

Unsere spirituelle Reise, die wir zusammen mit Mystikern, Sehern und Sensitiven aller Zeiten und Epochen unternommen haben, geht nun zu Ende. Sie hat uns weit geführt, nämlich von der Antike bis zur Gegenwart, und
uns an erstaunlichen Ideen und Geheimnissen teilneh-
men lassen. Durch sie haben wir die Quintessenz allen
westlichen esoterischen Wissens als Macht und Befreiung
zugleich erfahren. Was wir nun damit machen, wie wir
damit umgehen, das bleibt jedem persönlich überlassen.

Nicht allen Lotsen, die ich dazu auf den Plan gerufen
habe, werden wir in ihrer Führung auf dem Weg zwischen Leben, Tod und dem Göttlichen immer vorbehalt-
los zugestimmt haben. Wir müssen das auch nicht. Sicherlich haben uns Eingeweihte wie APPOLONIUS VON
TYANA, ALEISTER CROWLEY oder TIMOTHY LEARY fasziniert; aber sie sind uns wegen ihrer Radikalität vielleicht
doch ein wenig unheimlich geblieben. Andere dagegen
haben uns voll in ihren Bann geschlagen:

So, vermute ich, FILIPPO NERI, von dem wir neben seiner tiefen Gottesliebe, die durch nichts zu erschüttern
war, unter anderem auch gelernt haben, daß wir mit
einem befreienden Lachen, mit einer positiven Grundein-
stellung alle Mißstimmungen des Alltags hinwegfegen
können. Diese unbändige Lebensfreude mag uns auch
beim BAALSCHEM beeindruckt haben. Mit dem weisen
KÖNIG SALOMO und seiner legendären und schönen KÖ-
NIGIN VON SABA ist uns vielleicht das Mysterium der Sexualität ein wenig mehr aufgegangen. Mächtige bipolare
Kräfte – männlich-weiblich, Ying und Yang – wirken und
bewirken und sind dennoch nichts weiter als zwei Pole
auf ein und derselben Kugel. PYTHIA, die Seherin der

Griechen, wird uns glaubhaft vermittelt haben, daß wir
gerade mit unserem irrationalen Teil mit dem Göttlichen,
dem Kosmos verbunden sind. Durch HILDEGARD VON
BINGEN wurde eindrucksvoll deutlich, daß unser Leben
nichts in sich Abgekapseltes ist, sondern daß wir im Gegenteil lernen können, »beidhemisphärisch« zu leben,
wobei wir das Sichtbare und das Unsichtbare nur als das
Eine, das wirkt, erfahren werden. PADRE PIO und seine
»Persönlichkeitsaussendungen« ließen uns ahnen, wie
mächtig der Geist über die Materie gebieten kann, wenn
er voll erwacht ist. Dr. JOSEPH MURPHY überzeugte uns
davon, daß wir »positiv denken« sollen, weil wir mit
Hilfe unseres Unterbewußtseins Herr und Meister unseres eigenen Schicksals sein können. Auch CARLOS CA-
STANEDA, der große nordamerikanische Mystiker und
Schamane der Neuzeit, hat uns diese erwachten Kräfte
spüren lassen, während GEORG GURDIJEFF uns sogar auf-
fordert, Gott bei seiner Schöpfung aktiv zu unterstützen.
So hält er uns an, durch unsere geistige und liebevolle Arbeit die Welt zu einem lebendigen, unsterblichen System
zu machen, in dem der Schöpfer »arbeiten« kann.

Zugleich werden wir erfahren haben, daß Einweihung
nicht von irgendeinem Bildungsstand, von Macht, Reichtum und Geld abhängt, sondern lediglich von uns selbst –
von unserem Selbst, sobald es nackt ist und aller Masken
ledig. Einweihung wird uns auf unterschiedliche Weise
zuteil – und sei es nur, um uns erfahrener, geschickter,
aufgeschlossener, selbstsicherer, klüger auch, aber vor
allem liebevoller zu machen. Vielwisserei beweist keinesfalls, daß wir auch Verstand haben, erkannte schon der
alte HERAKLIT. Daß Denken und kritischer Geist zwar
wichtig sind, uns auf dem spirituellen Pfad aber nicht
weiterbringen, und daß man schließlich zugunsten von
etwas Besserem auf sie verzichten sollte, wird von allen
großen Lehrern und religiösen Traditionen bestätigt. Das
schmerzt die westliche Ratio sehr. Trotzdem: Einweihung ist alles andere als festgefügter Wissensstand, nichts,

was abgefragt werden könnte. Sie mag mitunter mit seelischen Prüfungen und Leiden verbunden sein, die uns an die Grenzen das Erträglichen führen können. Eines ist Einweihung aber für alle auf jeden Fall: Sie verändert unser Bewußtsein und damit unsere Sicht von Leben und Tod ein für allemal. An diesem »esoterischen« Wissen ließen uns die spirituellen Lotsen, die Großen Eingeweihten, teilhaben.

Was fangen wir nun damit an?

Wir lassen es wirken, reflektieren es, leben damit und nehmen vielleicht das eine oder andere daraus sozusagen Stück für Stück mit in unseren Alltag hinein. Und dann werden wir sehen! Niemand ist dadurch aufgefordert, ein Prophet zu werden, die Welt umzukrempeln und seine Mitmenschen in irgendeiner Weise zu irgend etwas zu bekehren. Er ist vielmehr aufgefordert, etwas ganz anderes zu tun . . .

Die antiken Stoiker, aber noch mehr die Gnostiker des zweiten nachchristlichen Jahrhunderts, hatten eine Antwort auf eine bestimmte Frage parat – eine Antwort, die mich mein Leben lang beeindrucken wird. Fragte man einen von ihnen nach dem *Sinn des Lebens,* so antwortete er sinngemäß:

»Das Universum wurde erschaffen um meinetwillen.«

Das ist keineswegs anmaßend. Es zeigt jedem einzelnen lediglich seinen Stellenwert auf, und der ist, wenn man sich den Anspruch einmal auf der Zunge zergehen läßt, nicht unerheblich. Er zeigt aber auch zugleich eine Verpflichtung an: nämlich die, sich dessen auch bewußt zu werden! Dabei, so hoffe ich, kann mein Buch eine Stütze, ein Impuls, ein wichtiger Anstoß sein.

Und ein Letztes. WILLIAM BLAKE, der englische Dichter, der in diesem Buch schon einmal zitiert wurde, zählte

sich zu den modernen Gnostikern. Er ist ein Leben lang
dafür eingetreten, daß der Mensch ein Potential für spiri-
tuelles Wachstum und Befreiung besitzt. Es sei lediglich
die Enge seiner Wahrnehmung, die ihn gefangenhält,
meinte Blake. Von ihm gibt es ein eindrucksvolles Gedicht: »*Jerusalem*«. Darin beschreibt er, was er für seine
eigene große Aufgabe hält, nämlich:

>»Die unendlichen Welten zu öffnen, die unsterblichen
>   Augen des Menschen
>   Einwärts zu öffnen in die Welt des Denkens;
>   In Ewigkeit
>   Unendlich auszudehnen im Schoß Gottes die
>   menschliche Phantasie.« (179)

Blake war zeitlebens der festen Überzeugung, daß die
spirituelle Reise zur Vereinigung mit dem Göttlichen innerhalb der menschlichen Phantasie – innerhalb der
mächtigen kreativen Kräfte des Menschen – vollzogen
werden könne. Nichts anderes rufen uns die Eingeweihten aller Zeiten zu.

Anmerkungen und Quellennachweise

1   ELISABETH HAICH: *Einweihung*. München 1990.
2   KURT ARAM: *Magie und Zauberei in der Alten Welt*. Stuttgart 1993.
3   LEWIS MUMFORD: *Mythos der Maschine, Kultur, Technik und Macht*. Frankfurt/Main 1977.
4   Zitiert nach: INGEBORG CLARUS: *Die Mythologie der Ägypter in tiefenpsychologischer Sicht*. Fellbach 1979.
5   Zitiert nach: HANS BIEDERMANN: *Das verlorene Meisterwort – Bausteine zu einer Kultur- und Geistesgeschichte des Freimaurertums*. München 1988.
6   HELEEN M. E. DE JONG: *Spirituelle Alchemie*. in: *Von Buddha bis C. G. Jung, Religion als lebendige Erfahrung*. Hrsg.: MARCEL MESSING. Freiburg 1990.
7   Ebenda.
8   SERGIUS GOLOWIN: *Die Magie der verbotenen Märchen*. 2. Auflage, Hamburg 1975.
9   Ebenda.
10 ELIPHAS LEVI: *Transzendentale Magie*. 2 Bände, Basel 1975.
11 ROLF BEYER: *Die Königin von Saba – Engel und Dämon. Der Mythos einer Frau*. Bergisch Gladbach 1987.
12 *Buch der Sprüche Salomos*.
13 HOMER: *Odyssee*.
14 BAUER, DÜMOTZ, GOLOWIN: *Lexikon der Symbole – Mythen, Symbole und Zeichen in Kultur, Kunst und Alltag*. München 1989.
15 KARL KERENYI: *Die Mythologie der Griechen*. München 1966.
16 Ebenda.

17 HANS STEUERWALD: *Weit war sein Weg nach Ithaka.* Hamburg 1978.

18 JOHANNES HIRSCHBERGER: *Geschichte der Philosophie*, Band 1: Altertum und Mittelalter. 9. Auflage, Freiburg 1974.

19 Ebenda.

20 Zitiert nach: GRETE SCHAEDER: *Martin Buber – Hebräischer Humanismus.* Göttingen 1966.

21 HERAKLIT: *Fragmente.* Griechisch und deutsch. 11. Auflage, Zürich 1995.

22 XENOPHANES in: *Die Vorsokratischen Philosophen.* Hrsg.: G. S. KIRK, J. E. RAVEN, M. SCHOFIELD. Stuttgart 1994.

23 Ebenda.

24 Ebenda.

25 Zitiert nach: WLADIMIR LINDENBERG: *Riten und Stufen der Einweihung.* Freiburg 1988.

26 FLAVIUS PHILOSTRATUS: *Apollonius von Tyana.* 1883.

27 Ebenda.

28 Ebenda.

29 MARIA SCHNEIDER: *Apollonius von Tyana.* Ergolding 1960.

30 Ebenda.

31 *Johannesapokryphe.*

32 Neben der Biographie von Flavius Philostratus ist der Roman *Kore oder das Geheimnis des Kusses* von ROLF SCHOTT, Karlsruhe 1984, zu empfehlen: Schott läßt APOLLONIUS auf Patmos mit dem Evangelisten JOHANNES zusammentreffen, der gerade an seiner *Apokalypse* arbeitet. Das Buch ist spannend geschrieben und zeichnet sich durch großes esoterisches Wissen aus.

33 APULEIUS: *Metamorphosen*, 11, 23.

34 MARION GIEBEL: *Das Geheimnis der Mysterien.* München 1993.

35 Zitiert nach: H. ATMANSPACHER: *Wolfgang Pauli und die Alchemie.* Teil I in: *Zeitschrift für Parapsy-*

chologie und Grenzgebiete der Psychologie. Nr. 1/2, 1992.

36 TERENCE H. WHITE: *Artus – Der König von Camelot.* Stuttgart 1994.

37 FRIEDEMANN WIELAND: *Die Ungeladenen Götter – Selbsterfahrung mit Mythen und Märchen.* München 1986.

38 Ebenda.

39 CARLOS CASTANEDA: *Die Lehren des Don Juan,* Frankfurt/Main 1972.

40 Zitiert nach: ROBERT VON RANKE-GRAVES: *Die weiße Göttin.* Hamburg 1985.

41 GUILLAUME APOLLINAIRE: *L'enchanteur pourrissant.* O. J.

42 NIKOLAI TOLSTOY: *Auf der Suche nach Merlin – Mythos und geschichtliche Wahrheit.* München 1992.

43 Ebenda.

44 Ebenda.

45 Zitiert nach: H. ATMANSPACHER. S. o.

46 NIKOLAI TOLSTOY: *Auf der Suche nach Merlin.* S. o.

47 Ebenda.

48 Ebenda.

49 Ebenda.

50 Ebenda.

51 HILDEGARD VON BINGEN: *Gotteserfahrungen und Wege in die Welt.* Hrsg.: Prof. HEINRICH SCHIPPERGES. Olten 1979.

52 HILDEGARD VON BINGEN: *Wisse die Wege – Scivias.* Berlin 1928.

53 Ebenda.

54 Ebenda.

55 Ebenda.

56 JOHANNES HIRSCHBERGER: *Geschichte der Philosophie.* S. o.

57 Ebenda.

58 PETRUS DE ABANO: *Heptameron der magischen Elemente.* Biltingen 1971 (Reprint von 1567).

59 Ebenda.
60 JOHANNES TRITHEMIUS: *Von den sieben Geistern oder Engel* und *Steganographia*. Darmstadt 1621.
61 Ebenda.
62 Dtv-Dokumente: *Der Prozeß Jeanne d'Arc 1431–1456*. München 1961.
63 Ebenda.
64 HANS E. URICH: *Von Meister Eckhart bis Carlos Castaneda – Reise durch eine andere Wirklichkeit*. Frankfurt/Main 1986.
65 H. E. DOUVAL: *Bücher der praktischen Magie*. Bd. 1, Freiburg 1976.
66 MICHEL CHOMARAT: *Bibliographie Nostradamus*. XVI–XVII, Baden-Baden 1989.
67 KURT ALLGEIER: *Die geheimen Heilrezepte des Nostradamus*. München 1982.
68 WULFING VON ROHR: *Nostradamus – Seher und Astrologe*. Genf/München 1994.
69 H. C. ZANDER: *Gottes unbequeme Freunde*. Hamburg 1982.
70 Ebenda.
71 Ebenda.
72 IRENE BEHN: *Spanische Mystik*. Düsseldorf 1957.
73 Ebenda.
74 HANS CONRAD ZANDER: *Gottes unbequeme Freunde*. S. o.
75 Ebenda.
76 Ebenda.
77 AGNES KLEIN, JAMES M. PRYSE: *Die Apokalypse entschleiert*. Interlaken 1981.
78 UMBERTO ECO: *Die Suche nach der vollkommenen Sprache*. München 1994.
79 ROBERT A. WILSON: *Cosmic Trigger*. Basel 1979.
80 NIKOLAUS VON KUES: *De non aliud*, c. 6, Wilpert, 2017–24, 1936 ff.
81 *Wolke des Nichtwissens*. Hrsg.: WOLFGANG RÜHLE. Einsiedeln 1980.

82 ANGELUS SILESIUS: *Cherubinischer Wandersmann.* Sulzbach 1829.

83 Zitiert nach: PAUL MOMMAERS: *Was ist Mystik?* Frankfurt/Main 1979.

84 W. ZURFLUH: *Quellen der Nacht.* Interlaken 1983.

85 Ebenda.

86 HANS BIEDERMANN: *Das verlorene Meisterwort.* München 1988.

87 Ebenda.

88 GERHARD WEHR: *Jakob Böhme.* Hamburg 1971.

89 VALENTIN WEIGEL: *Vom Ort der Welt.* Stuttgart 1962.

90 GERHARD WEHR: *Jakob Böhme.* S. o.

91 Ebenda.

92 Ebenda.

93 MEISTER ECKHART: *Deutsche Predigten und Traktate.* München 1955.

94 GERHARD WEHR: *Jakob Böhme.* S. o.

95 IMMANUEL KANT: *Träume eines Geistersehers.* Jena 1766.

96 ELMAR E. GRUBER: *Hans Bender – Ein Leben für die Psychologie.* Köln 1993.

97 AGLAJA HEINTSCHEL-HEINEGG: *Kontakte mit Unsichtbaren? Mediales Erleben.* Frankfurt/Main 1980.

98 Ebenda.

99 Ebenda.

100 EUGEN DREWERMANN: *Worte des Heils, Wort der Heilung.* Bände 2 und 3, Düsseldorf 1989.

101 GRETE SCHAEDER: *Martin Buber.* S. o.

102 Ebenda.

103 WILLIAM BLAKE: *Die Vermählung von Himmel und Erde.* München 1975.

104 Zitiert nach: *Die Söhne Gottes.* Hrsg.: GUSTAV MENSCHING. Wiesbaden o. J.

105 *Ekstatische Erlebnisse des Baalschem.* Hrsg.: H. J. SCHOEPS. 1953.

106 Ebenda.

107 Ebenda.
108 Ebenda.
109 ISABEL COOPER-OAKLEY: *The Count of Saint-Germain*. New York 1970.
110 Ebenda.
111 JUSTINUS KERNER: *Die Seherin von Prevorst*. 6. Auflage, Stuttgart 1989.
112 Ebenda.
113 Ebenda.
114 Ebenda.
115 Ebenda.
116 Ebenda.
117 ELIPHAS LEVI: *Transzendentale Magie*. 2 Bände, s. o.
118 Ebenda.
119 Ebenda.
120 H. P. BLAVATSKY: *Der Schlüssel zur Theosophie*. Graz 1969.
121 MARIAN MEADE: *Madame Blavatsky*. New York 1980.
122 Ebenda.
123 G. I. GURDJIEFF: *Beelzebubs Erzählungen für seinen Enkel*. Basel 1982.
124 G. I. GURDJIEFF: *Begegnungen mit bemerkenswerten Menschen*. Basel 1992.
125 JAMES MOORE: *Gurdjieff*. München 1992.
126 COLIN WILSON: *Gurdjieff – Der Kampf gegen den Schlaf*. München 1986.
127 Ebenda.
128 H. J. FAHR: *Der Urknall kommt zu Fall*. Stuttgart 1992.
129 Zitiert nach: BRUNO MARTIN: *Handbuch der spirituellen Wege*. Basel 1993.
130 ALEISTER CROWLEY: *Das Buch des Gesetzes*. Basel 1981.
131 ISRAEL REGARDIE: *Die Elemente der Magie*. Hamburg 1991.

132 JOHN SYMONDS: *Aleister Crowley, das Tier 666: Leben und Magick.* Basel 1983.

133 JESS STEARN: *Der schlafende Prophet.* Genf/München 1967.

134 Ebenda.

135 KURT ALLGEIER: *Die geheimen Rezepte des Nostradamus.* München 1982.

136 Ebenda.

137 JESS STEARN: *Der schlafende Prophet.* S. o.

138 JOHANN WOLFGANG VON GOETHE: *Gesamtausgabe.* Stuttgart/Tübingen 1848.

139 CHARLES M. CARTY: *Pater Pio – Der stigmatisierte Mönch.* München 1954.

140 MARIA WINOWSKA: *Das wahre Gesicht des Pater Pio.* Aschaffenburg 1957.

141 CHARLES M. CARTY: *Pater Pio.* S. o.

142 HANS BENDER: *Zukunftsvisionen, Kriegsprophezeiungen, Sterbeerlebnisse.* München 1983.

143 Ebenda.

144 Ebenda.

145 AGLAJA HEINTSCHEL-HEINEGG: *Kontakte mit Unsichtbaren?* S. o.

146 Ebenda.

147 Ebenda.

148 EILEEN GARRETT: *My life is a search for the meaning of mediumship.* London 1939.

149 AGLAJA HENTSCHEL-HEINEGG. S. o.

150 ROBERT A. MONROE: *Der Mann mit den zwei Leben – Reisen außerhalb des Körpers.* Interlaken 1981.

151 AGLAJA HENTSCHEL-HEINEGG. S. o.

152 PETER ANDREAS, CASPAR KILIAN: *Die phantastische Wissenschaft.* Düsseldorf/Wien 1973.

153 Ebenda.

154 Ebenda.

155 PETER ANDREAS, CASPAR KILIAN: *Die phantastische Wissenschaft.* S. o.

256   *Anmerkungen und Quellennachweise*

156 Ebenda.
157 ARTHUR FORD: *Bericht vom Leben nach dem Tode.* München 1972.
158 *Lexikon der Symbole.* S. o.
159 ROBERT A. WILSON: *Cosmic Trigger.* S. o.
160 Dr. JOSEPH MURPHY: *Die Macht Ihres Unterbewußtseins – Das große Buch innerer und äußerer Entfaltung.* 56. Auflage, Genf/München 1995.
161 PRENTICE MULFORD: *Unfug des Lebens und des Sterbens.* 20. Auflage, Frankfurt/Main 1995.
162 JANE ROBERTS: *Gespräche mit Seth – Von der ewigen Gültigkeit der Seele.* Genf/München 1990.
163 Ebenda.
164 SHIRLEY MACLAINE: *Tanz im Licht.* Neuauflage, München 1994.
165 BRUNO MARTIN: *Handbuch der spirituellen Wege.* Basel 1993.
166 JANE ROBERTS: *Gespräche mit Seth.* S. o.
167 Ebenda.
168 Ebenda.
169 Ebenda.
170 JANE ROBERTS: *Das Seth-Material.* Genf/München 1989.
171 CARLOS CASTANEDA: *Die Lehren des Don Juan.* S. o.
172 *Über den Rand des tiefen Canyon. Lehren indianischer Schamanen.* Hrsg.: DENNIS und BARBARA TEDLOCK. 8. Auflage, München 1994.
173 Ebenda.
174 KARL KNORTZ: *Memoiren der Tschigeunegon-Prophetin.* München 1988.
175 HANS PETER DUERR: *Traumzeit – Über die Grenze zwischen Wildnis und Zivilisation.* 4. Auflage, Frankfurt 1974.
176 CARLOS CASTANEDA: *Die Lehren des Don Juan.* S. o.

177   *Sehnsucht nach dem Ursprung – Zu Mircea Eliade.*
      Hrsg.: HANS PETER DUERR. Frankfurt 1983.
178   HANS PETER DUERR: *Traumzeit.* S. o.
179   WILLIAM BLAKE: *Gedichte.* Wiesbaden 1958.

SACHBÜCHER AKTUELLER ESOTERIK

NOSTRADAMUS – SEHER UND ASTROLOGE
ENTSCHLÜSSELTE GEHEIMNISSE UND UNGELÖSTE RÄTSEL
Von Wulfing von Rohr

Wulfing von Rohr legt hier ein Quellenbuch mit textkritischen Analysen aller Centurien sowie der Begleittexte vor. Sein Buch stellt Ihnen erstmals die Deutung der bekanntesten Nostradamus-Interpreten im Vergleich vor. Er geht dabei ausführlich auf die besonders ominösen Themen »1999«, »Dritter Weltkrieg« und »Jahrtausendwende« ein und wirft Fragen auf wie: Welche Berechtigung haben Katastrophenprognosen? Welche Gefahren sind damit verbunden? Die vollständige Wiedergabe aller Centurien im Originaltext sowie der Schriften an Nostradamus' Sohn César und an König Heinrich II. samt deutscher Übersetzung ermöglichen es Ihnen, sich Ihr eigenes Bild zu machen. Dieses Buch ist wissenschaftlich fundiert und dennoch spannend geschrieben. Zusammen mit der hier erstmals entwickelten Nostradamus-Astrologie ist es das derzeit umfassendste Nostradamus-Buch am Markt. 320 Seiten, 30 Abbildungen, geb., ISBN 3-7205-1789-6.

NOSTRADAMUS – ZUKUNFTSBILDER EINER ANDEREN WIRKLICHKEIT
Von Wolfram Eilenberger und Viktor Schubert

In diesem Buch gelingt es zwei Frühbegabten der Wissenschaft, erstmals mit den Methoden modernster Naturwissenschaft die inneren Strukturen der prophetischen Texte des Nostradamus aufzudecken. Quantentheorie, Relativitätstheorie und Evolutionsforschung werden herangezogen, um zu zeigen, daß die gereimten Vierzeiler (Quatrains) als bestbelegte ASW-Zeugnisse der Kulturgeschichte keineswegs in Widerspruch zu einer streng rationalen Weltsicht stehen. Die Interpretation der Texte des Nostradamus wird hohen philologischen Ansprüchen gerecht. Selbst kritische Leser werden sich ihrer Anziehungskraft nicht entziehen können. Sie ergeben die Stichhaltigkeit vieler Prophezeiungen, von Großbritanniens Aufstieg zur Weltmacht 1680 bis zum Zerfall des kommunistischen Machtsystems 1991 und verleihen den bis 2020 prognostizierten Ereignissen Gewicht. 240 Seiten, geb., ISBN 3-7205-1771-3.

ENGEL – DIE UNSICHTBAREN HELFER DER MENSCHEN
Von Dr. Paola Giovetti

Von Skeptikern belächelt, leben die Engel-Lichtwesen in allen Kulturen als Helfer der Menschen fort. Pressestimmen: »Die italienische Geisteswissenschaftlerin geht dem Phänomen Engel nach und läßt dabei keinen Aspekt aus. Kritisch untersucht sie die theologische und die anthropologische Seite des Themas, zeigt Engel in Kunst und Kultur, in christlichen und nichtchristlichen Traditionen. Sie bietet die Ergebnisse zeitgenössischer Umfragen zu Engelerfahrungen und die Entdeckung des Engels in uns durch die Tiefenpsychologie« *(Die Welt)*. »Ein zeitgemäßes Buch als Quelle der Freude und Heiterkeit« *(Status für Ärzte)*. »Es ist, im wahren Sinn des Wortes, ein wunderbares Buch, kenntnisreich und umfassend, mit vielen schönen und oft überraschenden Bildern« *(Madame)*. 270 Seiten, 60 größtenteils farbige Abbildungen, geb., ISBN 3-7205-1669-5.

DIESE FASZINIERENDEN BÜCHER ERHALTEN SIE IM BUCHHANDEL
Ein umfangreiches, farbiges Bücher-Magazin mit sämtlichen Titeln unseres auf Medizin, angewandte Psychologie und Esoterik spezialisierten Verlagsprogramms können Sie gratis anfordern bei

ARISTON VERLAG • KREUZLINGEN/MÜNCHEN
CH-8280 KREUZLINGEN • HAUPTSTRASSE 14 • TEL. 072/727218 • FAX 072/727219
D-81379 MÜNCHEN • BOSCHETSRIEDER STRASSE 12 • TEL. 089/724 10 34

DER SCHLAFENDE PROPHET –
PROPHEZEIUNGEN IN TRANCE 1911 BIS 1998
Von Jess Stearn

Tausende von Meilen diagnostizierte der »Mann mit den Röntgenaugen« Krankheiten brachte Kranken gerade dort Genesung, wo der Kunst der Schulmedizin Grenzen gesetzt n. Unerhört und unfaßbar, wie dieses parapsychische Phänomen geologische Verände- en aufspürte, die sich erst Jahre nach seinem Tod auswirkten. en Sie den faszinierenden Tatsachenbericht von Jess Stearn über Edgar Cayce; er ist span- der als ein Roman. Die Konfrontation seiner Prognosen mit wissenschaftlichen Fakten gt, daß die von ihm angekündigten Umwälzungen, soweit sie nicht bereits eingetroffen ıd, jederzeit stattfinden können. 301 Seiten, ISBN 3-7205-1041-7.

DAS NEUE ZEITALTER
AUTHENTISCHE VISIONEN DES EDGAR CAYCE
Von Mary Ellen Carter

Dieses Buch zeigt Edgar Cayce als den großen Seher in der ganzen Breite seiner phänome- ialen Begabung. Lesen Sie, was der Mann, der in die Zukunft ebenso wie das Dunkel der Ver- ¦angenheit sah, Ihnen offenbart! Das Buch folgt Hunderten von Aufzeichnungen seiner in Trance formulierten Weissagungen und läßt Sie hinter die Kulissen der Zeit sehen. 212 Sei- ten, ISBN 3-7205-1066-2.

EDGAR CAYCE
HEILER, MYSTIKER AN DER SCHWELLE DES NEUEN ZEITALTERS
Von Dr. med. Harmon Hartzell Bro

Das Leben und Wirken des bedeutendsten Sensitiven unserer Zeit, des »schlafenden Prophe- ten« Edgar Cayce, liest sich in dieser umfassenden und fundierten Biographie wie eine der fresselndsten und herausforderndsten Abenteuergeschichten der Gegenwart. Es war ein Abenteuer medizinischer Hilfeleistung ebenso wie genialer Voraussagen weit über seine Zeit hinaus. 416 Seiten, ISBN 3-7205-1719-5.

GESPRÄCHE MIT SETH – VON DER EWIGEN GÜLTIGKEIT DER SEELE
Von Jane Roberts

Dieses Buch – das weltweit ein Bestseller ist – macht uns das Bewußtsein als offenes, in ste- ter Wandlung begriffenes System und die Seele als Quelle aller Kreativität und Entwicklung deutlich, deren Potential beinahe unbegrenzt und multidimensional ist. Was hier über Seele, höhere Realitäten, über innere Wahrnehmungen, Traum, Lebens- und Todeserfahrung, Rein- karnation, jenseitige Alternativen und Religionen gesagt wird, ist »provozierend und faszi- nierend« (Publisher's Weekly). »Ich möchte die *Gespräche mit Seth* als das aufregendste Buch des Jahres bezeichnen« (Österreichischer Rundfunk ORF). Und Richard Bach, Autor der *Möwe Jonathan*, schrieb: »Dies ist eines der besten Bücher, die ich je gelesen habe.« 448 Seiten, Kst., ISBN 3-7205-1181-2.

ARISTON VERLAG • KREUZLINGEN/MÜNCHEN
CH-8280 KREUZLINGEN • HAUPTSTRASSE 14 • TEL. 072/727218 • FAX 072/727219
D-81379 MÜNCHEN • BOSCHETSRIEDER STRASSE 12 • TEL. 089/724 10 34

A
Cl
D-

SACHBÜCHER AKTUELLER ESOTERIK

DER SCHLAFENDE PROPHET –
PROPHEZEIUNGEN IN TRANCE 1911 BIS 1998
Von Jess Stearn

Über Tausende von Meilen diagnostizierte der »Mann mit den Röntgenaugen« Krankheiten und brachte Kranken gerade dort Genesung, wo der Kunst der Schulmedizin Grenzen gesetzt waren. Unerhört und unfaßbar, wie dieses parapsychische Phänomen geologische Veränderungen aufspürte, die sich erst Jahre nach seinem Tod auswirkten. Lesen Sie den faszinierenden Tatsachenbericht von Jess Stearn über Edgar Cayce; er ist spannender als ein Roman. Die Konfrontation seiner Prognosen mit wissenschaftlichen Fakten zeigt, daß die von ihm angekündigten Umwälzungen, soweit sie nicht bereits eingetroffen sind, jederzeit stattfinden können. 301 Seiten, ISBN 3-7205-1041-7.

DAS NEUE ZEITALTER
AUTHENTISCHE VISIONEN DES EDGAR CAYCE
Von Mary Ellen Carter

Dieses Buch zeigt Edgar Cayce als den großen Seher in der ganzen Breite seiner phänomenalen Begabung. Lesen Sie, was der Mann, der in die Zukunft ebenso wie das Dunkel der Vergangenheit sah, Ihnen offenbart! Das Buch folgt Hunderten von Aufzeichnungen seiner in Trance formulierten Weissagungen und läßt Sie hinter die Kulissen der Zeit sehen. 212 Seiten, ISBN 3-7205-1066-2.

EDGAR CAYCE
HEILER, MYSTIKER AN DER SCHWELLE DES NEUEN ZEITALTERS
Von Dr. med. Harmon Hartzell Bro

Das Leben und Wirken des bedeutendsten Sensitiven unserer Zeit, des »schlafenden Propheten« Edgar Cayce, liest sich in dieser umfassenden und fundierten Biographie wie eine der fresselndsten und herausforderndsten Abenteuergeschichten der Gegenwart. Es war ein Abenteuer medizinischer Hilfeleistung ebenso wie genialer Voraussagen weit über seine Zeit hinaus. 416 Seiten, ISBN 3-7205-1719-5.

GESPRÄCHE MIT SETH – VON DER EWIGEN GÜLTIGKEIT DER SEELE
Von Jane Roberts

Dieses Buch – das weltweit ein Bestseller ist – macht uns das Bewußtsein als offenes, in steter Wandlung begriffenes System und die Seele als Quelle aller Kreativität und Entwicklung deutlich, deren Potential beinahe unbegrenzt und multidimensional ist. Was hier über Seele, höhere Realitäten, über innere Wahrnehmungen, Traum, Lebens- und Todeserfahrung, Reinkarnation, jenseitige Alternativen und Religionen gesagt wird, ist »provozierend und faszinierend« (Publisher's Weekly). »Ich möchte die *Gespräche mit Seth* als das aufregendste Buch des Jahres bezeichnen« (Österreichischer Rundfunk ORF). Und Richard Bach, Autor der *Möwe Jonathan*, schrieb: »Dies ist eines der besten Bücher, die ich je gelesen habe.« 448 Seiten, Kst., ISBN 3-7205-1181-2.

ARISTON VERLAG · KREUZLINGEN/MÜNCHEN

CH-8280 KREUZLINGEN • HAUPTSTRASSE 14 • TEL. 072/727218 • FAX 072/727219
D-81379 MÜNCHEN • BOSCHETSRIEDER STRASSE 12 • TEL. 089/724 10 34